이제껏 대제로였지? 물고 대제로인지?
초기 대체의 최종 승자는?

이재명 대세론인가? 불가론인가?
– 조기 대선의 최후 승자는?

ⓒ최성2025

인쇄일   2025년 4월 15일
발행일   2025년 4월 22일
지은이   최성
펴낸이   백은숙
펴낸곳   케이 크리에이터
등록번호   제2019-000192호
주소   경기도 고양시 덕양구 화신로 170번지 햇빛마을 2111동 902호
저자와의 소통 및 문의   010-8963-8201   choisung21@hanmail.net
ISBN   979-11-986566-5-0

* 잘못된 책은 구입한 곳에서 환불 또는 교환하실 수 있습니다.

* 책값은 책 뒤표지에 있습니다.

* 이 책의 판권은 지은이와 K-크리에이터 출판사에 있습니다.

　본책 내용의 전부 또는 일부를 재사용하려면 반드시 저작권자의 서면 동의를 받아야 합니다.

판매처   한올출판사(T. 376-4298)

이재명 대세론인가? 불가론인가?
조기대선의 최종 승자는?

CONTENTS

책을 펴내며 –
'이재명'과의 특별한 경험 그리고 책 출간의 특별한 이유 ᐧ 10

1. '이재명 대세론'은 언제까지 지속될 것인가 ᐧ 20

- 이재명이냐 아니냐 ᐧ 21
- '이재명 리스크'의 세 가지 측면 ᐧ 22
- '이재명 대세론'의 실체와 변수 ᐧ 24
- 무려 2년 넘게 지속된 '이재명 대세론' ᐧ 26
- 빅데이터를 통해 본 '이재명 대세론'의 변화 추이 ᐧ 29
- 이재명 대세론의 원동력과 이재명만의 강점 ᐧ 32

2. 이재명 포비아(공포심)의 실체와 파장 ᐧ 52

- '이재명 포비아'란 무엇이며 그 기원은? ᐧ 53
- 이재명 포비아(공포심)의 뿌리는 어디에 있는가? ᐧ 54
- '이재명 포비아(공포증)'가 세상을 지배했다 ᐧ 55
- '이재명 포비아'가 번지고 있다 ᐧ 57
- 여론조사에 나타난 '이재명 포비아'의 징후 ᐧ 60
- 차원이 다른 '이재명 포비아' ᐧ 62
- |소 결| 이재명 포비아(공포심)는 어떻게 만들어 졌는가 ᐧ 65

3. '이재명 10대 불가론'의 쟁점 · 70

- '이재명 10대 불가론'의 쟁점 · 71
- 이재명 대표의 전과 이력 · 74
- 5개 재판, 12개 혐의의 '이재명 사법 리스크' · 77
- 정치적 사형 선고와 같은 공직선거법 항소심 판결 · 88
- 위증 교사 2심 재판의 대반전 가능성 · 94
- 대북 송금 사건의 심각성과 미국·유엔의 제재 가능성 · 97
- 대통령 당선되도 계속되는 '이재명 재판'과 보궐 선거 위험성 · 102
- 대통령 당선 시, 위법적 '셀프 사면' 가능성 · 109
- 위험 천만한 포퓰리즘 정책의 리스크 · 112
- '이재명식 공천 배제'와 민주 지도자로서의 자격 논란 · 115
- 방탄 입법과 보복 탄핵 - 법치주의를 위협하는 중대한 위기 · 119
- 여론조사에 나타난 '이재명 불가론'의 근거들 · 125
- |소 결| 레비츠키 교수의 '지능형 독재'론이 주는 경고와 통찰 · 128

4. 좋은 대통령을 선출하기 위한 철저한 검증 · 136

- 왜 지금, 철저한 검증이 필요한가 · 138
- 후보 개인과 가족의 도덕성 검증 · 139
- 정책 검증: 포퓰리즘과 도덕성 문제 · 143
- 조기 대선의 최종 승자를 위한 철저한 검증 시스템 · 150

5. 대통령 탄핵과 조기 대선의 향배 · 156

- 이재명 대세론인가? 불가론인가? - 조기 대선 여론조사와 그 함의 · 157
- 헌재가 '만장일치 대통령 파면'을 선고한 이유 · 159
- 헌법재판소의 10대 공정성 논란이 조기 대선에 미칠 영향 · 164

- '사법부의 하나회'로 불리우는 특정 연구회의 과잉 대표성 · 168
- 법원의 내란죄 판결과 조기 대선 · 171
- 명태균 게이트와 조기 대선 정국 · 172

6. 조기 대선의 최종 승자로 가는 길 · 178

- 국민의힘 경선의 승자는 누가 될 것인가 · 179
- 보수 대권 주자들의 연쇄 불출마 - '한덕수 차출론'의 의미와 한계 · 183
- 국민의힘 경선의 최대 변수 - 계엄 및 탄핵에 대한 입장 · 186
- 떠오르는 국민의힘의 히든 카드? · 195
- 이재명 일극 체제하의 비명 후보는 살아있는가 · 201
- 전혀 예상치 못한 민주당의 플랜 B 후보? · 209
- 제3지대의 '돌풍'이 이번에는 가능한가 · 214
- 이낙연의 중도 통합형 대통령과 과도 내각 구성 제안 · 215
- 조기 대선에서 제3지대 정당 40대 이준석 후보의 목표 · 220
- 제7공화국 개헌과 협치·연대 시나리오 · 222
- 국민들의 최대 화두와 차기 대통령의 덕목 · 225

결론을 대신하여: 차기 대선의 최후 승자는? · 230

- 조기 대선의 최후 승자가 되기 위한 핵심 변수 · 231
- '이재명 대세론' 투표일까지 계속될 것인가? · 234
- '이재명 대세론' 앞에 놓인 다섯 가지 장애물 · 238
- 빅데이터를 통해 본 조기 대선의 최종 승자 · 241
- 조기 대선의 최종 승자가 되기 위한 핵심 타깃층 · 246
- 조기 대선의 최후 승자는 누구인가 · 253
- 이재명 대세론을 넘어 국민이 만드는 대통령 · 259

미주 •262

| 보 론 |
조기 대선의 최종 승자를 위한 정책 제언 및 시크릿 노트 •266

1. 왜 스마트 위기관리 시스템 혁명이 중요한가? •266
2. 스마트 위기관리시스템혁명 10대 수칙이란? •268
3. 최종 승자가 되기 위한 스마트 시스템 리더의 자격 •272
4. 조기 대선의 최종 승자가 되기 위한 100대 스마트 공약 제안 •275

스마트 국가 – 스마트 시티를 위한 **100대 혁신 공약**

공약 1. 세계 최고의 스마트 위기관리 국가로 도약하기 위한 공약 •278
공약 2. 글로컬 시대, 스마트 시티로 발전하기 위한 비전과 전략 •282
공약 3. 제왕적 대통령제 폐단 극복을 위한 7공화국 개헌 관련 공약 •286
공약 4. 비상계엄 방지법 등 헌법질서 수호 및 법치주의 실현 공약 •289
공약 5. 차기 대통령의 최우선 10대 혁신정책 •291
공약 6. 10대 혁신 경제정책 공약 •294
공약 7. 2030 MZ 세대를 위한 10대 혁신 정책 •298
공약 8. 정치 개혁을 위한 혁신적 공천 시스템 혁파 •301
공약 9. 글로벌 스마트 K 신한류 프로젝트 •304
공약 10. 글로벌 시스템에 의한 외교-통상-안보-통일정책 공약 •307

| 부 록 |
헌재 윤석열 대통령 탄핵 만장일치 인용 선고 요지 •312

참고문헌 •324

이 책을 읽기 전에

★ 본 저서는 조기 대선을 앞둔 민감한 시점에 출간되어, 모든 내용을 최대한 공정하고 균형 있게 저의 견해를 서술하였습니다. 전체 원고는 복수의 선거법 전문 변호사와 사전 협의를 거쳤습니다.

★ 인용된 법률 자료, 여론 조사, 언론 보도 등의 모든 출처를 본문 혹은 미주를 통해 명확히 밝혔습니다.

★ 계엄령, 탄핵, 사법 판결, 대선 일정 등 주요 사안은 시시각각 변동 가능성이 있어, 출간 직전까지 내용 보완을 거쳤으며 필요시 향후에도 수정할 예정입니다.

★ 저서에 등장한 인물, 기사, 저자의 주장 중 사실과 다른 내용이나 이견이 있다면 저자에게 알려주시면 즉시 확인 후 수정하겠습니다.

★ 책의 내용에 대해 의견을 나누고 싶으신 분은 언제든 자유롭게 연락주시기 바랍니다.

010-8963-8201 / choisung21@hanmail.net

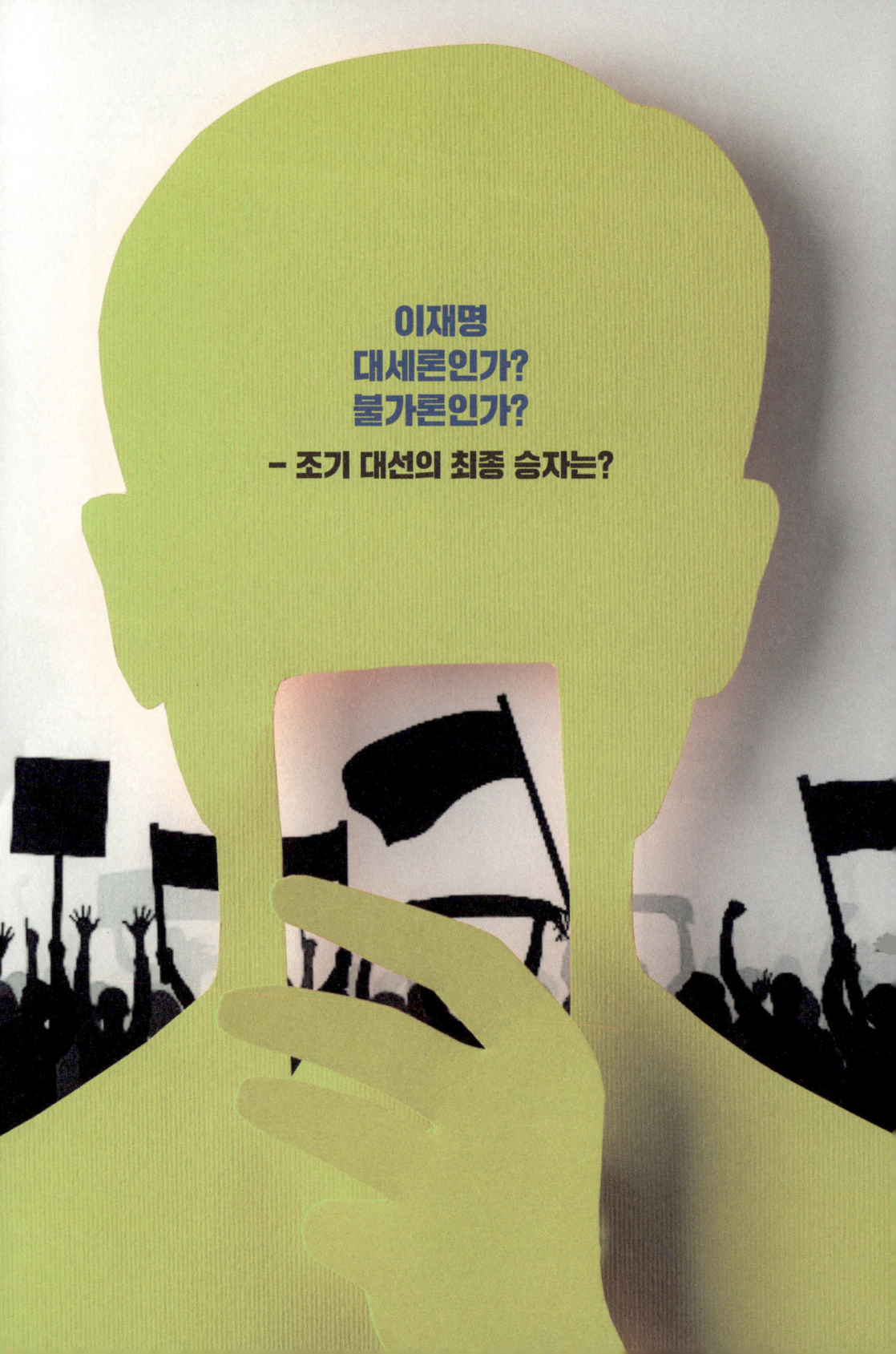

이재명
대세론인가?
불가론인가?

- 조기 대선의 최종 승자는?

책을 펴내며

'이재명'과의 특별한 경험 그리고 책 출간의 특별한 이유

"성아, 이재명이 대세인데, 왜 이재명 불가론 책을 내려고 해?"

"아닌데… 제목 잘 봐. '이재명 대세론인가, 이재명 불가론인가' 잖아."

그리고 우린 웃고 넘어갔다. 대학 시절부터 오랜 세월을 함께한 그 친구는 내가 이재명 대표와 얽힌 상흔(傷痕)을 누구보다 잘 아는 사람이다. 성남 시장 시절 민주당 대선 경선에 나선 이재명 후보와 당시 고양 시장이었던 내가 TV 토론에서 정면으로 맞붙었던 기억, 그리고 불과 2년 전, 국회의원 총선에 출마하며 이재명 대표가 있는 민주당으로부터 공천 자격 박탈 1호를 당했던 그 일까지.

친구와 헤어진 뒤 집으로 돌아와 이 책의 서문을 써내려가는 동안, 머릿속엔 자연스레 수많은 장면들이 흘러나왔다. 마치 어제 일처럼 생생하게.

장면 하나. "범죄경력증명서를 함께 공개하시죠?"

2017년 민주당 대선 경선 TV 토론장이었다.

"전과 4범의 전력을 그렇게 당당히 고백할 거라면, 우리 네 후보 모두 범죄경력증명서를 오픈합시다. 동의하십니까?"

내 말에 이재명 후보는 다소 불편한 표정으로 "저도 동의합니다"라고 답했다. 하지만 끝내 실행되지 않았다.

2017년 민주당 내 대선 경선에서 내가 제안한 대선 후보의 전과 등 본인과 가족들의 범죄 혐의 등에 대해서 철저한 검증만 했어도 지금과 같은 '이재명의 사법 리스크'는 사라졌을 것이고 '이재명 포비아(공포심)'라는 신조어도 탄생하지 않았을 것이다.

장면 둘. "변희재 같은 소리 하고 있어"

내가 물었다.

"논문 표절이 아주 심각하던데, 만약 대통령이 되면 논문 표절이나 음주 운전 전력이 있는 인물을 장관으로 임명하시겠습니까?"

그의 반응은 놀라웠다.

"변희재 같은 소리를 하고 있어~"

당황스러움과 날 선 감정이 그대로 전해졌다. 아마도 이재명 당시 성남 시장의 심각한 논문 표절에 대해 변희재 씨 역시 신랄하게 비판했기에 그에 대한 분노를 나에게 표출한 듯 싶었다.

장면 셋. "세월호 배지를 찼다 뗐다 하지 마세요!"

이재명 후보가 물었다.

11

책을 펴내며

"최 시장님, 오늘 보니 세월호 배지를 안 차셨는데, 정치적 편의에 따라 차고 안 차고 해도 되는 겁니까?"

나는 단호히 답했다.

"지금 내가 차고 있는 배지는, 양어머니로 모시고 있는 위안부 어머님의 아들이 돌아가셔서 지난주 중국까지 조문을 다녀온 뒤로 그 슬픔을 함께하기 위해 위안부 배지를 대신 단 겁니다. 사과하세요."

하지만 사과는커녕 사회자에게 발언권을 뺏으라고 항의만 이어졌다. 그렇게 나는 이재명이라는 정치인을 처음으로 정확히 인식하게 되었다.

장면 넷. ・"공직 자격 박탈 1호, 특별한 이유 없습니다"

시간은 흘러 2023년 추운 겨울, 그는 집권 야당의 당 대표가 되어 있었고, 대선 당시 본인의 수행실장이었던 모 인사는 두 차례나 당내 경선 없이 단독 공천이 된 이후 재선 국회의원이 되었다. 20년 가까이 정치를 해 오면서 이런 특혜는 거의 보지 못했다.

반면 나는, 해당 지역인 고양시 덕양구에서 17대 국회의원과 재선 고양시장을 역임했고, 그 이전에는 김대중 정부 청와대 행정관으로 복무하면서 20년 넘게 단 한 건의 기소도, 범죄 사실도 없었는데, 납득할 수 없는 공천배제를 당하였다. 그런데 이재명 당 대표는 당시 같은 총선 후보 자격이었지만, 4건의 전과 경력에 8개의 사건 그리고 10개 이상의 혐의 등으로 각종 범죄 의혹에 쌓여 있음에도 불구하고 아무런 논란없이 단독 공천으로 최종 후보가 되었다. 세상에서 이런 불공정은 처음 본다.

전화로 '공천 심사의 자격마저 박탈한 이유'를 묻자 담당 직원으로부터 돌아온 말은 딱 한 마디였다.

"그냥요."

내가 이 책을 집필하면서 이 네 가지 장면을 제법 소상히 공유하는 것은 당시 상황이 전국으로 생중계되는 대선 경선 TV 토론에서 보여진 이재명 당시 성남시장의 모습이었기에, 비록 세월은 지났지만 작금의 핵심 논쟁이라 할 수 있는 '이재명 대세론'과 '이재명 불가론' 그리고 이 둘을 연결하는 '이재명 포비아(공포심)'의 모든 측면을 고스란히 드러내 보이기 때문이다.

참으로 아픈 기억이지만, 지금 '부당하고 불공정한 권력에 의한 정치적 탄압'에 오랜 시간 맞서 싸워온 내 자신이 자랑스럽다. 그래 '이재명의 민주당'에 의한 '공천 학살 피해자 1호'임을 당당하고 떳떳하게 밝히면서 이 책 또한 쓰게 되었다.

2025년 4월, 윤석열 전 대통령이 위헌적 비상계엄을 선포하고, 그로 인해 대한민국 역사상 두 번째 대통령 탄핵이 헌법재판소에서 만장일치로 인용된 지금, 모든 화살은 다시 이재명 대표를 향하고 있다. 그의 정치 인생은 마치 굴절된 거울처럼 시대정신을 비추고 있고, 국민의 선택 앞에 놓인 질문은 하나로 수렴된다.

"이재명 대세론인가, 이재명 불가론인가?"

한때 이재명 대표에게 충성을 다하는 일부 의원과 소위 '개딸' 지지층들 사이에서는 소위 '이재명학'을 공부하자는 목소리까지 흘러나오온 바 있다. 나는 세 번째 박사 학위를 쓴다는 각오로, 그보다 더한 열정으로 이 책을 쓴다.

4,400만 유권자, 그리고 나의 사랑하는 아들과 딸 그리고 2030 MZ 세대에게 보내는 정치적 유언장이자 시대적 증언이 될 것이다.

책을 쓰던 어느 날, 나의 아내가 걱정스럽게 물었다.

"여보, 이재명 대표가 대통령 되면 당신 그런 책 내고도 무사할까? 쓰지 말지?"

나는 웃었지만, 문득 마음 깊은 곳에 이 책의 또 다른 키워드가 엄습했다.

"이재명 포비아(공포심)"

대통령이 탄핵되고 불과 60일 만에 치루어지는 조기 대선의 최대 화두는 단연 이재명이냐 아니냐 하는 것이다.

이재명은 과연 대통령이 되어도 괜찮은 인물인가?
아니면, 결코 대통령이 되어서는 안 될 인물인가?

그 대답을 내리기 위해 나는 이 책을 쓴다. 이 책의 제1 목표는 명확하다.

이재명 대세론의 실체는 무엇이며,
동시에 왜 수많은 국민이 이재명 포비아(공포심)를 느끼는가.

그리고 그 두 흐름의 충돌 속에서 '이재명 대통령 불가론'이라는 주장에는 어떤 구체적 근거가 있는가. 또한, 설령 이재명이 아닌 다른 인물이 대통령이 되어야 한다면, 과연 '이재명의 대세론'을 이길 반(反)이재명 연합의 후보는 누구이며, 그는 어떤 시대정신과 미래비젼을 가지고 있는가?

위와 같은 조기 대선 국면의 뜨거운 쟁점에 대해서 저자의 솔직하면서도 학술적인 입장을 밝히고 독자 여러분과 치열한 토론을 하고 싶다.

위와 같은 특별한 주제를 다룸에 있어, 본 저자가 설정한 연구 방법론은 두번째 박사학위 논문인 《스마트 위기관리시스템 혁명 10대 수칙》에 근거를 두고 있다. 이 방법론은 다음의 다섯 가지 요소를 중심으로 구성된다.

첫째, AI와 빅데이터(여론조사를 포함한 모든 통계 자료)를 활용하여 조기 대선을 둘러싼 복합 위기를 정밀하게 분석한다. 둘째, 골든타임을 놓치지 않는 적절한 대응 전략을 제시한다. 셋째, 조기 대선의 최종 승자가 되기 위해 고려해야 할 핵심 변수와 돌발 변수의 상관관계를 적극 분석한다. 넷째, 계엄령, 탄핵, 조기 대선을 포괄하는 통합적 위기관리 시각을 바탕으로 전략과 전술을 체계적으로 수립한다. 다섯째, 전반적인 분석과 대응 과정을 스마트 피드백 시스템으로 지속적으로 검증하고 보완한다.

이러한 방법론을 바탕으로 본 저서는 《이재명 대세론인가? 불가론인가? — 조기 대선의 최종 승자는 누구인가》라는 주제를 입체적으로 분석하였다. 아울러 이 방법론에 대한 보다 구체적인 소개와, 그에 기반한 《스마트 국가·도시 100대 혁신 대선공약 제안》은 이 책의 부록에 별도로 수록하였다.

이 책은 동시에 2030 세대를 향한 간절한 편지이기도 하다.

정치는 더 이상 기성 세대의 전유물이 아니다. 국민의 삶을 바꾸고, 한반도의 운명을 결정지을 차기 대통령이 누구냐에 따라 당신의 일자리, 전세값, 평화, 민주, 미래가 좌우된다. 이 책은 여러분이 그런 시대 앞에서 가장 중요한 선택을 하는 데 작은 나침반이 되고자 한다.

나는 이 책을 쓰며 한 가지 믿음을 갖고 있다.

진실은 거짓과 침묵을 이긴다.
깨어 있는 시민의 행동하는 양심을 믿자.
국민은 결국 진실과 정의를 선택할 것이다.

이 책이 그러한 국민적 선택의 기로 앞에서, 한 사람의 정치인의 과거와 미래, 그리고 대한민국의 운명이 걸린 '좋은 대통령과 유능한 정부의 선택'을 놓고 생각할 수 있는 정직한 출발점이 되기를 진심으로 바란다.

끝으로, 이 책이 세상에 나오기까지 여러 방식으로 힘이 되어주신 모든 분들께 마음 깊이 감사의 인사를 드리고 싶다.

무엇보다 먼저 떠오르는 기억은, 내가 고양시장 재직 시절 겪었던 뼈아픈 경험이다. 당시 한 현직 시의원이 터무니없는 허위사실을 담은 책을 출간했고, 나는 불가피하게 출판물에 의한 명예훼손죄로 그를 고소할 수밖에 없었다. 결국 그는 법정 구속되었다. 그 일은 나에게 인간적으로도 정치적으로도 깊은 상처였지만, 동시에 공직선거법상 허위사실 유포죄라는 주제를 누구보다 절실하게 이해하게 해준 시간이기도 했다.

그래서 이번 책을 집필하면서는 단 한 줄의 오해도 남기지 않기 위해 각별히 노력했다. 초고를 완성한 뒤, 공직선거법 분야에서 명성이 높은 네 분의 변호사께 자문을 요청드렸고, 그 과정에서 수차례의 수정과 보완을 거쳐 지금의 원고가 탄생할 수 있었다. 바쁜 일정 중에도 기꺼이 시간을 내어 정성껏 검토해주신 네 분 변호사님께 이 자리를 빌려 깊은 존경과 감사를 전한다.

법적 논란의 여지를 최소화하려다 보니 책의 날카로운 메시지가 다소 무뎌진 부분도 있을지 모르겠다. 그러나 이는 저자의 책임 있는 자세였으며, 그만큼 정제된 언어로 진실을 말하고자 했음을 이해해주시면 좋겠다.

또 한편으로, 교정과 교열, 편집과 디자인 등 보이지 않는 곳에서 이 책에 온 정성을 쏟아주신 분들께도 감사드린다. 원고의 완성도를 높이기 위해 밤낮없이 애써주신 여러분의 노력이 있었기에 이 책이 온전한 한 권의 책으로 독자들 앞에 설 수 있었다.

그리고 무엇보다, 늘 원고와 책 더미에 파묻혀 있는 나를 묵묵히 지켜봐 주고, 말없이 옆을 지켜준 사랑하는 아내에게… 그 어떤 말로도 다 전할 수 없는 고마움과 미안함을 느낀다. 늘 나보다 나를 더 생각해주는 아내, 그리고 가족들에게 이 책의 마지막 페이지는 온전히 그들의 몫으로 바치고 싶다.

진심으로 고맙고, 사랑한다.

2025년 봄 장미 대선을 앞두고
저자 최성 씀

"

'이재명 대세론'은
개인 지지도, 다자 대결구도 등
모든 면에서 우위를 점했다.
그러나 동시에 위험한 자만과 조급함이
함께 자라고 있었다.

"

'이재명 대세론'은
언제까지 지속될 것인가

1.

'이재명 대세론'은
언제까지
지속될 것인가

이재명이냐 아니냐

2024년 12월 3일, 윤석열 대통령의 전격적인 계엄령 선포로 정국은 극도의 혼란에 빠졌고, 헌법재판소의 만장일치 탄핵 인용을 거쳐 조기 대선 국면에 접어들었다. 이 과정에서 대한민국의 정치 담론은 단 한 명의 인물에 집중되기 시작했다.

바로 이재명이었다.

윤석열 대통령의 탄핵이 현실화되는 순간, 언론과 정치권, 시민들의 입에서 가장 많이 오르내린 화두는 명확했다.

"이재명이냐, 아니냐?"

공공전략 컨설턴트 윤태곤은 서울신문 기고문[1] (2025.1.27.)에서 이 상황을 간결하면서도 도발적으로 요약했다.

"탄핵 다음의 질문은 이재명이냐, 아니냐이다."

그리고 이어지는 두 가지 질문은 대중의 마음 깊숙이 숨어 있던 불안감을 고스란히 드러냈다.

"이재명이 대통령이 돼야 하나?"
"이재명이 대통령이 될 수 있을까?"

이 물음은 단순한 선거 구도 이상의 상징성을 지닌다. 윤 대통령과 강성 보수층의 비상식적 대응에도 불구하고, 여론조사에서 드러난 보수층의 결집은 단순한 정권 방어를 넘어 '반(反)이재명 연합'이라는 정치적 전선을 형성하기 시작했다.

결국 이번 조기 대선은 '정권 교체 대 정권 연장'이라는 이분법을 넘어, '이재명 대 비(非)이재명'의 구도로 전개될 가능성이 농후하다. 지금의 대선 정국은 사실상 "이재명 대통령이냐, 아니면 그 외의 누구냐"라는 질문에 집중되고 있다.

윤태곤은 조기 대선의 구조를 분석하면서 이재명의 가능성과 한계를 동시에 진단한다. 그에 따르면, "대통령이 되기 위해선 먼저 후보가 되어야 한다. 이재명이 민주당 후보로 선출되지 않을 가능성은 극히 낮다. 오히려 당내 경선은 김대중(1997), 박근혜(2012) 당시보다도 싱겁게 끝날 수 있다"고 내다봤다. 이재명의 정치 생명을 끝장낼지 모른다는 공직선거법 2심 판결이 무죄로 결론나면서부터는 더욱 그렇다.

민주당 일각에선 경선 무용론까지 거론되고 있으며, 이 대표는 사실상 필요조건(경선 통과)을 넘은 상황에서 본선 승리를 위한 충분조건에 집중할 수 있는 입장이다. 그러나 여기에는 중대한 변수, 즉 이재명이라는 정치인의 특성과 그를 둘러싼 리스크가 도사리고 있다.

'이재명 리스크'의
세 가지 측면

윤태곤은 첫 번째 문제로 이재명 개인의 정치적 캐릭터를 지적한다. 말이 거칠고 자주 바뀌며, 감정을 드러내는 방식도 매우 노골적이라는 것이다. 그는 이재명에 대해 다음과 같이 평했다.

"말 바꾸는 정치인은 많지만, 이재명은 그중에서도 상위 클래스다. 표정도 감정을 숨기지 못해 쉽게 읽힌다. 경쟁자에 대한 응징 또한 지나치게 강하다."

보수 진영에서는 "이재명만 아니면 된다"는 정서가 강하게 자리 잡고 있다. 심지어 "그가 대통령이 되면 문재인의 적폐 청산은 애교로 보일 것"이라는 말도 공공연히 나온다. 즉, 이재명의 당선은 단순한 정권 교체가 아니라 '정치 보복의 시대'로 비화될 수 있다는 불안감이 짙게 깔려 있다.

두 번째 문제는 이 대표의 사법 리스크다. 탄핵 정국 속에서 윤 대통령의 사법적 문제에 가려졌지만, 이 대표 역시 다수의 재판을 안고 있다. 특히 헌법 제84조와 관련해, 대선 직전 유죄 판결이 내려질 경우 당선인의 직무 수행 가능성 자체가 큰 쟁점이 될 수 있다.

이미 보수 진영에선 "윤석열은 대통령직에서 파면됐는데, 이재명은?"이라는 구호가 힘을 얻고 있다. 2020년 총선 당시 "조국 가족은 도륙당했는데 김건희는?"이라는 프레임의 부메랑이 다시 작동하고 있는 셈이다.

이미 조기 대선 정국의 최대 쟁점은 명확해졌다. 바로, 5개의 재판과 8개의 사건, 12개의 혐의를 받고 있는 이재명 후보가 대통령에 당선될 경우, 해당 재판들이 연기되거나 중단될 수 있는가에 대한 논란이다. 이 사안은 이 책의 핵심 논점이기도 하며, 〈3장. 이재명 10대 불가론의 쟁점〉에서 보다 심도 있게 다룰 예정이다.

세 번째 리스크는 권력 집중의 문제다. 민주당은 이미 170석의 의석을 보유하고 있고, 조국혁신당 등 범야권까지 포함하면 190석에 육박한다. 윤석열 정부 하에서는 여소야대로 인해 야당이 정부 인사를 줄줄이 탄핵하며 강력한 견제력을 행사했다. 하지만 이재명 대통령이 탄생할 경우 사실상 제어 장치가 완전히 사라진다.

이명박 정부 시절에도 여소야대 상황은 있었지만, 당시엔 박근혜와 친박계라는 내부 견제 세력이 있었다. 그러나 이재명의 경우는 다르다. 정치권 안팎에선 "이재명이 대통령이 되면 못할 일이 없다"는 공포심과 우려가 팽배하다. 강한 추진력은 장점이기도 하지만, 동시에 제어 불가능한 권력으로 인식될 수 있다.

'이재명 대세론'의 실체와 변수

그렇다면 이번 조기 대선은 지금의 이재명 대세론이 끝까지 이어져 이재명의 압승으로 귀결될 것인가? 윤태곤은 이에 대해 조심스러운 태도를 유지한다. 2017년 박근혜 대통령 탄핵 이후의 조기 대선 당시를 예로 들며, 프레임의 이중성을 강조한다.

"당시 문재인, 안철수, 유승민, 심상정 모두 탄핵 찬성이었고, 홍준표만 탄핵 반대였다. 탄핵 반대 진영의 득표는 24%에 불과했다. 처

음에는 반기문, 이후에는 안철수가 문재인을 위협했지만, 결국 탄핵
찬반이라는 대전제가 분명해지자 문재인의 압승으로 귀결되었다."

윤태곤은 이번에도 유사한 구도가 형성될 수 있다고 본다. 만약
보수 진영이 윤석열과 결별하고 새로운 인물로 단일화를 이룰 경
우, 이재명의 리스크는 더욱 부각되고 선거는 다시 박빙의 51:49
싸움으로 전개될 수 있다.

윤태곤은 '이재명 불가론'의 가능성을 열어두면서도, 보수 진영
의 전략적 결집에 기대를 걸었다. 필자 또한 그의 분석에 대체로
공감하지만, 더 나아가 다음과 같은 점을 강조하고 싶다.

무엇보다 이재명의 민주당 내에도 그의 리더십에 깊은 회의를
품고 있는 세력이 존재한다. 정권 교체를 진정으로 원하는 민주당
내부의 진보적·합리적 세력이, 이재명을 대신할 새로운 지도자를
내세울 수 있어야 한다. 이것이 민주당이 살아남는 길이다. 그러나
유감스럽게도, 아직까지는 그 어떤 정치적 미풍조차 감지되지 않
고 있다.

아울러 제3지대의 역할도 결코 무시할 수 없다. "윤석열도 이재
명도 아니다"라는 대중의 피로감과 불신을 꿰뚫는 새로운 정치 세
력이 등장한다면, 조기 대선은 전혀 다른 방향으로 전개될 수 있다.

이 과정에서 '이재명 포비아(공포심)'가 확산되면서, '이재명 불가
론'을 확신하는 광범위한 '반(反) 이재명 연합세력'의 강력한 저항
이 조기 대선 기간 내내 '이재명 대세론'을 위협하게 될 것이다. 이
미 '한덕수 차출설'과 '이낙연 대안론'이 본격적으로 거론되는 배
경에도 이러한 흐름이 자리하고 있다.

국민이 직접 선택하는 진짜 승자, 그것이 조기 대선이 지닌 마지막 희망이다. 그 길이 국민들을 '조기 대선의 최종 승자'로 만드는 길이다.

무려 2년 넘게 지속된 '이재명 대세론'

이재명 대표의 '대세론'은 지난 대선에서 윤석열 후보에게 불과 0.73% 차이로 석패한 이후, 무려 2년 넘게 지속되고 있다. 그 기간 동안 단 한 번도 차기 대선 후보 지지도 1위를 놓치지 않았다는 점은 한국 정치사에서 매우 이례적인 기록이다.

2024년 11월, 이 대표가 공직선거법 위반 혐의로 1심에서 징역 1년 집행유예 2년이라는 징역형을 선고받았을 때까지만 해도 그의 정치 생명은 '시한부'라는 관측이 지배적이었다. 그러나 곧 이어진 윤석열 대통령의 '자해적 계엄령' 선포는 대한민국 정치판 전체를 뒤흔들었고, 이재명 대세론은 다시 힘을 얻게 되었다.

결과적으로 윤석열 전 대통령의 비상계엄 선포는, 선거법 1심에서 유죄 판결을 받고 정치적으로 위기에 몰려 있던 이재명 대표에게 오히려 '대통령직을 선물한 셈'이라는 냉소적인 평가까지 나왔다.

이는 정치평론가들 사이에서 "윤 전 대통령의 무모한 폭거였다"는 혹평으로 이어졌다. 아무리 '이재명의 민주당'이 방탄 입법, 보복 탄핵, 보복성 예산 삭감 등 반민주적 행태를 보였다고 하더라도, 그 해법을 1980년대식 '비상계엄 선포'에서 찾았다는 점은 무지와 무모함, 그리고 무책임의 극치라 하지 않을 수 없다.

저자 역시 당시 TV 속보를 접하자마자 사실 확인을 거쳐 곧바로 SNS를 통해 "즉각 비상계엄을 해제하라"는 요지의 입장을 발표했고, 이후 국회에서 계엄 해제 결의안이 통과되었을 때도 "적극적으로 찬성한다"는 입장을 명확히 밝힌 바 있다.

윤석열 대통령의 계엄령 선포와 국회 탄핵 의결 이후, 각종 여론조사에서는 민주당과 이재명 대표의 지지율이 눈에 띄게 상승했다. 2024년 12월 한달 동안 언론의 종합 보도[2]를 비롯한 당시 실시된 여러 조사에 따르면, 계엄령 직후 실시된 여론조사에서 민주당 지지율은 48%까지 치솟은 반면, 국민의힘은 24%로 절반 수준에 그쳤다. 이는 윤 대통령의 비상계엄이라는 비정상적 돌출 행동이 여권 전체에 큰 타격을 준 결과로 해석된다.

대통령 적합도 조사에서는 이재명 대표가 37%로 독보적인 1위를 기록했다. 반면, 한동훈, 홍준표, 오세훈, 김문수, 이준석 등 여권의 유력 정치인들은 대부분 2~5% 수준에 머물렀다. 특히 한동훈 전 대표는 탄핵 표결에 찬성했다는 이유로 당에서 퇴출당하고, 지지율마저 급락하면서 정치적 고립에 직면했다.

12월 3주 차 전국지표조사(NBS) 결과에서도 민주당은 39%로 상승한 반면, 국민의힘은 26%로 하락했다. '헌재의 탄핵 심판은 신속히 이뤄져야 한다'는 의견도 68%로 압도적이었다. 이는 국민 다수가 현 정국을 조속히 정리하고 조기 대선으로 나아가길 원한다는 것을 보여주는 지표였다.

2025년 새해가 밝은 후 실시된 각종 여론조사[3]에서도 이재명 대표는 여전히 30% 중후반대의 지지율을 유지하며 1위를 고수했다. KBS 여론조사(2024. 12. 29.~31.)에서는 36%를 기록했고, MBC 조사에서는 40%에 달했다. 주요 경쟁자인 홍준표, 한동훈, 오세훈 등은 대부분 5~8%대에 그쳤으며, 나머지 후보군은 1~2%에 머무는 모습이었다.

심지어 보수의 핵심 기반인 영남 지역에서도 이재명 대표가 25.7%로 1위를 차지했고, 홍준표 시장은 16.1%, 오세훈 13.6%, 한동훈 13.5%로 그 뒤를 이었다. 대구·경북에서도 이재명이 홍준표를 10%p 가까이 앞서는 결과는, 전통적 보수 지역에서도 균열이 발생하고 있음을 시사한다.

국민의힘 내부에서도 혼란은 가시지 않았다. '보수 차기 주자'로 거론된 인물들 중 누구도 독보적 지지를 얻지 못한 채 홍준표(16.1%), 한동훈(14.8%), 유승민(11.7%), 오세훈(11.6%) 등이 혼재된 양상을 보였다. 이는 '이재명을 이길 후보'를 아직 결정하지 못한 보수 진영의 불안한 내면을 보여준다.

2024년 12월 말, 동아일보 여론조사에서는 이재명 대표가 보수 주요 주자들과의 양자 대결에서도 모두 2~4배 이상의 격차로 앞섰다.

오세훈 시장과의 대결에서는 48.7% vs 21.9%

홍준표 시장과는 47.6% vs 20.5%

한동훈 전 대표와는 48% vs 16.7%

이준석 의원과는 46.9% vs 11.8%였다.

이런 결과는 단순한 지지도 우위를 넘어서 윤석열 계엄령의 충격파가 보수 진영 전체에 치명타를 안겼음을 보여준다. 심지어 가장 젊은 보수층의 기대를 모았던 이준석조차 이재명과의 양자대결에서 10%대 초반에 머물렀다.

3자 구도에서도 상황은 크게 다르지 않았다. 미디어토마토 여론조사(2024. 12. 30.~31.)에 따르면, 이재명 50.9%, 홍준표 24.4%, 이준석 10.4%로 이재명 대표가 과반을 넘으며 압도적인 1위를 차지했다. 이 같은 구도는 조기 대선이 6월 3일로 확정된 상황에서 현실적으로 가장 유력한 조기 대선 시나리오라는 점에서 주목할 만하다.

빅데이터를 통해 본 '이재명 대세론'의 변화 추이

비상계엄 선포와 대통령 탄핵, 그리고 조기 대선이라는 전례 없는 정치 정국 속에서 복합 위기가 본격화되었다. 복합 위기의 극복을 위해서 가장 선행적으로 요구되는 작업은 국민 여론조사와 같은 빅데이터에 대한 객관적 분석과 더불어 이를 토대로 통합 시스템적인 대응을 하는 것이 필수적이다. 조기 대선의 최후 승자가 되는 과정에서는 두말할 필요가 없다.

2024년 12월 비상계엄이 선포되고 국회에서 탄핵 소추안이 의결되었던 시기의 전문 여론조사 기관인 리서치뷰의 정례 조사 결과만 놓고 본다면, 이재명 대표는 단연 압도적인 '대세론'의 정점에 있었다. 범진보 진영 대선 주자 적합도 조사에서 이재명은 42.8%라는 절대적 수치를 기록했고, 김동연(8.4%), 이낙연(7.8%), 우원식(7.1%), 김부겸(5.4%) 등 타 후보들은 한 자릿수에 머물렀다. 경쟁자가 없는 독주 체제, 대세론의 전형이었다.

반면 범보수 진영은 뚜렷한 1강 체제가 부재한 상태였다. 유승민이 15%로 1위를 기록했으나 홍준표(9.9%), 한동훈(9.1%), 오세훈(8.4%), 원희룡(7.9%), 이준석(5.5%) 등 2위권 이하 후보들과의 격차는 크지 않았다. 이 대목에서 이재명의 대세론은 더욱 두드러졌다.

그러나 이 분위기는 2025년 1월로 접어들며 심상치 않게 흔들리기 시작했다. 윤석열 대통령이 12월 3일 밤 전격적으로 비상계엄을 선포하고, 2시간 30분 만에 국회가 이를 해제하는 초유의 사태가 발생하면서 전국은 사실상의 준(準)비상 상태로 진입했다. 이에 따른 여론의 반향은 즉각적이었다.

전문 여론조사 기관인 〈리서치뷰〉의 1월 첫 주 조사(1. 5.~6.)에서 윤석열 대통령에 대한 국정 지지도는 지지 36.9%, 반대 59.1%로 무려 20% 이상의 차이를 보이며 반대 여론이 압도했다. 조기 대선 실시 프레임에 대한 국민적 공감도도 뚜렷했다. 정권 교체 및 야당 당선에 공감한다는 응답이 49.6%로, 여당의 정권 연장(35%)이나 제3 후보 당선(9.6%)보다 크게 앞섰다.

이 시기의 정당 지지도는 민주당 43.3%, 국민의힘 33.5%였으며, 조국혁신당은 7.4%, 개혁신당 3.4%, 진보당 1.1%였다.

"절대 찍고 싶지 않은 후보" 압도적 1위(43.6%), 이재명

2월로 넘어가면서 이재명 대세론의 이면에 숨겨져 있던 '이재명 포비아(공포심)'가 수면 위로 떠올랐다. 2월 2주 차 여론조사 결과, '절대 찍고 싶지 않은 후보' 항목에서 이재명이 43.6%로 압도적 1위를 기록했다. 김문수(15.7%), 홍준표(12%), 오세훈(7.7%), 한동훈(7.2%), 이낙연(6.2%)을 훨씬 상회하는 결과였다. 특히 중도층에서 이재명에 대한 거부감은 35.8%, 2030 MZ세대에서는 45.5%에 달했다. 호남에서도 이재명이 '절대 지지 불가' 후보 1위(34.3%)로 나타났다는 사실은 결코 가볍게 넘길 수 없는 신호였다.

2월 3주 차 조사에서는 이른바 '김문수 돌풍'이 수치로 처음 드러났다. 범보수 대선주자 적합도에서 김문수는 22.3%로 1위를 기록하며, 2위 유승민과의 격차를 8.5% 포인트까지 벌렸다. 양자대결 조사에서는 이재명이 김문수(50.8% : 36.6%), 홍준표(50.5% : 29%), 오세훈(51.3% : 31.7%), 한동훈(50.8% : 23.8%)과의 구도에서 모두 승리했지만, 이 격차가 고정불변의 결과일지는 불투명했다.

3월 1주 차 조사에서는 이재명 포비아가 더욱 구조화되었다. 민주당의 최대 위협 요인을 묻는 질문에 응답자의 37%는 '이재명 사법 리스크'를 지목했고, 17.1%는 '집권 시 일방 독주에 대한 우려'를 들었다. 후자의 경우, 이른바 '이재명 포비아'가 정치 심리 차원을 넘어 여론조사 지표로 고착화되기 시작했음을 의미했다.

3월 말 정기 조사(3. 29.~3. 31.)에 이르러 이재명 대세론은 여전히 압도적이었으나 그에 따르는 반작용 또한 가볍지 않게 축적되고 있었다. 조기 대선 가상 다자 대결에서 이재명은 51%의 지지율로 2위 김문수(23%)를 크게 앞섰고, 이준석, 이낙연 등 제3 지대 후보들은 모두 5% 안팎에 머물렀다. 특히 중도층 지지율에서 이재명은 57%, 김문수는 16%로 오히려 격차가 더 벌어졌지만, 동시에 절대 지지층과 절대 비토층이 양극화된 '극단의 정치구도'가 형성되고 있다는 점은 향후 변수로 작용할 가능성이 컸다.

2030 세대의 지지율은 이재명(47%)과 김문수(20%), 이준석(10.5%) 사이의 격차가 다소 줄어들었고, 호남에서는 이재명(58%)이 여전히 우세했지만, 과거 대선에 비해 낮은 수치를 기록하고 있었다.

결론적으로, 이재명은 2023년 말부터 2024년 3월까지 줄곧 가장 강력한 차기 주자로 여론조사에서 우위를 점하고 있지만, 동시에 '절대 찍지 않겠다'는 반대 여론 또한 압도적이라는 점에서 이재명 대세론과 이재명 포비아, 그리고 이재명 불가론은 서로 충돌하면서도 병존하는 이중 구조를 형성하고 있다.

조기 대선이 현실화되고 TV 토론과 경선 등 실전 검증이 본격화될 경우, 지금의 대세론에는 언제든 균열이 생길 수 있다. 이재명을 이길 수 있는 유일한 전략은 단순한 비판이 아닌, 그를 능가하는 대안과 유권자의 공감을 얻는 정치로의 전환임이 갈수록 분명해지고 있다.

이재명 대세론의 원동력과 이재명만의 강점

네 번의 정치적 사형 선고, 네 번의 기적 같은 생존

정치사에는 고난을 이겨낸 인물이 많지만, 그 고난이 반복적으로 '사법적 사형 선고'에 가까운 순간이었다면 이야기는 달라진다.

이재명, 그는 네 차례나 정치적 운명이 끝날 듯 위태로운 순간마다 '기적'처럼 다시 살아났다. 그리고 그 생존의 연속은, 더 이상 우연이 아닌 전략의 산물이라는 평가를 받기도 한다.

위기의 극단에서 판세를 뒤엎는 이재명의 본능은, 마치 마키아벨리의 냉혹한 군주론이 현실 정치 속에서 구현된 사례처럼 느껴진다.

첫 번째 생존 — 대법원의 형 강제입원 무죄 판결(2020)

2018년 지방선거 TV 토론.

"형을 정신병원에 강제로 입원시키려 한 사실이 있느냐"는 질문에 그는 "그런 일 없다"고 답했다. 검찰은 이를 공직선거법상 허위사실 공표로 기소했고, 2심은 당선 무효형인 벌금 300만 원을 선고했다. 그러나 2020년 7월, 대법원 전원 합의체는 '기억의 차이'일 수 있다는 논리로 무죄 취지 파기 환송을 결정한다. 이 결정이 이루어진 이후 대장동 사건의 핵심인 김만배 씨와 권순일 대법관 사이의 '사법 거래 의혹'이 제기되었다.

2020년 7월 16일, 대법원 전원 합의체는 7대 5의 의견으로 이재명 대표의 무죄를 확정했다. 이때 권순일 대법관은 7명의 무죄 의견을 낸 대법관 중 한 명이었으며, 대법관 내부에서 무죄 판결을 주도했다는 의혹이 제기되었다.

이 사건에서 사법 거래 의혹이 불거진 결정적인 이유는 대장동 개발 사업의 핵심 인물인 김만배와 권순일 전 대법관의 관계에서 비롯되었다. 김만배는 대장동 특혜 의혹과 관련하여 핵심적인 역할을 한 인물로, 권순일 전 대법관과 여러 차례 접촉한 사실이 확인되었다.

권순일 전 대법관은 대법원 퇴임 이후 김만배가 소유한 화천대

유에서 고문으로 활동하며 월 1,500만 원의 고문료를 받은 정황이 드러났다.[4]

대선 출마가 불가능할 뻔했던 이재명은 그 판결로 다시 일어섰다. "법과 상식이 승리했다"는 짧은 말은, 법의 경계를 넘나드는 생존자의 선언처럼 들렸다.

두 번째 생존 — 영장 기각과 구치소 새벽 탈출(2023)

2023년 가을, 검찰은 백현동 특혜, 위증교사, 대북 송금 등 12개 혐의로 이재명에 대한 구속 영장을 청구했다. 단식 중 체포 동의안이 국회를 통과하며 그는 정치적·육체적으로 바닥을 찍었다. 휠체어에서 지팡이를 짚고 법원으로 향했던 그는 '기각'이라는 한 단어로 구치소 문을 밀고 다시 나왔다.

그날 새벽, 그는 말한다.

"인권의 최후 보루라는 사실을 증명해주신 사법부에 감사드린다."

마치 그는, 자신이 사법 정의의 심판대가 아니라 정의의 주인공이라도 된 듯한 언어로 다시 판을 뒤엎었다. 어떻든 놀라운 일이다.

세 번째 생존 — 위증교사 혐의 1심 무죄(2024. 11.)

그는 또 한 번 법정에 섰다. 이번에는 '친형 강제 입원 관련 재판'에 등장한 한 인사에게 법정 증언을 유도했다는 '위증교사 혐의'였다. 이미 검찰은 '정치적 조작의 본질'이라며 공세를 극대화시켰고, 많은 언론과 법조계 인사들은 '중형' 내지 '법정 구속'까지도 전망했다. 그러나 1심 재판부는 예상과 다른 결론을 내렸다.

1심 재판부는 예상과 달리 무죄를 선고했다. 재판부는 증인의 자발적 진술 가능성과 이 대표의 지시 정황이 불분명하다는 점을 들어 '위법성이 없다'고 판단했다. 한숨 돌린 이재명은 다시 당당히 말했다.

"사실을 밝히는 것이 법치주의의 첫걸음이다."

하지만 사람들은 묻는다. 왜 이재명 후보는 수많은 범죄적 의혹과 명백해 보이는 증거에도 불구하고 법적 책임을 벗어나 있는 상황이다. 항상 무죄라는 '길목'에서 정치적 기회를 다시 쥐게 되는가?

네 번째 생존 — 선거법 2심 전면 무죄(2025. 3.)

2025년 3월, 드디어 또다른 벼랑 끝.

검찰은 2022년 대선 당시 이 대표의 "김문기를 몰랐다", "사진은 조작됐다", "국토부가 협박했다"는 발언이 모두 허위라고 주장했고, 1심은 징역 1년, 집행유예 2년의 당선 무효형을 선고했다. 그러나 2심은 이 모든 발언을 기억의 차이, 표현의 자유, 의견 표명으로 해석하며 전면 무죄를 선고했다.

여권은 "이제 거짓말이 선거판을 지배할 것"이라며 격분했고, 야권은 "정의의 승리"라고 환호했다. 그리고 이재명은 다시 말했다.

"검찰의 조작과 권력 남용이 끝내 진실을 이기지 못했다."

네 번의 무죄, 네 번의 정치적 죽음과 부활. 그것은 단순한 법정 드라마가 아니었다. 정치는 현실이고, 현실은 생존의 연속임을 증명해낸 정치인의 이야기다. 마키아벨리는 말했다.

"군주는 사자처럼 강해야 하고, 여우처럼 교활해야 한다. 그리고 그의 통치는 성공으로 증명되어야 한다."

이재명은 사자의 강단과 여우의 감각으로 위기의 언덕을 넘어섰고, 판결문 대신 지지율과 생존으로 자신의 전략을 증명해냈다. 그가 살아 있는 한, 대한민국 정치판은 결코 조용하지 않을 것이다. 그리고 아마, 시작되지도 않았는지 모른다.

더욱이, 그 앞에 놓인 5개의 재판, 8개의 사건, 12개의 혐의에 더해 또 다른 수사 대상 사건들이 병행되고 있어, 그 과정에서 수차례 '정치적 사형선고'와도 같은 혹독한 길을 걸을 가능성이 높다. 그 최종적 결말이 어떻게 될 것인지는 이제 국내를 넘어 국제적인 관심사가 되어버렸다.

과연 이는 '검찰 독재에 의한 강압 수사 결과'로 귀결될 것인가, 아니면 '불법적 권력 남용의 최악 사례'로 남을 것인가. 사법부가 내릴 공정한 판결이 그 어느 때보다 기대된다.

이재명 대세론과 이재명만의 장점

이재명 대표의 강점과 약점, 그리고 '이재명 대세론'과 '이재명 불가론' 사이의 주요 갈등 축 가운데 하나는, 바로 이재명표 정책의 상징이라 할 수 있는 기본 소득 시리즈와 지역 화폐 정책에 대한 평가이다.

긍정적인 시각에서는 이재명표 복지 정책이야말로 오늘날 이재명을 정치 지도자로 성장시킨 핵심 원동력으로 본다. 특히 성남시장 시절 시행한 청년 배당과 재난기본소득, 그리고 경기도지사 시절 전국적인 주목을 받았던 지역 화폐 정책 등은, 보편적 복지와 지역 경제 활성화를 동시에 겨냥한 혁신적 시도로 평가된다. 이러한 정책들은 사회적 약자와 청년층에게 직접적인 혜택을 제공하며 이재명이라는 정치인이 '말이 아닌 실천의 정치인'이라는 인식을 대중에게 심어주는 데 결정적 역할을 했다. 또 그들의 일부가 '이재명 팬덤'을 형성하기도 했다.

그러나 반대 측에서는 이 정책들을 비효율적인 포퓰리즘으로 간주한다. 기본 소득이란 개념 자체가 국가 재정의 여유가 충분할 때 신중히 접근해야 할 중장기적 과제임에도, 이재명표 기본 소득은 소득 수준이나 필요에 관계없이 일괄적으로 지급되는 방식이어서 재정 낭비를 초래하고 실질적인 불평등 해소에도 기여하지 못한다는 지적이 나온다. 특히 현재와 같은 심각한 국가 채무 증가 상황에서 대규모 재정 지출을 수반하는 보편적 기본 소득은 장기적으로 국가의 지속 가능성을 해치는 결정이 될 수 있다는 우려도 있다.

지역 화폐 정책에 대해서도 엇갈린 시선이 존재한다. 이 정책이 일시적으로 일부 자영업자에게 매출을 늘려주는 효과는 있을 수 있으나 전체적으로는 소비의 총량을 바꾸지 못하며, 결국 정부의 재정 부담만 늘리는 구조라는 비판이 제기된다. 게다가 전국 단위로 확대될 경우 중앙 정부의 예산 지원 없이는 유지 자체가 어렵고, 지방 정부 간 재정 불균형 문제까지 야기할 수 있다는 점도 문제로 지적된다.

결국 이재명표 정책에 대한 극명한 평가 차이는, 그가 대통령이 될 경우 대한민국의 경제가 어떤 방향으로 나아갈 것인가에 대한 상반된 전망으로 이어진다. 하나는 복지를 통해 포용적 성장을 이루며 선진국으로 도약하는 길이고, 다른 하나는 인기 영합적 포퓰리즘에 빠져 중남미형 재정 위기 국가로 전락할 가능성이다. 이는 단순한 정책 선호의 문제가 아니라 향후 대한민국의 국가 전략과 지속 가능성에 대한 판단이 걸린 매우 중대한 논점이다.

따라서 유권자들은 이재명표 기본 소득과 지역 화폐가 단기적 인기를 넘어 실질적인 구조 개혁과 지속 가능한 성장 전략이 될 수 있는지를 철저히 검토해야 한다. 특히 조기 대선이라는 특수한 상황 속에서 이러한 판단은 단순한 후보 선택을 넘어, 대한민국의 미래를 좌우하는 분기점이 될 수 있다는 점에서 더욱 신중하고 세심한 검토가 요구된다.

이렇듯 이재명 대표의 '대세론'은 정당 지지도, 개인 지지도, 양자·3자 대결 구도 등 모든 항목에서 우위를 점하며 절정으로 향했다. 그러나 동시에 그 속에는 위험한 자만과 조급함의 기운도 함께 자라고 있었다. '이재명 대세론'이 확산되어 '이재명 대통령 시대'가 현실 속에 실현될 경우 닥쳐올 '이재명 포비아(공포심) 현상'에 대한 두려움과 거부감은 더욱 깊어졌다.

민주당 내부에서는 비상계엄과 탄핵 정국에서 '조기 대선만 치러지면 무조건 승리'라는 인식이 팽배했고, 그에 따라 이재명 대표와 민주당 지도부 그리고 일부 강성 지지층은 고압적이고 배타적인 태도를 보였다. 각종 정치적 기득권을 점령군처럼 행사하려는 모습은 오히려 역풍을 불러왔고, 무당층과 중도층의 이반을 촉진시켰다.

실제로 이재명 대표의 지지율은 대부분의 조사에서 지난 대선 득표율 이상으로 뚜렷하게 확대되진 않았다. 지지 기반은 여전히 탄탄하지만, 외연 확장은 정체되어 있었으며, 무당층 20% 내외의 향방이 대선 판세에 중요한 변수가 될 수 있다는 분석도 제기되었다.

결국 윤석열 대통령의 '충동적 계엄령'이라는 초유의 사태는 아이러니하게도 이재명 대표에게 제2의 기회를 제공했지만, 동시에 민주당의 오만과 독주를 자극하는 '독'이 되기도 했다. 이재명 대세론은 그 어느 때보다 공고해 보이지만, 그 안에는 확장성의 한계와 내적 피로감이라는 균열이 서서히 드러나고 있었다.

대통령 탄핵 이후, 민주당의 추락과 이재명 리스크의 실체

2025년 1월 말, 정국은 다시 한 번 요동쳤다. 윤석열 대통령에 대한 탄핵안이 국회를 통과하고, 체포·구속이라는 초유의 사태가 벌어졌음에도 불구하고, 민주당의 정당 지지율이 국민의힘에 뒤처지는 '역전 현상'이 속출한 것이다.[5] 이 같은 비상 계엄과 탄핵 국면, 그리고 조기 대선으로 이어지는 일련의 사태는 국내외 정치사에서도 좀처럼 보기 힘든 매우 이례적인 정치 상황이었다.

YTN-엠브레인 여론조사(2025. 1. 25.)에서는 국민의힘 지지율이 42%로 1위를 차지했으며, 민주당은 38%에 머물렀다. 불과 한 달 반 전, 계엄령 이후 민주당이 50%를 넘나들던 시점과 비교하면 급격한 반전이었다. 도대체 무슨 일이 벌어진 것일까?

전문가들은 이 같은 반전의 배경으로 민주당의 연이은 '릴레이 탄핵'과 국정 공백에 대한 책임론, 카카오톡 검열 논란, 극언 논란 등을 지목했다. 특히 당 소속 의원들의 거친 발언은 중도층의 반감을 키우는 데 일조했다.

민주당은 탄핵 이후 오로지 조기 대선에 집중하는 모습을 보였다. 탄핵 심판에서 내란죄 적용을 철회한 결정은, '탄핵 조기 인용'

을 유도하기 위한 정치적 거래가 있었던 것 아니냐는 의혹을 불러일으켰다. 여기에 공수처와 정부 기관을 향한 위협적 언사, 국무위원 청문회를 통한 생중계식 망신 주기 등은 '계엄 진상 규명'이라는 명분을 넘어서 정권을 이미 장악한 듯한 인상을 줬다.

청와대 리모델링에 대해 "손대지 말라", "곧 정권이 바뀔 것"이라는 발언 역시, 점령군처럼 행동한다는 비판을 자초했다. 결국 민주당은 의도하지 않게 중도층의 '이재명 불가론'을 자극한 셈이 되었다.

일부에선 민주당이 여론조사 제도 개선을 명분 삼아 '여론조사 검열'을 시도하는 듯한 인상을 준 것도 부정적 영향을 미쳤다고 평가한다.

정치적 국면이 반전되자 국민의힘은 그간 잠재되어 있던 '이재명 포비아'를 전면에 내세워 본격적인 공세에 나섰다. 특히 "여당이 잘해서가 아니라 이재명은 안 된다"는 메시지가 주요 전술로 자리잡았으며, 실제로 그 효과도 뚜렷하게 나타났다. 친이재명 성향의 강성 지지층을 제외한 다수의 국민은 '이재명 대통령 시대가 현실화될 경우'에 대한 두려움과 불안을 마음속 깊이 새기고 있었다.

"이러다가 정말 이재명이 대통령이 되는 것 아니야?"
"그렇게 되면 대한민국은 망할까, 아니면 오히려 흥할까?"

이와 같은 집단적 질문이 유령처럼 사회 전반을 떠돌고 있다.

1월 16일 발표된 전국지표조사(NBS)에 따르면 국민의힘이 35%, 민주당이 33%로 조사돼 여당이 오차 범위 내에서 오히려 앞섰다.

이는 박근혜 전 대통령 탄핵 이후 조기 대선 당시와 비교하면 매우 이례적인 흐름이다.

여권은 이 대표의 차기 대통령 적합도(28%)가 정권 교체 여론 (48%)보다 20% 이상 낮다는 점에 주목하고 있다. 이는 정권 교체를 원하는 국민 중 상당수가 이재명을 대안으로 보지 않는다는 뜻이다. 즉, 민주당 내에 '플랜 B'를 바라는 유권자들이 존재한다는 신호다.

여권일부에서는 윤 대통령의 구속과 공수처의 체포 영장을 통해 '적대적 공생 관계'가 끝났음을 선언하며, 이제 이재명 대표를 정면으로 겨냥해야한다는 목소리도 나왔다. 동시에 보수 인사들은 법원의 빠른 판결을 촉구하며 '이재명 사법 리스크'를 부각시켰다.

그 배경에는 중도층의 '이재명에 대한 본능적 거부감'이 존재한다. 실제로 각종 조사에서 무당층이 20% 안팎을 유지하고 있으며, 이들 상당수가 '이재명은 불안하다'는 인식을 갖고 있는 것으로 분석된다.

홍형식 한길리서치 소장은 "보수층은 물론이고, 중도 보수와 심지어 일부 중도층에서도 '이재명은 안 된다'[6]는 감정이 광범위하게 형성되고 있다"고 분석했다. 윤 대통령의 계엄령이라는 초유의 사태조차 이재명 대표에 대한 불안감을 지우기엔 역부족이었던 셈이다.

윤석열 대통령의 계엄령은 이재명 대표에게 분명히 유리한 정치적 국면을 만들어주었다. 그러나 그 호기는 곧 '이재명 포비아'라는 민심의 반작용과 맞닥뜨렸다.

탄핵과 계엄, 대통령 구속이라는 전대미문의 사태 속에서도 이재명과 민주당은 지지율을 유지하지 못했고, 심지어 역전당했다.

이는 단순한 여론의 흔들림이 아닌 '이재명 리스크'의 실체가 유권자들 사이에서 구체적인 공포로 인식되기 시작했음을 의미한다.

당시 상황은 분명 이 대표에게 '가장 유리한 정치적 순간'일 수 있었다. 하지만 동시에 그의 정치 인생에서 '가장 위험한 전환점'일 수도 있었다.

이재명 대표의 대선 행보에서 '사법 리스크'와 '이재명 포비아'가 주요 구조적 한계로 지목되어온 것은 어느 정도 알려진 사실이다. 하지만 이번 윤석열 대통령 탄핵 및 비상 계엄 문건 파동 등 전환적 정국 속에서 드러난 또 다른 차원의 위협 요인들도 이재명 후보의 본선 경쟁력과 국민적 수용성에 상당한 부담으로 작용할 수 있다.

단순한 지지율의 등락을 넘어, 향후 본선 경쟁에서 결정적인 변수로 작용할 수 있는 이재명 후보 앞에 놓인 여러 가지 위협 요인에 주목해야 한다.

이재명 후보 앞에 놓인 또 다른 위협 요인

윤석열 대통령 탄핵 직후, 가장 먼저 선거 국면의 주도권을 쥐려는 이재명의 '즉각적 전면 대응'은 전략적이었고 상당히 성공하였다. 동시에 과도한 권력욕, '여의도 대통령'의 조기 출현이라는 비판을 낳았다. 아직 탄핵 여진이 끝나기도 전에 야권 전체를 이재명 중심으로 통제하려는 시도는 비명계는 물론 중도층의 피로감과 경계심을 증폭시켰다. 이 대표는 윤석열 탄핵 직후부터 매우 단정적이고 압박적인 언어를 사용하고 있다. 이런 점령군적 태도는 국민 통합을 기대했던 중도 유권자에게는 새로운 형태의 정치적 공포감으로 작용할 수 있다.

정책이나 국정 비전에 앞서, 국민은 탄핵 이후의 리더에게 '국가를 안정시킬 통합형 리더십'을 기대한다. 그러나 이재명은 당내 비명계를 포용하지 못한 전력이 있고, 지금도 협치와 통합보다는 강한 결집과 충성 중심의 수직적 리더십을 고수하고 있다. 이는 '포스트 탄핵' 시대의 리더상과는 괴리를 보인다. 사법 리스크와 별개로, 민주당 내부에서 이재명의 리더십에 대한 신뢰는 균열 상태다.

현재 민주당 내부는 보이지 않는 균열 상태에 놓여 있다. 물론 이재명 후보의 충성스러워 보이는 측근들과 열성적인 팬덤 지지층에게는 이러한 균열과 갈등, 불만이 전혀 감지되지 않을 수 있다. 그러나 그 이면에서는 확실한 조짐들이 꿈틀대고 있다. 특히 조기 대선이 본격화되면 비명계의 반발이 재점화될 가능성도 크다.

윤석열 정권의 실정에 대한 반사 이익으로 대세론을 형성해온 이재명은, 본격적인 조기 대선 구도 속에서 자신의 경제·외교·복지 비전이 충분히 준비되어 있는지를 시험받게 된다. 현 시점에서 '사법 수사 방어'에 지나치게 집중한 듯한 인상은 정책적 비전의 공백으로 이어질 위험이 있다.

국무총리나 장관직 같은 중앙 정부 경험 없이, 성남시장과 경기지사를 거친 이재명 후보는 행정력과 결단력은 일부 인정받을 수 있지만, 국정 전체를 통합적으로 운영해본 이력은 부족하다. 특히 외교·안보·글로벌 위기 대응 등에서의 경험 공백은 탄핵 이후 국가 리더십 회복이 요구되는 시점에서 심리적 불안을 유발할 수 있다.

이재명이라는 인물은 지지자에겐 희망이지만, 반대자에겐 위협으로 작용하는 '극단적 상징성'을 지니고 있다. 이는 여론조사상 고정 지지층은 높지만, 확장성이나 중도층 포용에는 한계를 드러내는 구조적 약점으로 귀결된다. 이재명 중심 선거는 반(反)이재명 연대를 촉진할 수 있다.

이재명은 제왕적 대통령제를 비판해온 인물임에도 불구하고, 당내 권력 장악 방식, 이재명 후보의 당 장악 방식, 주요 의사결정 과정, 국정 현안에 대한 독단적 접근 등은 당내 민주주의 원칙과 갈등을 빚고 있다. 오히려 기존 대통령제의 폐단을 반복할 위험성을 노출하고 있다. 이는 제7공화국 체제를 원하는 개헌 연대 지지층에게는 분명한 이질감으로 작용할 수 있다.

윤석열 정권의 붕괴 이후, 혼란한 정국의 수습 과정에서 야권의 리더인 이재명에게 국정 안정의 대안을 내놓을 책임이 자연스럽게 주어진다. 그러나 지금처럼 '정권 교체'만 강조하고, 국정 복원이나 국가 운영에 대한 실질적 해법이 부재할 경우, 오히려 정국 혼란의 공범으로 낙인 찍힐 수도 있다.

지속된 사법 논란, 당내 계파 충돌, 언론과의 대립 구도는 이재명이라는 인물에 대한 지속적인 피로감을 유권자에게 안긴다. 조기 대선은 기존 정치 구조를 뒤엎을 기회인 동시에 정치권 전반에 대한 심판으로 흐를 가능성도 있기 때문에, 이재명 후보는 정치 엘리트로서의 피로감과 혐오 대상이 될 위험도 함께 안고 있다.

이처럼 이재명 후보의 앞에는 단지 법적 리스크나 여론상의 공포심만이 있는 것이 아니다. 탄핵 이후 펼쳐질 '대선 정국'에서는 보다 입체적이고 다층적인 도전과 장애물들이 기다리고 있다. 이 재명 후보가 이 난제를 넘어서기 위해서는 단순한 '강한 리더' 이 미지로는 부족하며 포용, 통합, 경험, 신뢰라는 정반대의 가치를 내면화하고 실천해야만 진정한 본선 경쟁력을 확보할 수 있을 것 이다.

2025년 1월, 정국은 다시 요동쳤다. '이재명 대세론'이 흔들리 기 시작하면서 일부 언론과 정치권은 과거 '이회창 대세론'과의 유 사성을 조명하기 시작했다. 한국일보 정승임 기자는 「제2의 이회 창?... 이재명의 적은 '이재명 대세론'」이라는 칼럼을 통해 흥미로 운 분석을 다음과 같이 제시했다.

이 대표의 최대 적은 '이재명 대세론'이다

윤석열 대통령 탄핵 이후, 이재명 대표는 압도적인 지지율을 바 탕으로 대권주자 1위를 굳혔다. 그러나 탄핵 통과 후 불과 한 달여 만에 이 대표의 지지율은 점진적으로 하락세를 보이기 시작했다. 신년 여론조사에서는 38%의 적합도를 기록했지만, 1월 중순 전국 지표조사(NBS)에선 28%까지 떨어졌고, 김문수 고용노동부 장관은 13~14%의 지지율로 급부상했다. 견고해 보였던 '이재명 대세론' 에 균열이 생긴 것이다.

이러한 변화는 1997년과 2002년 대선에서 '대세론'을 등에 업 고도 연거푸 낙선한 이회창 전 총재의 사례를 떠올리게 했다. 이 대표 역시 막강한 정당의 수장으로서 조기 대선 가능성이 높아지 자 자연스럽게 '차기 대통령은 이재명'이라는 인식이 확산됐다. 그 러나 바로 그 인식이 스스로의 발목을 잡는 구조가 형성된 것이다.

이재명 대표는 경선과 당직, 국정 경험을 바탕으로 성남시장, 경기도지사, 대선 후보, 국회의원, 그리고 당 대표까지 스스로의 힘으로 올랐다. 이는 엘리트 코스를 밟은 이회창 전 총재와는 대비되는 경로다. 그러나 공통점도 있다.

이 대표는 170석의 거대 야당 수장으로서 공직자 탄핵안만 29건을 발의하는 강력한 정치력을 행사했다. '여의도 대통령'이라는 수식어가 붙는 것도 무리는 아니다. 이처럼 압도적인 세력은 동시에 '이재명 포비아(공포심)'를 불러일으킨다. 실제 여론조사에서도 중도층을 중심으로 '이재명 불가론'이 조심스럽게 확산되고 있다.

이 대표가 당내 반대 세력과 조화를 이루지 못한다는 점도 이회창 전 총재와 닮은 부분이다. 과거 이 전 총재가 박근혜 당시 의원과의 갈등 끝에 분당을 경험했던 것처럼, 이 대표 역시 공천 과정에서 이낙연, 임종석, 전해철 등 당내 경쟁자들을 배제했다는 비판을 받고 있다. 이른바 '공천 학살'이라는 평가가 나올 정도로 정치적 다양성과 내부 경쟁이 실종된 상황이다.

현재 민주당의 공천과 당 운영은 사실상 당원 민주주의가 실종된 상태다. 저자 역시 민주당 대선 경선 과정에서 이재명 후보의 전과 경력, 도덕성 문제를 공개적으로 비판했으며, 이후에도 그의 사법 리스크와 비민주적 공천 배제 행태를 꾸준히 지적해 왔다. 그 때문인지는 알 수 없지만, 공직 자격 심사에서 아무런 근거나 명분도 없이 탈락 통보를 받았다.

농담처럼 말하자면, "살아온 경력과 도덕성, 그리고 공직 자격으로만 본다면 누구에게도 뒤지지 않을 자신이 있었는데 말이다." 주변 사람들은 지금도 한목소리로 말한다. "이재명 대표에게 찍혔기 때문이야."

'문재인 대세론'과의 비교

박근혜 대통령 탄핵 당시 치러진 2017년 대선에서도 '문재인 대세론'은 존재했지만, 그 구도는 지금과는 달랐다. 당시 문재인 후보는 반기문, 안철수 등과 3강 구도를 형성했고, 당 내에서도 이재명, 박원순, 안희정 등 다양한 후보가 경쟁했다. 긴장감 있는 경선은 민주당의 본선 경쟁력을 높이는 데 일조했다.

반면, 현재 민주당은 이재명 대표 외에 이렇다 할 경쟁 후보가 부재하다. 드라마에 긴장감이 없다면 시청률도 떨어지는 법. 이는 본선에서도 확장성의 한계를 노출할 수 있다.

2025년 1월, 탄핵 직후와 비교해 탄핵 찬반 여론의 격차가 급격히 좁혀졌다. 갤럽에 따르면 20~50대의 찬성 비율은 80%대에서 70%대로 하락했고, 60대는 양분, 70대 이상은 반대 우세로 전환됐다. 이는 박근혜 전 대통령 탄핵 당시와는 전혀 다른 흐름이다.

달라진 민심의 배경에는 국회 내에서의 여야 합의 부재, 이재명 견제 심리, 그리고 과거 탄핵 트라우마가 자리하고 있다.[7] 저자는 여기에 민주당의 고압적 태도와 윤 대통령의 초강경 대응, 공수처의 무리한 수사 등이 복합적으로 작용했다고 본다.

또한 윤 대통령 탄핵 이후 3개월이 지난 시점에서 그의 지지율은 40%를 기록하며 오히려 상승했다. 이는 계엄령과 탄핵의 책임을 묻기보다는, 정국 혼란을 유발한 민주당과 이재명 대표에 대한 반감이 여론의 흐름을 결정했음을 시사한다.

국민의힘도 과거와 달리 단일 대오를 유지하며 반격에 나섰다. 여론조사에선 정권 교체를 바라는 응답이 48%에 달하지만, 이재명 적합도는 28%에 그치는 결과도 나왔다. 이는 대체 후보에 대한 국민적 요구가 여전히 존재함을 보여주는 신호다.

'이재명 대세론'이 품고 있는 역설이 있다. 지금은 이재명 대표에게 가장 유리한 정치적 국면일 수 있다. 그러나 동시에 가장 큰 함정이 도사리는 시기이기도 하다. 박근혜 탄핵 당시보다 훨씬 더 복잡하고 예민한 여론의 흐름 속에서 '이재명 대세론'은 언제라도 '이재명 불가론'으로 반전될 수 있는 위험한 구조다.

결국 문제는 이 대표 본인이다. 과도한 대세론에 취하지 않고, 내부 경쟁자와의 건강한 경선을 수용하며, 중도층의 불안감과 우려를 해소하는 포용의 리더십을 보여줄 수 있는가. 그것이야말로 이회창과 다른 길을 가는 유일한 방법일 것이다.

이재명 대세론인가? 불가론인가?
– 조기 대선의 최종 승자는?

"

'이재명 포비아(공포심)'는
이재명이라는 인물에 대한
반감을 넘어서, 그의 성향과
주변 인물에 불안과 공포가 뒤섞인
복합적 감정이다.

"

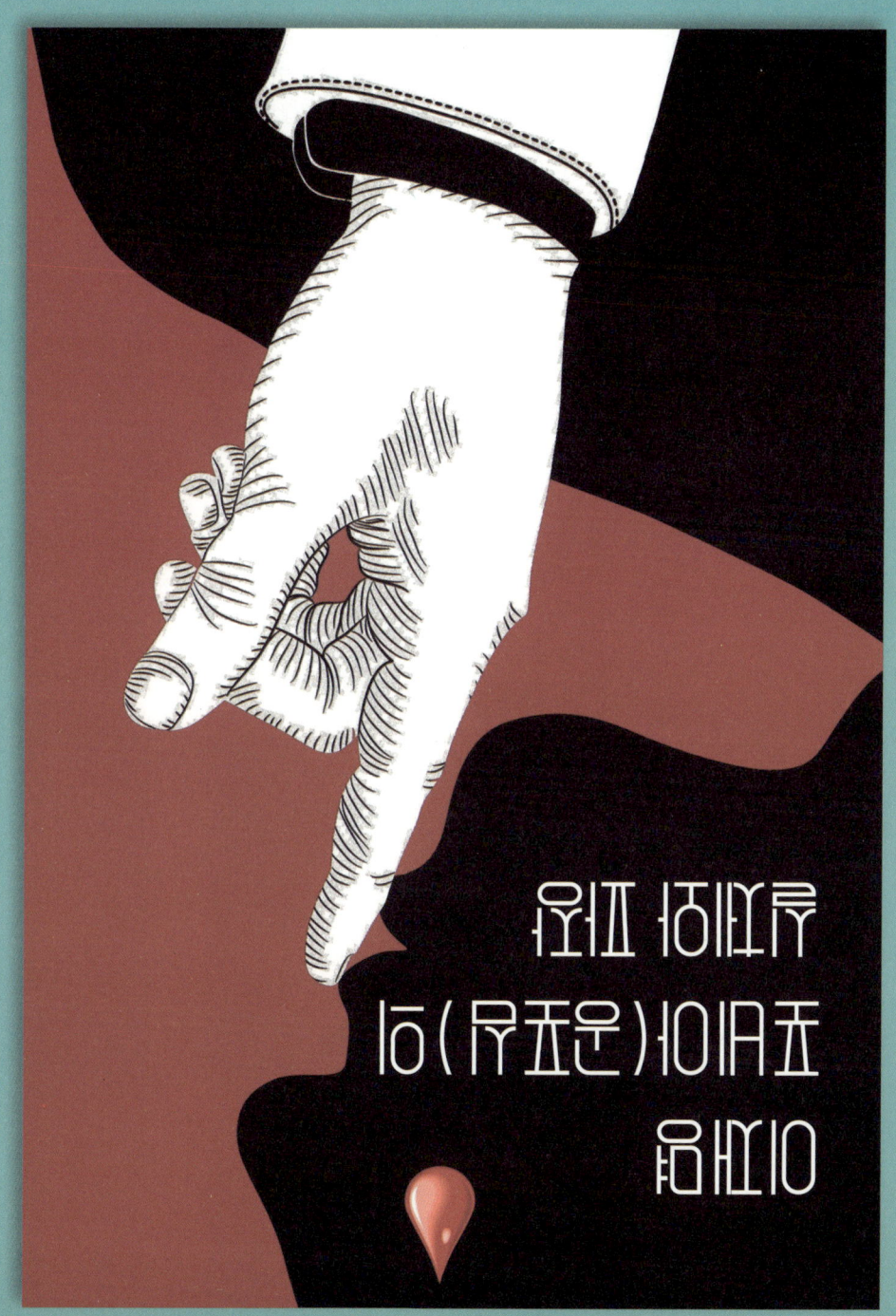

2.

이재명
포비아(공포심)의
실체와 파장

'이재명 포비아'란 무엇이며
그 기원은?

윤석열 전 대통령의 당선 이후 오늘까지 2년 넘게 '이재명 대세론'이 유지되었지만, 윤석열 대통령의 계엄령 선포 이후 정치 국면이 급변하면서 오히려 '이재명 불가론'이 본격 부상했다. 그 과정에서 전문가와 언론 사이에서 '이재명 포비아(공포심)'라는 개념이 조용히 확산되었다.

'포비아(phobia)'는 그리스 신화의 공포의 신 포보스(Phobos)에서 유래된 단어로, 단순한 혐오나 반감을 넘어선 본능적 두려움을 의미한다. 이는 이재명이라는 인물에 대한 단순한 정치적 반감을 넘어서, 그의 정치적 성향, 주변 인물들, 행보에 대한 구조적인 불안과 공포가 뒤섞인 복합적인 감정이다.

과거에도 이재명은 논란의 중심에 있었으나 계엄령과 탄핵 국면을 거치면서 '이재명의 민주당'이 보인 강압적, 비민주적 태도에 대한 우려가 겹쳐지며 여론조사에서 '절대 찍고 싶지 않은 인물', '비호감도 1위'라는 결과로 이어졌다. 특히 계엄 선포 후 사실상 최고 권력자의 위치에 선 이재명이 보여준 행보는 일부 국민에게 '매우 위험한 좌파 지도자'라는 이미지를 강화시켰다. 이는 단순한 반감이 아닌 본격적인 공포감, 즉 '이재명 포비아'로 전이되었다.

이재명 포비아(공포심)의
뿌리는 어디에 있는가?

'이재명 포비아'의 배경에는 이 대표와 연결된 인맥의 성격과 그들의 정치적 이념 성향이 있다.

정진상은 이재명이 성남에서 민변 출신 변호사로 활동하던 시절부터 함께 해온 최측근으로, 성남시장 시절에는 '정책실장'으로 사실상 그림자 시장 역할을 했으며, 이후 경기도 정책보좌관과 민주당 이재명 당대표 비서실 정무조정실장까지 이재명의 권력 상승을 함께했다. 그는 사노맹 출신으로, 1990년대 초 국가보안법 위반으로 기소되었던 이력이 있는 것으로 알려졌다.

이재명은 성남시장 재임 시절 경기동부연합 출신 김미희 전 의원을 인수위원장에 앉히고, 경기도지사 시절 경기도 본부에 70억 원의 예산을 들여 5층 건물을 매입하고 이를 10년간 무상 임대해주면서 민주노총과의 관계는 한층 가까워졌다. 그 이후 양측 간의 관계는 더욱 우호적으로 비춰졌다. 이러한 과정은 진보당, 민주노총, 경기동부연합과의 삼각 공조 구조를 형성했다.

이와 함께 이재명 주변에서는 6명 이상의 사건 관계자 혹은 지인들이 의문의 극단적 선택을 하는 등 의혹과 불신을 증폭시켰다. 백현동, 대장동, 위례 신도시 등 각종 개발 비리의 중심에 있던 인물들과도 다양한 형태로 얽혀 있는 정황이 드러났고, 김인섭, 김인성, 유동규, 김만배, 남욱 등 이재명의 사법 리스크에 연루된 주요 인사들과의 연결 고리는 이재명 리더십의 음영을 부각시키는 요인이 되었다.

지난 총선 시기 민주당 비례 위성 정당 논란에서 드러났듯, 진보당에 대한 공천 연대는 이재명 대표 체제의 정체성을 비판하는 계기가 되었다. 진보당은 통진당 해산 이후 재조직된 NL 계열 정당으로, 경기동부연합 주도의 정파가 중심이다.

민주당 3선 의원 출신의 이원욱 개혁신당 최고위원은 "경기동부연합 등 이념 세력은 이재명을 숙주 삼아 성남, 경기도를 거쳐 국회 진출까지 시도하고 있다"고 지적했다.[8]

'이재명 포비아(공포증)'가 세상을 지배했다[9]

윤석열 대통령의 계엄령 선포 이후, 정치권과 언론계에서는 '이재명 포비아(공포증)'라는 개념이 급속히 확산되었다. 단순한 정치적 반감이나 비호감을 넘어 체계적이고 구조적인 공포심으로 전환된 이 정서는 한국 사회에 깊숙이 침투하고 있다.

실제로 윤 대통령 탄핵 정국에서 이재명 대표는 '사실상의 대통령'으로 간주되며, 국가 운영 전반에 강한 영향력을 행사했다. 이 과정에서 그가 보여준 권력 행태, 지도 스타일, 결정 방식은 적극적 지지층에게는 환호와 박수로 이어졌지만, 적지 않은 많은 국민에게 불안과 공포로 다가왔다. 특히 이 대표를 중심으로 한 측근 그룹, 강성 지지층이 주도하는 집단적 행동은 민주주의적 감수성과 충돌하며 공포를 더욱 증폭시켰다.

이러한 '이재명 포비아'는 구체적인 사건들을 통해 현실로 다가왔다. 이 대표의 강한 통제력은 당 내외로도 확대되었다. 국회 체포 동의안 표결 당시 찬성표를 던졌던 의원들에 대해 '수박'이라는 낙인이 붙었고, 그들 대부분은 공천에서 배제되면서 정치 생명에 큰 타격을 입었다. 내부 반대 의견이 차단되고 비판은 곧 정치적 보복으로 이어지는 구조는 '이재명 포비아'가 단순한 감정이 아님을 보여줬다.

실제로 저자 역시, 민주당 대선 경선 당시 외딴 섬 하의도에서 심야 라이브 방송을 진행하던 중 시청자들로부터 "국제파 조심하세요", "지금 바로 숙소로 들어가세요" 등의 메시지를 받으며 심리적 긴장감을 경험했다. 가족과 지인들 역시 "이재명이 대통령이 되면 당신은 괜찮겠느냐"며 우려를 표했고, 이는 이재명 포비아가 특정 계층에 국한된 정서가 아님을 방증한다.

이재명 대표의 2023년 외신 간담회에서도 외신 기자는 "당신의 측근 다수가 사망했다. 위험한 인물로 봐야 하는가?"라고 질문했으며, 이 대표는 웃음으로 대응했지만, 그 상황 자체가 외부 시선에서도 '불안감'을 감지했다는 사실을 드러낸다. 특히 외신 기자가 사용한 "위험한 인물(dangerous person)"이라는 표현은 이번 조기 대선에서 이재명 후보에 대한 평가 기준으로 중요한 판단의 준거가 될 가능성이 높다.

이 대표가 최근 체포 동의안 가결 사태와 관련해 "검찰과 비명계가 짜고 한 일 같다"는 발언을 한 것 역시 당 내 통합을 뒤흔드는 '불신의 정서'를 증폭시키는 결과를 낳았다.

결국 이재명 포비아는 허상이 아니다. 이는 다수 국민이 직관적으로 감지하는 구조적 위험의 표현이며, 그 공포는 지금도 진행형이다.

'이재명 포비아'가 번지고 있다

2025년 1월 7일, 윤석열 대통령에 대한 국회 탄핵 의결이 한창이던 시기, 문화일보 정치부장 출신이자 유튜브 채널 〈어벤져스 전략회의〉를 운영 중인 이현종 논설위원은 문화일보에 "'이재명 포비아'가 번지고 있다"[10]는 제목의 시론을 게재했다.

그렇다면 '이재명 포비아'란 무엇이며, 어떻게 확산되고 있는가?

"최근 여론조사에 따르면 이재명 대표는 법원의 판결을 기다리는 피고인이지만, 시간 싸움에서 승리한다면 차기 대통령이 될 가능성이 크다. 그러나 '이재명 민주당 정권'의 등장이 두렵다는 국민이 많다. 실제로 국민의힘 지지율 상승은 윤 대통령을 지키기 위한 것보다는 이재명 정권만은 막아야 한다는 심리에서 비롯된 보수층의 결집이 크다."

"1948년 대한민국 정부 수립 이래 이렇게 많은 범죄 혐의로 재판 중인 야당 대표는 없었다. 대법원이 재임 중 대통령에게 당선무효형을 선고하면 즉시 하야해야 한다. 트럼프처럼 사면도 불가능하다."

이현종 위원은 이러한 '포비아'가 단순한 정치적 감정이 아니라 매우 현실적인 우려에서 비롯된다고 지적한다.

"만약 이재명 대통령 시대가 열린다면 대법관 수를 늘려 대통령이 직접 임명하는 방식으로 법원을 장악하고, 자신의 재판에 영향을 줄 수 있다. 법 개정을 통해 가능한 일이다."

그는 또 다른 위험으로 입법, 행정의 동시 장악으로 탄생하는 '슈퍼 정권'을 꼽는다.

"이재명 대표가 당선되면 여당과 대통령을 모두 손에 쥐는 초강력 정권이 형성된다. 양곡관리법 등 포퓰리즘 법안이 줄줄이 통과되고, 검찰은 해체 수순을 밟을 것이다. 조국, 송영길, 이화영 등 실형자들의 사면과 복권도 현실화될 가능성이 크며, 국민의힘 일부를 포섭하면 개헌까지도 가능하다."

이러한 상황은 보수·진보의 갈등 격화와 함께 민생보다는 정치보복과 포퓰리즘에 치중하는 정권의 출현을 의미한다. 조기 대선을 통해 선출될 차기 대통령은 통합의 리더십을 발휘하고, 서민과 중산층을 위한 정책에 집중해야 한다. 그러나 권력 사유화와 보복 정치 그리고 자신의 범죄의혹과 재판의 방어와 방탄을 위해 국가권력을 이용한다면 또 한 번 불행한 대통령이 탄생할 수밖에 없다.

이현종 논설위원은 외교·안보 분야에서도 우려를 표한다.

"이재명 대표는 '셰셰(감사합니다)하면 된다'는 친중 발언으로 주목받았고, 이는 트럼프식 대중 압박 전략과 충돌할 수 있다. 자칫 주한 미군 감축 또는 철수로 이어질 가능성도 있다. 계엄령 사태를 겪으며 정권에 의해 기본권이 박탈될 수 있음을 경험한 국민은 더 이상 이런 일이 반복되길 원치 않는다. 그러나 민주당은 카카오톡 대화방까지 '내란 선전'으로 단속하려 하고 있다."

흥미롭게도 '이재명의 민주당'은 이러한 위기 속에서도 오히려 대선 전략을 본격화하고 있다. 과거, 그는 '개딸'이라는 지지층을 앞세워 당내 합리 세력을 '공천 학살'하며 배척하고도, 선거 막판에는 태극기 부대, 안철수 세력과 연대를 추진하는 등 극단적인 양면 전술을 구사한 바 있다. 이재명의 정치 스타일은 마키아벨리식 권모술수와 카멜레온 같은 변신이라는 평가를 받는다.

결론적으로, '이재명 포비아'는 막연한 불안이 아니라 국민의 뇌리에 깊이 각인된 구체적인 사건과 정황 속에서 형성되고 있는 실체 있는 공포다.

첫째, 이재명과 직간접적으로 연관된 인물들의 잇따른 극단적 선택과 의문사는 아재명 후보와 직접적 연관이 없을지라도 국민에게 심리적 충격과 불안감을 안겨 주며 공포심을 증폭시켰다.

둘째, 네 건의 전과와 현재 진행 중인 다섯 건의 재판, 여덟 건의 사건, 그리고 열두 건에 이르는 각종 혐의는 그 자체만으로도 사법 리스크의 무게감을 국민에게 각인시키고 있다.

셋째, 만약 이재명이 대통령에 당선될 경우, 재판이 계속되는 가운데 대통령의 권한을 이용한 위헌적 행정 개입이나 '셀프 사면' 가능성은 현실적 공포로 다가온다.

넷째, 이재명 특유의 포퓰리즘적 접근, 검찰에 대한 강한 적대감,

친북·좌파적 외교 노선은 결국 '이재명 리스크'를 넘어서 '대한민국 리스크'로 확산될 수 있다는 우려로 이어진다.

이제는 더 이상 윤석열 대통령의 위헌적 계엄령 시도와 그에 따른 탄핵이라는 국가적 혼란을 반복해서는 안 된다. 다가오는 조기 대선은 그 어느 때보다도 중대한 선택의 갈림길에 서 있으며, 국민 모두는 이제는 분명한 판단을 내려야 할 시점이다.

그러기 위해서는 대통령이 되기 전 단계에서 철저한 검증이 이루어져야 한다. 이 책이 '이재명 후보의 사법 리스크, 도덕성, 정책 역량'에 무게를 두고 있는 이유도 바로 여기에 있다. 이번 조기 대선이 사실상 "이재명이냐, 아니냐"라는 이분법적 구도로 흐를 만큼, '이재명 대세론'이 강력하게 작동하고 있기 때문이다.

여론조사에 나타난
'이재명 포비아'의 징후

여론조사를 정확히 이해하기 위해서는 단순한 수치 비교가 아닌, 공정성과 연속성을 갖춘 자료의 종합적 분석이 필요하다. 특히 특정 시점의 여론보다 동일 조사 기관의 과거와 현재 흐름을 함께 살펴보고, 정치적 맥락 속에서 타 기관의 조사 결과들과 비교 분석하는 작업이 중요하다.

그런 점에서 대전일보가 2025년 1월 초 정리한 여러 곳의 여론조사 종합 분석[11]은 의미 있는 접근이라 할 수 있다.

우선, 이재명 대표는 여전히 주요 차기 대선 후보 지지도 조사에서 1위를 차지하며 '이재명 대세론'을 입증하고 있다. 여론조사 전문 기관별로 살펴보면, 한길리서치는 42.0%, 미디어리서치는 39.1%의 지지를 기록했으며 2025년 1월 말까지 다수 여론조사 기관의 평균 지지율은 약 36% 수준을 유지했다.

그러나 이 대표에 대한 상대적으로 높은 지지율과 동시에, 매우 강한 반감도 함께 존재한다는 사실이 주목된다. 실제로 '비호감 후보', '찍고 싶지 않은 후보' 항목에서는 이재명 대표가 압도적인 1위를 기록했다. 여론조사공정의 조사에 따르면 '절대 찍고 싶지 않은 후보'로 이재명을 꼽은 응답자는 42.1%에 달했고, 미디어리서치가 조사한 '가장 비호감 가는 대선 후보'에서도 40.8%의 응답자가 이 대표를 선택했다.

많은 유권자들은 결국 '이재명을 선택하느냐, 아니냐'라는 결정을 내려야 하는 상황에 직면하고 있다. 하지만 이재명 후보를 "꼭 찍고 싶다"는 지지 여론보다 "절대 찍고 싶지 않다"는 비호감 여론이 더 높다는 점은, 그가 조기 대선의 최종 승자가 되기 위해 넘어야 할 가장 큰 산이다.

"이재명 포비아(공포심)"로 인해 그를 절대 선택하고 싶지 않다는 유권자들의 존재는 분명 현실이다. 이처럼 지지율 1위이자 비호감도 1위라는 이중적 구조는 이재명 대표의 대선 가도에 있어 가장 심각한 구조적 약점이자 '이재명 포비아'가 실제 여론에 뚜렷이 반영되고 있음을 보여준다. 특히 이 비호감도는 단순한 정치 성향이나 정당 지지와는 다른 차원의 '불안과 공포'에 기반하고 있다는 점에서 더욱 의미심장하다.

결국 이러한 상황은 그가 스스로의 발목을 잡는 또 다른 이재명이 될 수 있으며, 대선 가도에서 가장 위협적인 리스크로 작용할 가능성이 크다. 특히 조기 대선 국면에서는 이런 이중성이 중도층의 표심을 자극해 '이재명 대세론'이 '이재명 불가론'으로 급반전될 수 있다는 점에서 결코 간과할 수 없는 정치적 시그널이다.

실재 그런 징후는 여기저기서 돌출되고 있다. 문제는 어떤 사건이나 시간을 계기로 크게 분출되느냐 하는 것이다.

차원이 다른 '이재명 포비아'

2025년 1월 3일, 서울경제 이상훈 투자증권부장은 '차원이 다른 이재명 포비아'라는 제목의 칼럼[12]을 통해, 기존의 정치·사법적 우려를 넘어 경제, 외교, 제도 전반에 걸친 심층적인 분석을 내놓았다. 언론사의 투자증권부장을 맡고 있는 그답게, 이 칼럼은 경제적 관점에서 이재명 리스크를 날카롭게 파헤쳤다는 점에서 주목할 만하다.

'차원이 다른 포비아'라는 제목에서 혹자는 이재명에 대한 긍정적 재평가나 포비아에 대한 반론을 기대할 수도 있다. 하지만 이상훈 기자의 칼럼은 오히려 지금까지 제기된 '이재명 포비아'를 훨씬 뛰어넘는, 더욱 구조적이고 총체적인 국가 리스크로 분석하고 있다.

그는 먼저, 이재명 대표가 대선에서 승리할 경우, 단순한 정권교체를 넘어 무소불위의 권력을 갖게 될 것이라는 점을 강하게 경고한다.

"문제는 이재명 대표가 차기 대선에서 승리한 이후다. 이렇게 되면 그야말로 무서울 것이 없는 권력을 갖게 된다. 사법부는 이미 이 대표 편이라는 얘기가 공공연하다. 판사 쇼핑 논란, 공수처의 권한 남용, 헌법재판소의 무기력한 처리 방식은 그런 인상을 주기에 충분하다. 입법부와 행정부까지 장악하면 충성 경쟁은 걷잡을 수 없게 될 것이다."

이상훈 기자는 특히 "이재명에게 가장 큰 적은 외부가 아니라 그의 수많은 범죄 혐의들"이라고 지적한다. 이명박 전 대통령 역시 여러 혐의가 있었지만 대부분 재임 전 사법 처리를 받은 반면, 이재명은 현재 진행형인 4건의 전과, 5건의 재판, 8건의 사건, 12개의 혐의를 안고 있는 피고인 신분이다. 이러한 사법 리스크는 대선 국면에서 치명적인 불안 요소로 작용할 수밖에 없다.

"대통령 리스크는 곧 국가 리스크다. 국민은 사법 리스크를 안고 있는 후보가 대통령이 되어 임기 내내 소송에 시달리는 상황을 원치 않는다. 윤 대통령도 배우자 문제로 시달리다 지금의 상황에 이르렀다. 이 대표는 이 질문에 명확히 답해야 한다."

이 기자는 또한 최근 헌법재판소의 내란 혐의 무효 처리, 법원과 검찰 내부의 충성 경쟁, 법조계 내 운동권 카르텔의 존재 등 제도 전반의 신뢰 훼손을 지적하며 '이재명 체제'가 등장할 경우 국민들이 느낄 법치주의 붕괴에 대한 공포를 전면화했다.

뿐만 아니라 과거 대장동 사건 관련 유동규 전 본부장이 "김만배 씨가 대법관에게 로비를 했다"는 폭로성 발언까지 연결되며 사법부 독립에 대한 신뢰도 크게 무너지고 있는 현실을 함께 짚었다.

이러한 일련의 흐름은 이재명 대표가 공직선거법 항소심 판결 전후로 조기 대선 국면에 진입할 경우, 지금까지와는 차원이 다른 '국민적 공포심'이 폭발할 수 있음을 암시한다. 그리고 이는 '이재명 대통령 불가론'으로 확산되어 깨어 있는 시민의 '행동하는 양심'으로 이어질 수 있다는 분석이다. 결국 중요한 것은 '포스트 이재명' 시대를 이끌 대안 세력이 누구인가에 달려 있다.

이 기자는 이재명 대표가 팬덤 정치의 중심에 있는 인물이지만, 동시에 국민이 가장 꺼리는 후보이기도 하다는 점을 지적한다. 최근 일부 여론조사에서 국민의힘이 민주당을 역전한 결과가 나오자 민주당 내부에서도 위기감이 번지고 있다. 이는 이재명에 대한 사회적 '포비아'가 얼마나 깊은지를 반영하는 지표라고 할 수 있다.

"이 대표는 관용(톨레랑스)이 낮은 정치인이다. 여론조사 결과에 반발하며 '여론조사 검증 특위'와 '민주 파출소'까지 설치했고, 이제는 '여론조사 업체 관리법'까지 발의하고 있다. 이는 자신에 대한 비판을 봉쇄하려는 정치적 통제 시도이며, 대통령이 된다면 더 끔찍한 사적 권력 행사가 현실화될 수 있다는 불안감을 낳고 있다."

이상훈 기자가 말하는 '차원이 다른 이재명 포비아'는 단순한 정서적 거부감이 아니다. 그것은 사법 리스크, 경제 리스크, 외교 리스크, 통치 방식 리스크가 복합적으로 얽힌 국가적 위기의 예고편이다. 그는 이재명 리스크가 현실화되면 결국 그 대가는 국민이 고스란히 떠안게 될 것이라고 경고한다.

저자는 국가적 재난이나 복합 위기의 원인을 규명하고 해결 방안을 마련함에 있어, 〈스마트 위기관리시스템 혁명 10대 수칙〉의 실천을 강하게 주장한다. 여기에는 '복합위기에 대한 빅데이터 기반 분석', '골든타임 내 적시 대응', '돌발 상황에 대한 사전 준비', '통합적 위기관리 시스템의 구축과 피드백을 통한 업그레이드' 등이 핵심 키워드로 제시된다.

| 소 결 |

이재명 포비아(공포심)는 어떻게 만들어 졌는가

이재명 포비아(공포심)는 단순한 정치적 반대나 정당 간의 갈등을 넘어, 그가 걸어온 정치적 행보와 주변에서 벌어진 각종 논란 및 사건들과 직결되어 있다. 이러한 두려움은 이재명 전 성남시장 및 현 민주당 대표의 정치적 이력과 그와 관련된 인물들이 연루된 범죄 및 논란, 그리고 그가 보인 정치적 스탠스에서 기인한다.

첫째, 성남시장 시절의 후임자인 은수미 전 시장의 구속 및 조폭 연계성 논란은 이재명과 관련된 정치적 환경이 어떤 문제를 내포하고 있는지 단적으로 보여준다. 은수미 전 시장은 조직 폭력배와의 유착 의혹으로 논란이 되었고, 결국 관련 인사의 불법 채용등으로 법적 처벌을 받았다. 이는 성남시의 정치 구조와 이재명의 시장 재임 시절 형성된 권력 기반에 대한 의구심을 증폭시켰다. 이재명이 속한 정치적 네트워크가 단순한 정당 운영을 넘어 무언가 불안스러운 요소와 얽혀 있다는 의문을 자아내는 것이다.

둘째, 이재명 민주당 대표 시절 불거진 친북 발언 논란은 그에 대한 공포를 더욱 증대시킨 요인 중 하나다. 일반적으로 거의 사용하지 않고 북한에서나 사용하는 용어인 "선대"들을 언급하며 김일성 주석까지 연결하는 발언이 나왔고, 이는 이재명이 북한 정권에 대해 지나치게 우호적인 태도를 보이고 있다는 비판을 받았다. 북한 문제는 대한민국 사회에서 매우 민감한 주제이며, 이재명의 친북 논란은 국민들의 안보 불안과 연결되면서 정치적 거부감을 유발할 수도 있다.

셋째, 진보당 및 민주노총과의 연대 역시 이재명 포비아를 심화시키는 요소다. 진보당은 과거 해산된 통합진보당의 후신으로 평가되며, 여러 간첩단 사건에 일부 당원이 연루된 단체들이 포함된 것으로 알려져 있다. 또한 민주노총 역시 일부 전직 간부와 조합원이 국가보안법 위반 혐의로 적발된 간첩단과 연결된 정황이 드러나며, 국가 안보를 위협하는 세력으로 보수층에서는 인식한다. 이재명이 이러한 세력과 다양하게 연대하는 모습을 보이면서 중도 보수층을 중심으로 그가 대한민국의 국가 안보와 법 질서를 경시하는 정치인이라는 불안감이 커졌다.

결론적으로, 이재명 포비아는 단순한 정치적 반대가 아니라 그의 정치적 행보, 주변 인물들의 범죄 연루 등 복합적인 요소가 결합된 결과물이다. 이는 단순한 이미지 조작이나 프레임 씌우기가 아니라 그동안 그가 보여준 실제 행보와 연결되면서 국민적 공포로 확산되고 있는 것이다.

이재명 대세론인가? 불가론인가?
— 조기 대선의 최종 승자는?

"

'이재명 불가론'의 핵심은
정치적 반감이 아니라 5개 재판,
8개 사건, 12개 혐의라는
매우 구체적인 사법리스크에서
비롯된다.

"

3.
'이재명
10대 불가론'의
쟁점

'이재명 10대 불가론'의 쟁점

윤석열 대통령 탄핵 국면이 본격화되면서 이재명 대표는 거의 모든 여론조사에서 여야 주요 후보들을 압도하는 모습을 보여왔다.

그렇다면 과연 이재명 대세론은 언제까지 유효할 것인가? 표면적인 지지율 흐름만 보면, 이재명 대표는 이미 대선 승리를 향해 탄탄대로를 걷고 있는 듯 보인다. 그러나 그 이면에서는 이와 정반대의 움직임도 존재한다. 바로 '이재명 불가론'이다. 이 불가론 역시 윤석열 정부 출범 이후 단 하루도 빠짐없이 강도 높게 제기되어왔다. 특히 조기 대선을 앞둔 지금, '이재명 불가론'이라는 견고한 정치 담론이 다시금 수면 위로 부상하고 있다.

'이재명 불가론'의 핵심은 단순한 정치적 반감이나 정파적 이견이 아니라 매우 구체적이고 현실적인 사법 리스크에서 비롯된다. 성남시장과 경기도지사 재임 시절부터 현재까지 이어져온 각종 사건과 사고들은 이제 이재명 대표의 정치 인생 전체를 뒤흔드는 중대한 변수로 작용하고 있다. 현재 이재명 대표와 관련해 진행 중인 사법적 사안은 5건의 재판, 8건의 사건, 12개에 달하는 혐의로 정리된다. 이 가운데 공직선거법 위반 혐의는 3심 판결이 쉽지 않겠지만, 조기 대선 이전에 내려져야 국정 운영에 큰 혼란이 없고 불필요한 국론 분열도 최소화될 수 있을 것이다.

이 장에서는 이러한 전제를 바탕으로 '이재명 10대 불가론'의 핵심 쟁점과 논거를 차례로 살펴보고자 한다. 각 사안은 다음과 같은 항목들로 구성되어 있다.

'이재명 10대 불가론'에 관련된 주요 사건과 이슈들은 이재명 개인에 대한 호불호에 따라 첨예하게 갈린다. 그러나 대부분의 주장은 감정적 비난에 머물 뿐, 구체적인 근거나 객관적 논거를 갖춘 합리적 비판은 찾아보기 어렵다.

저자는 대통령 후보 선택 과정에서, 특히 사법 리스크와 연결된 중대한 쟁점에 대해서는 가능한 한 법적 자료와 관련 문헌을 충분히 검토한 후, 객관적 시각에 기반한 입장을 세우는 것이 중요하다고 본다.

이러한 관점에서 '이재명 10대 불가론'의 핵심 쟁점을 정리하고, 이에 대한 저자의 견해를 제시하는 동시에 생산적 토론의 장을 여는 것이 이 책의 핵심 목적 중 하나다.

첫째, 대폭발 직전의 '이재명 사법리스크'다. 현재 진행 중인 8개의 사건과 12개의 혐의는 단순한 수사나 기소 차원을 넘어 유죄 판결 가능성까지 거론되는 중대 사건들이다.

둘째, 정치적 생명에 중대한 타격을 입힐 수 있는 공직선거법 위반 대법원 3심 재판이다. 이 판결은 이재명 대표가 '선거를 앞두고 거짓 발언을 했는지 여부'라는 본질적 질문에 대한 사법적 판단이며 유죄 확정 시 대통령직 수행 자체가 불가능해진다.

셋째, 위증 교사 혐의 2심 재판에서의 반전 가능성이다. 1심 무죄 판결이 뒤집힐 경우, 도덕성과 정치적 신뢰는 치명타를 입을 수 있다.

넷째, 대북 송금 재판의 내용과 외교적 파장이다. 이 재판은 단순한 국내법 위반을 넘어서 유엔 제재 및 미국과의 외교 관계에도 중대한 영향을 줄 수 있는 사건으로 평가된다.

다섯째, 헌법 84조에 대한 해석문제로서 대통령에 당선되더라도 끝나지 않는 재판 리스크와 그로 인한 보궐 선거 가능성이다. 국가적 혼란을 야기할 수 있는 불확실성이다.

여섯째, 대통령 당선 이후 스스로를 사면하는 위헌·위법적 '셀프 사면' 가능성이다. 이는 법치주의의 근간을 뒤흔드는 문제로, 국민적 저항을 불러올 수 있다.

일곱째, 인기 영합적 포퓰리즘 정책 추진 시 나타날 수 있는국가 재정의 위기와 그에 따른 국정 운영 모델의 위험성이다.

여덟째, 당내 비판 세력을 제거하는 방식의 공천 학살 문제로, 민주적 리더십 부재와 직결된다.

아홉째, 국회를 장악한 절대 과반 의석을 바탕으로 추진되는 위헌적 입법 독재, 이른바 '이재명식 1인 수령 체제'의 현실화 가능성이다.

열째, 여론조사에서도 지속적으로 나타나는 '이재명 불가론'의 뿌리 깊은 정서와 정권 교체에 대한 국민적 요구다.

또한 〈소결〉에서는 하버드대학교 정치학 교수 스티븐 레비츠키의 '지능형 독재', '하이브리드형 독재' 개념을 소개하고자 한다. 그는 현대 독재는 과거처럼 노골적 권위주의가 아니라, 민주주의의 제도와 법규를 표면적으로는 존중하면서도 이를 교묘하게 악용해 사실상 권위주의 체제를 유지한다고 분석한다. 저자는 이 개념을 바탕으로 이재명의 정치 철학과 통치 스타일을 비교·분석하고자 한다.

이상의 10가지 쟁점은 단순히 정파적 공세의 대상이 아니라 대통령이라는 막중한 책임을 맡을 수 있는 자격이 있는지를 실증적이고 법리적으로 검토하는 기준점이다. 본 장의 다음 절에서는 각 사안별로 구체적 사실과 근거를 바탕으로 보다 심층적으로 분석하고자 한다.

이재명 대표의 전과 이력

이재명 대표는 정치권에 입문하기 전후로 총 4건의 형사 전과 기록을 보유하고 있다. 여기에 음주 운전 전력까지 포함하면 공적 책임과 도덕성을 중시하는 유권자 입장에서는 결코 가볍게 넘길 수 없는 이력이라 할 수 있다. 이 대표의 전과 이력을 구체적으로 살펴보면 다음과 같다.

첫째, 2002년 '특수공무집행방해 및 공무집행방해치상' 혐의로 기소돼 벌금형을 선고받은 전력이 있다. 당시 이 대표는 성남시의 환경미화원 채용 문제를 둘러싼 갈등 속에서 시민 집회를 주도했고, 이 과정에서 공무원의 정당한 집행을 방해하고 부상을 입힌 혐의가 적용된 것으로 알려졌다. 이 사건은 단순한 집회 참여가 아니라 물리적 충돌까지 이어진 사안으로, 벌금 150만 원이 선고되었다. 이는 전과 기록에 해당하는 형사 처벌이다.

둘째, 2004년 공직선거법 위반 혐의로 다시 법정에 섰다. 제17대 총선에서 선거 운동과 관련된 위법 행위가 문제가 되었고, 이에 따라 벌금 50만 원이 선고됐다. 당시 금액 기준으로는 의원직 상실에는 이르지 않았으나 선거법 위반은 민주주의의 기본 질서를 훼손하는 범죄로 간주된다. 즉, 공직에 진출하려는 인물로서 선거의 공정성을 침해한 행위라는 점에서 결코 가볍게 볼 수 없다.

저자는 17대 국회의원 선거에서부터 민선 5기와 6기 고양시장까지 수많은 선거를 치렀지만, 공직선거법 위반으로 기소되거나 벌금 10만 원조차 부과받은 적이 없다. 대부분의 정치인들이 공직선거법 위반을 경계하며 두려워하는 이유도 바로 그 무게감 때문이다.

셋째, 같은 해인 2002년에는 '검사 사칭' 및 명예 훼손 혐의로 또 한 차례 형사 처벌을 받았다. 이 사건은 이재명 대표가 변호사로 활동하던 당시, 한 방송 인터뷰에서 실제 검사가 아닌데도 검사를 사칭한 것이 문제가 된 것이다. 결국 법원은 이 행위를 명예훼손과 함께 판단해 벌금 150만 원을 선고했다. 검사 사칭은 단순 해프닝으로 보기 어려운 심각한 범죄이며, 사법 체계에 대한 신뢰를 훼손하는 행위로서 법조인 윤리와도 정면으로 배치된다는 비판이 제기된다.

넷째, 2018년 경기도지사 선거 과정에서 다시 공직선거법 위반 혐의로 기소되었다. TV 토론회 중 친형 강제 입원 의혹과 관련해 허위 사실을 공표했다는 혐의였으며, 1심에서는 벌금 300만 원이 선고되었다. 이는 당선 무효형에 해당하는 중대한 판결이었다. 이후 대법원에서는 "거짓말은 있었지만 토론회 중 우발적 발언이며, 선거 후보의 표현 자유를 보장해야 한다"는 이유로 무죄 취지로 사건을 파기 환송했고, 결국 무죄로 확정되었다. 그러나 대법원조차도 강제 입원 절차에 관여한 사실은 인정한 바 있어, 무죄 판결에도 불구하고 그 실질적 행위의 도덕성과 공직자 자격 논란은 계속 되었다.

그리고 다섯째, 위 4건의 전과와는 별개로 2004년 음주 운전 거부 사건도 있는 것으로 알려졌다. 당시 이 대표는 성남시에서 음주 상태로 차량을 운전하던 중 경찰의 음주 측정 요구를 거부한 혐의로 기소되었고, 벌금 150만 원을 선고받았다고 한다. 본인은 "성남의 농협 부정 대출 사건을 보도한 기자와 급히 만나기 위해 운전했다"고 해명했으나 해당 해명은 시민적 상식에 부합하는 설명이라고 보기 어렵다는 비판이 적지 않았다. 특히 2021년 관훈클럽 토론회에서는 "음주 운전 경력자보다 초보 운전자가 더 위험하다"는 발언을 해 음주 운전을 경시하는 듯한 태도로 여론의 뭇매를 맞기도 했다.

이처럼 이재명 대표의 전과와 처벌 이력은 단순한 개인적 실수나 해프닝 수준이 아니라 사법 체계의 신뢰와 선거 질서, 공직 윤리 전반을 건드리는 문제다. 대통령이라는 자리는 단순히 행정 수반을 넘어 국민 통합과 도덕적 리더십의 상징이어야 한다. 그러한 점에서 이재명 대표의 전과 이력은 엄중하게 검토되어야 하며, 이는 유권자 개개인의 판단에 중대한 영향을 미치는 핵심 기준이 되어야 할 것이다.

5개 재판, 12개 혐의의
'이재명 사법 리스크'

이재명 대표를 둘러싼 사법 리스크는 그 범위와 깊이 면에서 전례를 찾기 어려울 정도다. 현재 이 대표가 연루된 사건은 무려 5개의 재판, 8개의 사건, 총 12개 혐의[13]에 달한다. 단순한 정치적 공세 수준이 아닌, 대한민국의 헌정 질서와 법치주의를 위협할 수 있는 중대한 사법 리스크라 비판받기도 한다.

여기에 더해, 이 대표는 이미 4건의 형사 전과와 1건의 음주 운전 이력을 보유하고 있다. 그는 공직선거법 위반, 특수공무집행방해치상, 검사 사칭, 명예 훼손, 음주 운전 등 공직자 윤리와 공공 질서에 정면으로 위배되는 범죄 혐의로 형사처벌을 받았다. 단순한 개인적 흠결 수준을 넘는 이같은 전과 이력은, 제1 야당 대표이자 유력한 차기 대권 주자로서의 자질에 의문을 제기하는 사람도 적지 않았다.

더욱이 현직 대통령의 탄핵 이후 치러질 가능성이 있는 조기 대선에서, 이재명 대표가 후보가 될 경우 대한민국은 또다시 '전직 대통령의 범죄 행위로 인한 재판'이라는 국가적 비극의 악순환에 결코 빠져서는 안된다. '범죄 혐의자 대통령', '법정 출석과 국정 운영이 동시에 벌어지는 상황'은 국가 시스템을 위협하는 최악의 시나리오가 될 수 있다.

그렇다면 이재명 대표가 현재 직면한 구체적인 재판 상황은 어떤 상황일까. 향후 조기 대선 정국에서 이 사건의 재판 경과는 후보의 도덕성과 대통령으로서의 자격 논란을 둘러싼 최대 이슈 중 하나가 될 것으로 예상된다.

공직선거법 위반

이 대표는 대장동 관련 기자회견과 방송 토론 과정에서 "고 김문기 전 성남도시개발공사 팀장을 몰랐다"고 발언했다. 또한 백현동 개발과 관련해 "국토부가 용도 변경을 협박했다"는 취지의 발언도 했다.

재판부는 이 발언들이 허위 사실이라고 판단해 2024년 11월 열린 1심에서 징역 1년에 집행유예 2년을 선고했다. 이는 대법원에서 확정될 경우 의원직 상실과 함께 10년간 피선거권 박탈, 대선 후보 자격 박탈, 선거 비용 434억 국고 반납 등으로 이어질 수 있는 중대 사안이다. 2심 항소심 선고는 2025년 3월 26일, 무죄 선고가 이루어져 현재 대법원에 상고 중이다.

위증 교사 사건

이 대표는 과거 자신의 공직선거법 재판과 관련해, 고(故) 김병량 전 성남시장의 비서였던 김진성 씨에게 위증을 요청했다는 혐의로 기소됐다. 김 씨는 실제로 위증 혐의로 벌금 500만 원을 선고받았으나 이 대표는 1심에서 무죄를 선고받았다. 재판부는 "이 대표가, 김 씨가 거짓말할 줄 몰랐다"고 판단했다. 도저히 이해할 수 없는 판결이라는 해석이 지배적이다. 이에 대해 검찰은 사실 오인과 법리 오해를 이유로 항소하였고, 법조계 일각에서는 2심에서 판결이 뒤집힐 가능성을 제기하고 있다.

백현동 특혜 개발

이 대표가 성남시장 재직 당시 백현동 개발 부지의 용도를 4단계나 상향해 민간 업자에게 수천억 원의 이익을 안겨줬다는 의혹이다. 검찰은 특정경제범죄가중처벌법상 배임 혐의를 적용했다. 핵심 인물인 관청을 대상으로 한 로비스트 김인섭 씨는 징역 5년과 추징금 63억여 원을 선고 받았으며, 법원은 김 씨가 이 대표와의 특수한 관계를 바탕으로 인허가 청탁을 했다고 판단했다. 특히 이 사건은 성남시가 애초 두 차례나 반려했던 용도 변경 신청을, 최종적으로 두 단계를 뛰어넘은 '네 단계' 변경으로 승인한 사례다. 이 대표는 '국토부의 압박 때문'이라 주장했지만, 공문과 증거자료로 재판부는 이를 허위 사실이라 결론냈다.

대장동 개발 비리

대장동 개발 사업 역시 성남시장 시절 이 대표가 민간에게 천문학적 수익을 보장하는 방식으로 사업 구조를 설계하고 성남도시개발공사에 손해를 끼쳤다는 혐의다. 검찰은 배임 및 부패 방지법 위반 혐의를 적용했다. 이 사건은 정진상, 김용, 남욱, 유동규 등 대장동 핵심 인물들이 줄줄이 유죄 판결을 받으며, 이 대표를 향한 수사의 정점으로 평가받는다. 이재명 후보는 해당 재판에서 수차례 증인 출석 요구를 거부하여 두 차례 800만 원의 과태료 처분을 받았음에도 불구하고, 재판부는 이후 특별한 조치를 취하지 않고 증인 채택을 철회했다. 이로 인해 '재판 특혜' 논란이 제기되었다.

특히 현재 진행 중인 각 사건은 이재명 대표가 성남시장과 경기도지사로 재직할 당시 공권력을 사유화하거나 공공 개발을 민간

특혜로 왜곡시켰다는 의혹과 밀접하게 연결돼 있다. 사건별 개요
는 다음과 같다.

위례 신도시 개발 비리

이 대표는 성남시장 재직 시기 위례 신도시 개발 과정에서도 특
정 민간 업자에게 특혜를 몰아줬다는 혐의로 기소되었으며, 이는
대장동 사건과 구조적으로 유사하다는 이유로 병합 심리 중이다.
역시 특정경제범죄가중처벌법상 배임 혐의가 적용됐다. 위례, 대
장동 모두 공공 이익을 강조한 개발 사업에서 민간 이익이 비정상
적으로 확대된 구조라는 점에서 동일한 개발 논리가 반복된 '계획
된 특혜' 가능성이 제기된다.

성남 FC 불법 후원금 사건

이 대표는 성남시장 시절 축구단인 성남 FC에 다수 기업의 거액
후원금을 유치하는 과정에서 각종 인허가 특혜를 제공했다는 의
혹으로 기소됐다. 특정범죄가중처벌법상 뇌물 혐의가 적용됐으며,
백현동 개발 특혜 사건과 병합돼 심리되고 있다. 현재 1심 공판이
진행 중이며, 기업과의 금전 거래가 시민 구단을 통한 정치자금 통
로로 활용된 것 아니냐는 의혹이 핵심 쟁점이다.

쌍방울 대북 송금 사건

이 대표는 경기도지사 재직 당시 이화영 전 평화부지사를 통해
쌍방울그룹으로 하여금 북한에 800만 달러 상당의 외화를 송금하
게 한 혐의로 수사받고 있다. 검찰은 이 사건에 대해 뇌물, 정치자

금법 위반, 외국환거래법 위반, 남북교류협력법 위반 등 4개 법률을 적용하고 있다.

2심 법원은 이화영 부지사에게 징역 7년 8개월, 벌금 2억 5,000만 원, 추징금 3억 2,595만 원을 선고했으며, 재판부는 이 대표를 둘러싼 불법 대북 송금 정황을 사실로 인정했다.

2023년 9월 19일 검찰이 국회에 제출한 142페이지 분량의 구속영장 청구서에는, 이재명 대표가 김성태(쌍방울 전 회장)의 대북 자금 지원 사실을 보고 받은 정황까지 담겼다. 이에 따라 검찰은 "이재명은 배임, 뇌물, 위증 교사 혐의 모두에서 양형 기준상 가장 무거운 처벌 가능성이 있는 피의자"라고 명시했으며, 실형은 최소 11년에서 최대 36년 6개월 또는 무기징역까지 가능하다고 밝혔다.

경기도 법인 카드 사적 유용

이 대표는 경기도지사 재직 중 경기도 법인 카드를 개인 용도로 사용한 혐의(업무상 배임)로 기소되었다. 구체적으로는 2018년부터 2021년까지 과일, 샌드위치, 개인 세탁비 등 약 4,600만 원 상당을 법인 카드로 결제한 혐의를 받고 있으며, 경기도 관용차로 구입한 차량을 자가용처럼 사용해 6,000만 원 상당의 부당 이득을 취득했다는 정황도 드러났다.

이 사건은 일명 '이재명 부부의 법인카드 사적 유용 논란'으로, 지난 대선 막판에 폭로되며 윤석열 후보에게 0.73% 차이로 중요한 결정적 계기가 되었다. 이를 두고 '이낙연 책임론'이나 '심상정 책임론'을 거론하는 것은 온당한 자세가 아니다.

한편 이 대표의 배우자인 김혜경 씨는 이 사건과 관련해 민주당 경선 기간 중 당 인사들에게 식사를 제공한 혐의로 2024년 11월 1심에서 벌금 150만 원을 선고받았다. 검찰은 이 대표 본인에 대한 배임 혐의 기소도 본격화되었다. 검찰은 이 대표가 총 1억 653만 원의 도민 예산을 유용한 것으로 판단했다.

시인이자 칼럼니스트 정성태는 이재명 대표의 사법 리스크에 대해 다음과 같은 비판적 소회를 남겼다.

"눈 뜨고 보기 민망한 난장판이다. 그런데도 대통령이 되겠다고 여론을 선동하고, 민주당 의원들은 국회에서 용역 방탄을 자처하며 꼴불견을 연출한다. 국가 위신과 국민 자존심은 안중에도 없다. 정치 탄압이 아니다. 이재명의 재판은 독립운동도 민주화 운동도 아니다. 오직 개인의 탐욕과 사적 이익의 결과일 뿐이다."

이재명 대표의 사법 리스크는 단순한 수사 대상이 아니다. 그가 연루된 사건 대부분이 정치 권력과 공공 자산을 사유화하고, 사적 이익을 추구한 구조적 범죄 혐의 의혹이라는 점에서, 이는 대한민국 법치주의의 근간을 위협하는 것이다.

향후 그의 유죄가 확정될 경우, 대한민국은 유력 대권주자이자 제1야당 대표가 중범죄자로 전락하는 역사적 사태를 마주하게 될 수 있다는 우려가 많다.

이재명 대표의 추가적인 범죄 혐의들

앞서 살펴본 5건의 재판, 8건의 사건과 12개 혐의만으로도 이재명 대표의 사법 리스크는 전례 없는 수준이다. 그러나 이는 끝이 아니다. 언론 보도 및 검찰 수사 상황을 종합해 보면 아직 기소까지 이르지 않았지만 추가 혐의들 또한 다수 존재한다.

2024년 11월 18일 기준, 파이낸셜 뉴스를 위시한 주요 언론들은 이 대표에 대한 수원지검, 서울중앙지검 등지의 수사 상황을 정리하며 다음과 같은 4개의 사건을 '추가 기소 유력 사건'으로 꼽았다.[14]

정자동 호텔 개발 특혜 의혹

이 사건은 이재명 대표가 성남시장으로 재직하던 2015년, 분당구 정자동 시유지에 들어선 호텔 개발 과정에서 특정 민간 업체에 여러 특혜를 제공했다는 의혹이다. 구체적으로는 토지 용도 변경, 장기 임대 허용, 대부료 감면, 건물 연면적 증가 등 일련의 인허가 과정이 비정상적으로 빠르고 특혜적으로 이루어졌다는 지적이 제기됐다.

이 의혹은 2017년 당시 자유한국당 성남 시의원들이 처음 제기했고, 2024년 1월 한 시민 단체의 고발을 계기로 수사가 본격화되었다. 같은 해 6월, 성남시는 자체 감사 결과 총 13건의 문제점을 검찰에 전달했고, 검찰은 즉시 성남시와 시행사를 압수수색하는 등 본격적인 강제 수사에 착수했다. 서울중앙지검에서 대장동·백현동 사건을 수사했던 강백신 부장 검사가 수원지검 성남 지청으로 자리를 옮기며 수사에 가속도가 붙었다.

현재 민주당은 이재명 사건 수사를 담당한 강백신 부장검사, 윤석열 전 대통령 명예훼손 관련 허위 인터뷰 보도에 연루된 신학림-김만배 검언유착 사건을 수사했던 엄희준 검사 등에 대해 "헌법과 법률을 위반한 검찰권 남용"이라며 탄핵 절차를 진행 중이다. 그러나 지금까지 윤 전 대통령을 제외한 총 29건의 검사 탄핵 중 헌법재판소에서 인용된 사례는 단 한 건도 없으며, 9건 모두 기각되었다.

이러한 결과는 민주당의 일련의 행보가 "보복 탄핵"이라는 비판을 받게 된 주요 배경이 되고 있다.

대장동 428억 원 약정 의혹

이 사건은 이 대표가 대장동 개발 과정에서 화천대유 대주주 김만배 씨로부터 428억 원 상당의 지분을 약속받았다는 의혹이다. 핵심 근거는 정영학 회계사의 녹취록으로 "최종 428억이네. 지네들(이재명 측)이 세금 내고 가져가야지"라는 김만배 씨의 발언이 공개되면서 파장이 일었다.

검찰은 유동규 전 본부장이 김만배에게서 해당 약정을 받았으며, 이를 정진상 당시 민주당 정무실장을 통해 이 대표에게 보고했고, 이 대표가 이를 승인한 것으로 판단하고 있다. 현재 검찰은 다수의 진술과 물증을 기반으로 보강 수사를 이어가고 있으며, 이 대표를 향한 직접 기소 가능성도 배제할 수 없다는 언론 보도가 이어졌다.

김용의 대선 불법 자금 수수 의혹

2025년 2월 7일, 이 대표의 최측근이자 '분신'이라 불리는 김용 전 민주연구원 부원장이 2심 재판에서 징역 5년을 선고받고 법정 구속되었다. 법원은 1심에 이어 2심에서도 김 씨가 대장동 일당으로부터 경선 자금 6억 원, 뇌물 7,000만 원을 받은 사실을 유죄로 인정했다.

김용 씨는 이재명 대선 캠프에서 선대위 총괄 본부장이라는 핵심직을 맡았던 인물로, 이 대표의 사전 인지 없이 거액의 경선 자금을 수수했을 가능성은 현실적으로 희박하다는 게 검찰의 판단이다. 특히 대장동 핵심 인물들과 수차례 만난 사실과 자금 흐름 등을 고려할 때, 검찰은 이 대표에 대한 공범 및 정치자금법 위반 혐의 추가 기소를 유력하게 검토 중인 것으로 알려졌다.

호남 조직 매표 겨냥한 김용의 불법 정치 자금 수수

검찰에 따르면 김 부원장은 대장동 민간 사업자들로부터 총 8억 4,700만 원의 불법 자금을 수수했고, 이 자금은 경선 당시 이재명 캠프의 전국 조직 관리에 사용되었다.[15]

김용은 2021년 5월부터 10월까지 민주당 경선 캠프 총괄 부본 부장, 이후 대선 선대위에서도 같은 직책을 맡으며 조직 업무를 총괄했다. 특히 이낙연 전 총리가 '호남 대망론'을 등에 업고 유력 주자로 부상하던 시점, 김용은 이재명 대표의 호남 지역 조직을 별도로 관리하고 집중 공략하는 전략을 구사한 것으로 확인됐다. 검찰이 확보한 공소장에는 김 부원장이 "호남 정신의 진정한 계승자는 이재명"이라는 이미지를 심기 위한 치밀한 홍보 전략은 물론, 광주 8개 선거구에 권리 당원을 전담 관리할 책임 조직을 구축하려 했다는 사실이 상세히 담겨 있다.

결국 이화영, 김용, 김성태, 김만배, 남욱, 정진상 등 이재명 대표의 최측근 인사들이 연루된 이 일련의 사건들은 단순한 선거 전략 차원이 아니라 거대한 불법 정치 자금 네트워크의 실체를 드러낸다. 이들이 각기 다른 사건에 연루되어 있지만, 그 배경에는 하나의 공통점 즉, 이재명 후보를 중심으로 한 대선 경선과 조직 관리가 있다는 점에서 이 대표와의 연결 고리를 결코 무시할 수 없다는 것이 검찰의 해석이다.

만약 이재명 대표가 대통령에 당선된다면 이러한 인물들에 대한 '셀프 사면'이 이뤄질 가능성은 전혀 허구적인 가정이라고만 치부할 수 없다.

전병헌 새미래민주당 대표는 3월 16일 자신의 SNS를 통해 "이재명 대표가 쌍방울과 화천대유의 검은 돈으로 민주당 대선 경선을 치렀다면 이낙연 후보는 조폭 돈과 가짜 뉴스, 사사오입식 개표 방식에 의해 경선을 도둑맞은 셈"이라며 "그럼에도 대선 패배의 책임과 비난은 오히려 (대장동 비리 폭로 등으로) 정의로운 경고를 외친 이낙연 후보측에게 돌아갔다"고 목소리를 높였다.

마지막으로 그는 "불법 자금으로 치러진 경선, 조폭 연루 의혹, 법적 책임조차 지지 않는 민주당 지도부, 방탄 논란에 침묵하는 일극 체제 속에서 과연 이재명 대표가 또다시 대선 후보로 나서는 것이 정당한 일인가"라며 "국민이 이런 상황을 보고도 납득할 수 있을지 되묻지 않을 수 없다"고 일침을 가했다.

검찰은 2023년 9월 19일 국회에 제출한 이재명 대표 관련 구속 영장 청구서에서, 백현동·대북 송금 사건 등을 포함한 여러 혐의의 중대성을 강조했다. 이 영장에는 김인섭 전 하우징기술 대표와 이 대표 간의 밀접한 관계, 그리고 대북 송금 사실을 이 대표가 수차례 보고 받았다는 정황이 상세히 기재돼 있다.

검찰은 "이 대표가 받고 있는 혐의는 모두 양형 기준상 최고 형량 구간에 해당하는 중대 범죄"라고 판단하였다.

특경법상 배임(이득액 300억 원 이상): 징역 7~11년

뇌물 수수액 5억 원 이상: 징역 11년~무기징역

위증 교사: 징역 10개월~3년

이를 종합하면 이재명 대표에게 실형 11년~36년 6개월, 혹은 무기징역까지 선고될 수 있다는 것이 검찰의 시각이다. 정식 기소가 되지 않은 사건만으로도 대한민국의 헌정과 법치의 기반을 뒤흔들 수 있는 수준임을 보여준다.

하지만 공직선거법 위반 사건은 2심에서 무죄, 위증교사 사건은 1심에서 무죄 판결이 내려졌다는 점을 고려할 때, 검찰의 시각이 과연 공정하고 객관적인지에 대한 평가는 현재 진행 중인 8건의 재판에 대한 최종 판결이 모두 끝난 이후에야 가능한 일이다.

이재명 대표는 이미 전과 4범의 이력을 가지고 있으며, 현재 12개 혐의로 재판을 받고 있는 피고인이다. 여기에 추가 기소가 유력한 중대 혐의들까지 더해서 최종 유죄판결이 나면 이는 단순한 정치인의 법적 리스크가 아니라 대한민국 전체에 영향을 미치는 헌정 질서의 심각한 위기 상황으로 볼 수 있다.

그럼에도 불구하고 이 대표는 여전히 '검찰 독재의 조작 수사'라 비판하며 대권 도전을 이어가고 있고, 제1 야당은 그를 방어하는 데 국회의 권한을 총동원하고 있다. 이는 한 개인의 사법적 문제를 넘어서 대한민국 정치와 사법체계 전체의 신뢰도와 도덕성을 시험하는 국면이라 할 수 있다.

정치적 사형 선고와 같은
공직선거법 항소심 판결

이재명 대표는 2024년 11월, 공직선거법상 허위 사실 공표 혐의로 1심에서 징역 1년에 집행유예 2년을 선고받았다. 이 판결이 대법원에서 확정될 경우, 그는 곧바로 국회의원직을 상실하고 향후 10년간 피선거권이 제한돼 차기 대선 출마 자체가 불가능해진다. 사실상 정치적 사형 선고에 해당하는 이 판결은 이 대표의 정치 생명뿐 아니라 향후 정국 구도의 향방을 좌우할 중대한 판결이었다.

그러나 2025년 3월 항소심 재판부는 이 사건에 대해 무죄를 선고했다.[16] 이로 인해 당장은 이재명 대표가 의원직을 유지하고 차기 대선 출마 자격도 보장받게 되었지만, 사건의 본질이 완전히 해결된 것은 아니다. 많은 법조인들과 유권자들 사이에서는 이번 2심 판결이 법리적으로나 사실적으로 납득하기 어려운 부분이 다수 존재하며, 대법원 3심에서 1심 판단처럼 바로잡힐 가능성이 높다는 의견도 적지 않다.

위증 교사 핵심 쟁점은 '고 김문기 인식 여부'

이재명 대표는 성남시장 재직 당시 김문기 처장을 "몰랐다"고 발언한 바 있으나, 검찰은 이 발언이 객관적 사실과 명백히 어긋나는 허위 사실이라고 판단했다. 특히 이 대표가 김문기와 함께한 해외 출장과 골프 등 구체적인 행위를 은폐하려 했다는 점에서 유권자를 오도하는 중대한 허위 공표 행위로 간주했다. 반면, 재판부는

"몰랐다"는 표현이 개인의 인식 수준에 관한 주관적인 표현에 불과하며, 이를 구체적인 '행위에 대한 허위 사실 공표'로 보기 어렵다고 판단했다. 특히 표현의 주관성과 함께 공소장의 특정성 부족을 근거로 무죄를 선고했다.

또한 이 대표가 백현동 개발과 관련하여 "국토부의 압박 때문에 어쩔 수 없이 용도 변경을 했다"고 발언한 부분에 대해 검찰은 국토부의 실제 압박이 없었음에도 이를 언급한 것은 명백한 허위 사실 공표라고 보았다. 이는 당시 국토부 공문과 실무진의 증언에 근거한 판단이다. 그러나 재판부는 1심 판결서에 명시된 표현과 공소장 내 표현 간의 일치성이 부족하다는 이유로 판단을 유보하며 실체적 진실보다는 절차적 요건에 초점을 맞췄다.

그렇다면 대법원의 최종 판결은 어떻게 내려질 것인가?

첫째, 1심은 공직선거법의 입법 취지에 충실한 판단을 내렸다.

공직선거법은 유권자의 정확한 판단을 보장하기 위해 후보자가 허위 사실을 공표할 경우 이를 엄격히 처벌하도록 하고 있다. 1심 재판부는 이재명 대표가 "김문기를 몰랐다"고 말한 것은 사실이 아님이 객관적으로 입증되며, 이 발언이 유권자의 판단에 중대한 영향을 미칠 수 있다는 점에서 공직선거법 위반에 해당한다고 명확히 판단했다.

둘째, 2심은 실체적 진실보다 형식 논리에 치우쳤다는 비판이 존재한다.

2심은 공소장에 표현된 문구가 모호하거나 발언의 정확한 인용이 부족하다는 이유로 판단을 유보하거나 무죄를 선고했다. 하지만 이 같은 판단은 본질적인 허위 여부나 의도, 유권자 오도 가능성을 외면한 채 절차적 완결성만을 문제 삼았다는 지적이 제기된다. 대법원은 형식보다 실체에 초점을 맞춘다는 점에서 2심의 한계를 보완할 가능성도 배제하기 어렵다.

셋째, 1심 판결을 뒷받침하는 객관적 증거와 정황이 풍부하다.

김문기 처장과 함께한 해외 출장, 골프 기록, 동행 일정표, 관련 사진과 문서 등은 모두 이재명 대표의 발언과 명백히 배치된다. 백현동 관련 발언 역시, 국토교통부로부터 압박을 받은 정황이 없음이 공문과 증언으로 확인되었으며, 이를 반복적으로 언급한 행위는 단순한 인식 착오가 아닌 명백한 허위 사실 공표로 해석될 여지가 없지않다.

넷째, 대법원은 공직선거법 위반 사건에서 유권자 보호와 공정한 선거 질서 유지에 무게를 둔 판례를 다수 유지해왔다.

대법원은 유죄 판단 시 선거에 미치는 영향을 반드시 종합 고려하며, 단순히 표현의 주관성이나 공소장 표현의 문구만으로 판단을 유보하지 않는다는 해석도 있다. 특히, 유권자에게 실질적으로 영향을 줄 수 있는 발언에 대해선, 표현 내용뿐 아니라 발언의 전후 맥락과 후보자의 의도까지 평가해야 한다는 시각과 비슷하다.

대법원 3심 판결은 조기 대선에 앞서 반드시 선고되어야

이재명 대표는 2024년 11월 1심에서 공직선거법상 허위 사실 공표 혐의로 징역 1년에 집행유예 2년을 선고받았다. 이 판결이 대법원에서 확정될 경우, 그는 의원직을 상실하고 향후 10년간 피선거권이 제한되어 대선 출마 자체가 불가능해진다. 정계에서는 이를 '정치적 사형 선고'라 평가했고, 이 대표에게는 정치 생명의 존폐를 가를 중대한 위기로 인식되었다.

그러나 2025년 3월, 항소심 재판부는 1심과 정반대로 무죄를 선고했다. 당장은 이 대표가 의원직을 유지하고 대선 출마 자격도 보장받게 되었지만, 해당 판결은 형식적 논리에 지나치게 의존하였다는 평가와 함께 대법원 3심에서 1심의 판단으로 되돌아갈 가능성 역시 제기되고 있다.

이런 상황에서 윤석열 대통령에 대한 탄핵 심판이 헌법재판소에서 인용됨으로써 대한민국은 조기 대통령 선거라는 중대한 헌정의 분기점을 앞두고 있다. 대법원의 3심 판결은 단지 한 정치인의 형사 재판을 종결하는 데 그치지 않고, 이러한 조기 대선의 정당성과 질서를 뒷받침하는 사법적 기준선을 설정하는 역할을 하게 된다.

특히 조기 대선이 6월 3일로 확정된 상황에서 이재명 대표의 대선 후보 자격과 관련된 법적 판단이 그 이후에야 선고된다면, 헌법 제84조와 관련한 해석 논란이 불거질 수 있다. 헌법 제84조는 대통령의 재직 중 형사 소추를 금지하고 있지만, 조기 대선의 경우 당선자에 대한 형사 소추 가능 시점이나 선거 이전 형사 절차의 정리 문제에 대해 명확히 규정하지 않는다. 따라서 이재명 대표가 후보가 되어 선거에 출마한 이후, 대법원에서 파기 환송이든 파기 자판이든 유죄 확정 판결이 내려지는 경우에는 헌법상 심각한 혼란과 정치적 갈등이 불가피하게 발생할 수 있다.

대법원의 파기 환송과 파기 자판의 차이

파기 환송과 파기 자판의 차이를 살펴보면, 우선 '파기 환송'은 대법원이 하급심 판결의 법리 오류를 지적한 뒤 사건을 원심 또는 항소심 법원으로 돌려보내 재심리하도록 하는 방식이다. 이 절차는 법리뿐 아니라 사실 관계에 대한 재조사가 필요할 때 주로 채택된다.

반면 '파기 자판'은 대법원이 하급심 판결을 파기함과 동시에 자체적으로 새로운 판결을 확정하는 방식이다. 법적으로 '파기 자판'이 가능하기 위해서는 ▲ 기초 사실 관계에 다툼이 없고 ▲ 추가적인 증거 조사 없이 법률적 판단만으로 결론을 내릴 수 있어야 하며 ▲ 사건의 성격상 조속한 확정 판결이 요구될 때가 기준이다.

이재명 대표의 사건은 1심과 2심이 완전히 상반된 결론을 내렸지만, 그 핵심 쟁점은 사실 관계의 재구성보다는 발언의 '허위성' 여부에 대한 법리 해석에 있다. 따라서 추가적인 사실 심리를 요구하지 않으며, 대법원이 곧바로 법리 판단을 내려 결론을 확정할 수 있는 전형적인 '파기 자판' 적합 사안이라 할 수 있다.

과거에도 대법원은 사회적 파장이 크고, 사실 관계가 명백하며, 신속한 법적 정리가 필요한 사건에서 '파기 자판' 절차를 채택해왔다. 대표적인 예로는 '박근혜 전 대통령 탄핵과 관련된 청와대 문건 유출 사건'에서 파기 자판을 통해 신속히 판단을 확정한 바 있다.

'국정 농단' 관련 일부 사건 역시 전원 합의체를 통해 다툼의 여지가 없는 법리를 기준으로 파기 자판이 이루어졌다. 선거법 위반 등 정치적 사안에서도 이미 충분한 증거가 존재하고 법리만 남은 경우, 국민의 알 권리와 정치 일정의 안정을 고려해 파기 자판으로 결론을 내린 전례가 있다.

최근 대법원 전원 합의체는 공직선거법, 선거 운동, 허위사실공표죄 등 공공적 영향력이 큰 사건에서 법률 해석의 기준을 명확히 설정하는 방향으로 움직이고 있다. 이는 개별 사건 해결에 그치지 않고, 유사한 사건에 대한 향후 판단의 기준을 제시하려는 의도로 해석된다.

이러한 흐름은 이재명 대표 사건에도 시사하는 바가 크다. 단순한 개인의 유무죄 판결을 넘어서 공직선거법상 허위사실공표죄의 적용 범위와 해석 기준을 명확히 확립해야 할 필요성이 있기 때문이다. 특히, 정치인의 공개 발언에 대한 법적 책임의 경계를 어떻게 설정할 것인지, 유권자 판단에 중대한 영향을 미치는 허위성 발언의 범주는 어디까지로 볼 것인지는 향후 수많은 공직 선거에서 반복될 수 있는 쟁점이다.

이러한 사태를 예방하기 위해서는 대법원이 대통령 선거일에 앞서 공직선거법 위반 사건에 대한 최종적 판단을 신속히 내려야 하며, 이는 국민의 주권 행사가 법적 안정성 속에서 이루어질 수 있도록 하는 사법부의 책무라 할 수 있다. 이는 단순한 형사 소송 절차의 문제가 아니라 국가 전체의 헌정 질서와 민주주의 신뢰를 위한 제도적 안전 장치의 역할이기도 하다.

실제로 대법원 내부에서는 선거 관련 사건에 대해서는 '6개월 이내 1심, 3개월 이내 항소심, 3개월 이내 대법원 선고'라는 이른바 '6-3-3 원칙'을 준수해야 한다는 지침이 존재한다. 이재명 대표 사건처럼 정치적으로나 사회적으로 중대한 의미를 지닌 사안일수록 이 원칙은 선언적 지침이 아닌 실질적인 사법 기준으로 작동되어야 한다. 선거의 공정성과 국민의 알 권리, 나아가 국가의 헌정 질서를 지키기 위한 최소한의 사법적 리더십이 지금 절실히 요구된다.

위증 교사 2심 재판의 대반전 가능성

이재명 대표는 김진성 씨에게 위증을 교사한 혐의로 재판에 넘겨졌으나 2024년 11월 1심 재판부는 무죄를 선고했다. 해당 판결은 당시 정치권뿐 아니라 법조계에서도 큰 논란을 불러일으켰다. 특히 위증을 실행한 김 씨에게는 유죄가 인정되고 벌금형이 선고된 반면, 위증을 교사한 당사자로 지목된 이재명 대표는 무죄가 선고됐다는 점에서 '논리적 모순'이라는 비판이 쏟아졌다.

1심 재판부는 위증교사죄에 대해 "교사범의 성립에는 엄격한 증명이 필요하다"고 전제했다. 그에 따라 재판부는 이 대표가 김 씨에게 위증을 요청하는 과정에서 "명백한 거짓 증언을 하라고 직접 지시한 정황은 발견되지 않는다"고 보았다. 더 나아가 이 대표가 요청한 증언은 '김 씨가 동의하거나 부인하지 않은 내용'에 한정돼 있었고, 김 씨의 의사에 반하는 강압적 교사 행위는 없었다는 점을 근거로 무죄를 판단했다.

즉, 1심의 논리는 '기억에 반하는 증언을 시켰다고 볼 만한 고의성(범의)이 입증되지 않았다'는 데 있다. 재판부는 통화 과정에서 이 대표가 "기억나는 대로 진술해 달라"고 말한 점, 그리고 김 씨가 일부 내용에 대해 부정하지 않았다는 점을 들어, 이는 단순한 증언 요청이었지 범죄로 평가될 수 있는 교사는 아니라고 판단했다.

그러나 이 같은 판단에는 심각한 문제점이 존재한다고 검찰은 강력히 반발하였다. 형법상 교사범의 성립에는 '명시적인 지시'만을 요구하지 않는다. 명백한 언어적 표현이 없더라도 정황상 피교사자에게 영향을 미쳐 위증을 하도록 유도했거나 설득했다면 '간접적 교사'로도 충분히 인정될 수 있다는 것이 다수 판례의 입장이다. 1심 재판부가 이러한 '비명시적 교사' 가능성을 축소 해석한 것은 법리적 협소화로 평가된다.

또한 재판부는 김 씨가 일부 사실을 부정하지 않았다는 점을 근거로 '거짓말을 시켰다고 보기 어렵다'고 했지만, 이는 행위 전체의 맥락을 도외시한 판단이라는 비판을 받는다. 김 씨는 검찰 수사에서 "당시 기억에 반하는 증언을 한 것"이라고 자백했으며, 재판부 역시 이 진술을 받아들여 김씨에게 위증 유죄를 선고했다. 그렇다면 이 위증이 자발적으로 이뤄진 것인지, 혹은 외부의 영향 즉 이 대표의 개입이 있었는지를 면밀히 따져야 한다. 하지만 1심 재판부는 교사 행위의 개입 여부와 진술 사이의 인과 관계에 대한 판단을 충분히 수행하지 않았다는 지적이 나온다.

실제로 검찰은 2심 항소 이유서에서 이 대표가 김 씨의 진술서를 받아보고 수정까지 지시했다는 문자 메시지, 그리고 "그런 얘기를 들었다고 해주면 되지 뭐"라는 이 대표의 발언을 위증 교사의 유력한 정황 증거로 제시하고 있다. 1심 판결은 이러한 행위 전반의 유기적 흐름을 '개별 행위'로 분절하여 판단함으로써 행위의 전체 구조와 동기를 간과한 것이다.

또한 검찰은 위증 이후 김 씨가 이 대표 측에 인사 추천을 요청하고, 그 인물이 실제로 캠프에 합류한 점을 지적하며 "이러한 인사 청탁이 위증에 대한 보상으로 작용했을 가능성"을 제기하고 있다. 이처럼 위증—교사—보상의 흐름이 일정한 연계성으로 입증된다면 이는 명백한 사법 질서 교란 행위이며, 사법 정의를 훼손하는 중대한 범죄로 해석될 수 있다.

2심 재판부는 이러한 맥락을 종합적으로 검토해야 한다. 1심과 달리, 이 대표의 발언 및 문자 메시지, 진술서 수정 관여 여부, 위증과 그에 따른 사후 관계 등을 시간 순으로 엮어 구조적으로 해석하는 종합적 판단 방식이 요구된다. 단일 발언이나 형식적 문구에 국한할 것이 아니라 행위의 동기, 방식, 결과를 전체적으로 살피는 시각에서 접근해야 한다. 이재명 대표가 "기억나는 대로 말하라"고 마지막에 덧붙였다고 해서 그 이전에 있었던 유도적 발언과 문서 수정을 상쇄할 수는 없다는 것이 검찰 측의 기본적 시각이다.

결국 2심에서 위증 교사 혐의가 유죄로 판단되기 위해서는 피고인의 직접적 지시 여부만이 아니라 위증이 일어날 수 있도록 구성된 정치적·심리적 구조, 언어 사용의 방식, 후속 행위의 연계성 등을 종합적으로 고려해야 한다.

위증교사죄는 단지 '거짓말을 시켜라'는 말 한 마디로 성립하는 것이 아니다. 오히려 그 말이 나오지 않도록 철저하게 포장된 설득과 유도, 지시로 위장된 요청, 그리고 사후 보상으로 연결된 정치적 계산 속에서 성립하는 범죄라는 점이 이번 위증 교사 판결을 비판적으로 바라보는 법조인의 대체적 시각이다.

따라서 항소심 재판부는 1심의 형식적 논리를 넘어서 실질적 진실에 접근하는 법리적 해석을 통해 사법 질서의 근간을 세우는 판결을 내려야 할 것이다. 이는 단지 이재명 대표 개인의 법적 유·무죄 판단을 넘어서 대한민국의 정치와 사법의 신뢰 회복을 위한 분기점이 될 것이다.

대북 송금 사건의 심각성과 미국·유엔의 제재 가능성

이재명 대표의 수많은 사법 리스크 중에서도 가장 심각하고 국가적·국제적 파장이 큰 사건은 단연 '쌍방울 대북 송금 사건'이다. 물론 공직선거법 위반 사건처럼 대선 출마 자격에 직접 영향을 미치는 사건과 단순 비교하기는 어렵지만, 죄질의 중대성과 관련된 국제법적 위반 가능성, 그리고 국가 안보와 외교에 미칠 파장을 고려하면 이 사건이 갖는 의미는 그 어떤 재판보다도 엄청나다.

저자는 1990년대 초반 '북한의 수령체계'를 주제로 박사학위를 받았고, 이후 20여 차례에 걸쳐 북한을 방문하며 다양한 민간 교류 및 대북 지원 사업에 참여해왔다. 특히 김대중 정부 청와대와 17대 국회 통일외교통상위원회 활동을 통해 이화영 전 부지사의 대북협력사업과 유사한 사안을 수없이 다루었기에, 본 사건의 위중함은 의혹 제기 초기부터 충분히 인식하고 있었다.

특히 유엔의 대북 제재가 엄격하게 지속되고 있는 상황에서, 이화영 당시 경기도 평화부지사가 관여한 것으로 드러난 불법적인 대북 송금은, 국내법 위반을 넘어 국제 제재 체계를 정면으로 위반했을 가능성이 있다는 점에서 가장 중대한 사법 리스크로 꼽힌다.

검찰, 이재명 대표를 제3자 뇌물죄 등으로 기소[17]

2024년 12월 19일, 수원고등법원 형사1부는 이화영 전 부지사에게 징역 7년 8개월, 벌금 2억 5천만 원, 추징금 3억 2천595만 원을 선고했다. 정치자금법 위반과 특정범죄가중처벌법상 뇌물죄가 병합된 항소심에서 양형은 다소 줄었지만 범죄 사실 자체는 1심과 동일하게 모두 유죄로 인정됐다.

재판부는 김성태 전 쌍방울그룹 회장이 이화영의 요청을 받고 북한에 스마트팜 사업비 500만 달러와 도지사 방북 비용 300만 달러, 총 800만 달러를 송금한 사실을 명확히 인정했다. 김 회장이 경기도나 이화영 전 부지사의 요청 없이 독자적으로 북한과 협상하거나 돈을 전달할 이유가 없다는 점은 항소심에서도 똑같이 판시되었다.

즉, 이화영-쌍방울 간의 대북 송금은 단순한 민간 차원의 대북 교류가 아니라 당시 경기도의 공식 또는 비공식 방침과 연계된 정치적 행위였다는 것이다. 이는 이 사건의 실체적 진실이 이미 법원에서 상당 부분 규명되었음을 의미하며, 이재명 대표의 관련 재판에도 매우 중대한 영향을 미칠 수밖에 없다.

이와 같은 사실 관계가 확정되자 검찰은 2024년 6월 12일 이재명 대표를 제3자 뇌물 혐의, 외국환거래법 위반, 남북교류협력법 위반 등의 혐의로 불구속 기소했다.

검찰은 공소장에서 이 대표가 당시 도정의 대북 사업을 총괄 지휘했고, 이화영 전 부지사로부터 북한과의 협상 내용 및 경과를 수시로 보고받았으며, 스마트팜, 밀가루, 묘목 지원 등 인도적 지원과 방북 추진 계획까지 모두 보고받았다고 주장했다.

또한, 경기도가 중요 정책이나 결재 사항에 대해 "실·국장 전결이라 하더라도 반드시 도지사에게 사전 보고하라"는 보고 체계를 철저히 유지해왔다는 점에서 이 대표가 이 사건을 몰랐다고 보기는 어렵다고 밝혔다.

이재명 대표는 이러한 검찰의 주장에 대해 '터무니없는 허위'라며 전면 부인하고 있다. 그는 대북 송금과 관련된 검찰 조사에서 "경기도와 이재명은 북측에 돈을 줄 이유도, 의무도 없다"고 주장했으며, 800만 달러 대북 송금에 대해 "쌍방울이 독자적으로 추진한 북측과의 경제 협력 사업에 따른 대가일 뿐"이라는 입장을 고수하고 있다. 즉, 500만 달러는 스마트팜 사업과 관련한 쌍방울의 자체 경협 대금이고, 300만 달러 방북비 역시 쌍방울 측이 북측과 공개 협약을 맺기 위한 자체 행보였다는 것이다.

이 사건의 심각성을 한층 더 높이는 요소는, 쌍방울의 대북 송금이 단순한 경협 차원이 아니라 북한의 핵심 외화 벌이 수단인 '광물 자원 개발'과 직결돼 있다는 점이다.

2022년 10월 4일 CBS 노컷뉴스가 보도한 국정원 내부 문건에 따르면 쌍방울은 2019년 초 북측 민족경제협력연합회(민경련)와 북한 광물 자원 공동 개발을 추진하기로 협의했으며, 그 대가로 내의 50만 장(한화 약 100억 원 상당)을 제공하기로 약속한 사실이 기록돼 있다.

문건에는 주가를 조작해 그 이익을 상품권 형태로 북측에 넘기고, 북측은 중국 등 제3국에서 이를 현금화하는 방식까지 논의되었음이 드러나 있다. 이는 유엔 안보리와 미국 재무부가 금지하는 대량 현금 유입 및 우회 자산 송금을 그대로 재현한 방식이며, 국제 제재 체계에 정면으로 위배되는 중대한 사안이다.

쌍방울의 후원을 받은 민간 단체 '아태평화교류협회'는 또 다른 충격적인 행보를 보여줬다. 이 단체는 2020년 'APP427'이라는 암호화폐를 제작하고, 이를 "북한의 기준 화폐를 대체할 코인"이라고 선언했다. 이 코인은 북한의 금융 안정과 화폐 체계를 보완하는 목적이라며 스마트 시티, 자원 개발, 관광 등 남북 공동 블록체인 기반 사업에 활용하겠다는 구상을 담고 있었다.

이 사업은 2019년 필리핀에서 열린 아태협 행사에서 본격화되었고, 당시 행사에는 북한 고위급 인사들이 대거 참석했다. JTBC는 이 코인 사업이 실제로 북한과 협력 관계 속에서 추진됐고, 자금 흐름이나 상장 방식이 불투명해 유엔 제재 위반은 물론 자금 세탁 및 불법 외환 거래 가능성까지 있다고 보도했다.

이화영의 대북 송금 사건은 단순한 남북 교류 사업의 일환이 아니다. 이미 법원에서 사실상 확정된 대북 송금의 실체, 국정원 문건이 보여주는 북한 광물 자원 사업 협의, 그리고 암호화폐를 활용한 북한 외화 송금 시도 등은, 국내외 법률 체계를 무너뜨릴 수 있는 국제 범죄 구조의 일부일 가능성을 제기하고 있다.

특히 이재명 당시 도지사의 승인 여부와 보고 체계에 따라 이재명 후보의 공동책임 여부도 판가름 날 것이다.

미 국무부, 제보자에게 최대 500만 달러 포상 웹사이트 개설

2020년 12월, 미국 국무부는 대북 제재 회피 행위에 대한 제보를 독려하기 위해 'dprkrewards.com'이라는 전용 웹사이트를 개설했다. 이 사이트는 북한의 자금 세탁, 암호화폐를 통한 사이버 공격, 불법 광물 거래, 대량 현금 밀수, 사치품 수출 등 총 8가지 분야에 걸쳐 정보를 수집하고 있으며, 제보자에게는 최대 500만 달러의 포상금이 제공된다.

2017년 채택된 유엔 안보리 결의안 제2397호는 북한 정권에 현금 또는 대체 수단(예: 상품권, 암호화폐)으로 재정 자금을 제공하는 것을 엄격히 금지하고 있다.

이 사건은 이미 대법원의 2심까지 진행되어 최종 선고를 앞두고 있다.

현재까지 이화영 사건 관련 자료와 재판 증언을 기준으로 볼 때, 미국의 대북 제재 항목 중 다음과 같은 사항들이 위반된 것으로 평가될 여지가 있다.

① 북한 정부를 지원하기 위한 대규모 현금 제공 행위
② 대북 자금 제공과 관련된 자금 세탁 정황
③ 사치품 등 대북 금수품과 관련 정보 유통
④ 금융 제재를 우회하려는 경로 및 방식 확보 시도
⑤ 제3국 행위자(중국 등)와의 연결 가능성
⑥ 북한 정권에 실질적인 수입원을 제공하려 한 점

⑦ 제재 대상 활동에 연루 인물의 거래 정보 은폐 시도

⑧ 사이버 보안 위협 및 암호화폐를 포함한 금융 플랫폼을 통한 대북 자금 이동 또는 연계 가능성

이러한 요소들은 미국 재무부 산하 해외자산통제국(OFAC)이 자국 제재 대상자를 지정하는 데 있어 주요 기준으로 삼고 있는 사항들이며, 한국이 동맹국으로서 이를 위반한 정황이 확인될 경우, 양국 간의 신뢰와 외교 관계에도 부정적 영향을 초래할 수 있다.

한편 민주당이 박선원 의원을 중심으로 트럼프 전 대통령을 노벨평화상 후보로 추천한 사실이 알려지자 국민의힘은 "이재명 대통령 만들기를 위한 의도된 아부"라며 강하게 비판했다. 특히 "불법 대북 송금 혐의로 재판 중인 당 대표가 있는 민주당이 한반도 평화를 언급하며 트럼프를 추천하는 것은 진정성을 의심케 한다"는 비판적 입장을 밝혔다.

대통령 당선되도 계속되는 '이재명 재판'과 보궐 선거 위험성

이재명 대표는 2025년 2월 MBC 〈백분토론〉에 출연하여 대통령에 당선되면 자신이 현재 받고 있는 형사 재판들이 헌법 제84조에 따라 '정지된다'는 다수설이 있다고 주장했다. 그는 자신이 재직 중

이 되면 '불소추 특권'이 적용되어 형사 재판의 절차 자체가 중단될 것이라는 해석을 전제로 했던 것이다. 그러나 이는 헌법 제84조의 조문을 자기 중심적으로 해석한 것으로, 다수의 헌법학자들은 물론 대한민국 최고의 헌법학자인 고(故) 김철수 서울대 명예 교수를 포함한 학계 원로의 의견과도 배치된다.

한편 국민일보 2017. 4. 3일자 보도를 보면 "헌법학자 10명에게 홍준표 후보 당선을 가정으로 재판 진행과 유죄 판결 시 대통령직 상실 여부 등의 법률적 절차를 설문했다.

당시 홍준표 자유한국당 대선 후보는 고(故) 성완종 경남기업 대표로부터 불법 정치자금 1억원을 받은 혐의로 기소돼 재판 중에 있었다. 홍 후보는 2016년 9월 1심에서 징역 1년6개월이 선고됐지만 2017년 2월 2심에서는 무죄가 선고됐다. 검찰이 곧바로 상고해 사건은 대법원에 올라가 있는 상태였다.

당시 가장 논란이 되는 부분은 대통령의 '불소추 특권' 범위를 검찰의 '기소'로 한정할 것이냐, 재판 전 과정으로 확대할 것이냐 문제다. 헌법학자 10명 중 7명은 대통령 신분이 이미 진행 중인 재판에는 영향을 미치지 않는다고 해석했다. 그리고 나머지 2명이 "중단된다", 1명은 "대법원의 정치적 판단"이라고 답변해 이 재명 대표의 주장과는 정반대의 결론이 나왔다.

당시 송영길 민주당 선거대책본부장은 "이미 기소된 사건은 헌법 제84조의 적용 대상이 아니며, 유죄가 확정되면 대통령직은 상실된다"고 주장하였다. 오늘날 이재명 대표의 주장은 과거 자신이 속했던 정당의 공식 입장과도 정면으로 배치되는 것이다. 따라서 이재명 대표가 주장했던 '다수설'은 현재의 법조계 의견으로 보면

'소수설'에 불과해 보인다.

특히 이재명 대표 측의 노선에 있는 임지봉 서강대학교 법학전문대학원 교수는 그 당시 인터뷰에서 "재임 기간 이전 이뤄진 기소에도 불소추특권을 적용하는 것은 지나친 확대 해석"이라면서 "헌법 84조가 홍준표 후보의 상고심 재판을 중단시키는 근거가 될 수 없다"고 강조했다. 이어 "대통령과 같은 국가기관의 권한은 엄격하게 해석해야 한다"면서 "확대 해석할 시, 국민의 기본권이 침해될 수 있다"고 우려했다. 현재 조희대 대법원 체제는 보수가 11명, 진보좌파가 2명으로 압도적으로 보수 측 대법관이 수적으로 우세하다. 정치적 고려를 했을 때 이재명 대표에 유리하게 봐줄 가능성은 높지 않다.

헌법 제84조는 "대통령은 내란 또는 외환의 죄를 범한 경우를 제외하고는 재직 중 형사상의 소추를 받지 아니한다"고 규정하고 있다. 여기서 '형사상의 소추'란 일반적으로 형사소송법상 '공소 제기'를 의미하는 바, 대통령이 재직 중에는 검찰에 의해 새롭게 기소될 수 없다는 의미로 이해된다. 그러나 이 조항이 이미 기소된 사건의 형사 재판을 중단시킬 수 있다고 해석하는 것은 명백한 문리 해석의 오류라는 시각이 법조계의 대체적인 해석이다.

대한민국 최고의 헌법학자인 故 김철수 서울대 명예 교수는 그의 저서 《헌법학개론》에서 소추의 의미를 형사 소송 절차의 시작, 즉 공소 제기 단계로 보면서도 "기소 외에 체포, 구금, 압수, 수색, 검증 등을 포함한다"고 하였다. 그러나 그는 법원에서의 재판 진행 자체를 금지한 것이 아님을 분명히 했다.[18]

또한 박찬주 전 법제처장은 2009년 논문 〈대통령의 불소추특권에 관한 몇 가지 문제〉에서 보다 직접적으로 "기소는 소추에 해당하되, 이미 기소된 사건에 대한 재판은 소추가 아니므로 계속 진행된다"는 점을 명확히 했다. 그는 특히 "기소 이후 항소심에서 이미 유죄가 선고된 사건이 단지 확정되지 않았다는 이유로 재판이 중지되는 것은 사법 정의에 반한다"고 비판하며, 헌법 제84조는 재판 중지 근거가 될 수 없음을 강조했다.

즉, 헌법 제84조는 재직 중 대통령에 대한 새로운 기소를 막는 장치일 뿐이며, 이미 기소되어 진행 중인 재판은 이 조항과 무관하게 계속될 수 있다는 것이 학계 다수의 입장이다.

이 같은 해석은 형사소송법의 구조뿐 아니라 삼권분립의 원칙 및 권력에 대한 사법적 통제를 가능하게 하는 헌정 질서의 기본 틀과도 부합한다.

황도수 건국대 교수와 장영수 고려대 교수 등 현직 헌법학자들도 "이미 기소된 재판은 헌법 제84조의 소추에 해당하지 않으며, 따라서 대통령 당선 이후에도 당연히 재판은 지속된다"는 의견을 공통적으로 제시하고 있다. 특히 황 교수는 "만약 재판 자체를 중지시키고자 했다면 헌법에 명시적으로 '재판도 불가능하다'고 기술했을 것이며, 이는 헌법 제정자의 본래 의도와도 맞지 않는다"고 강조하였다.

이재명 대표가 내세운 '다수설' 주장은 어떤 공신력 있는 논문이나 판례, 또는 학계의 총의로부터도 뒷받침되지 않으며, 정치적 유불리를 고려한 일방적 주장이라는 해석이 제기된다.

대법원 전원 합의체 통해 조기 대선 이전 파기 자판 필요

따라서 대법원에서는 헌법 84조의 해석은 물론 이재명 대표의 공식선거법 3심 판결 역시 전원 합의체를 통한 파기 환송이든 파기 자판이든 신속한 결정을 내려서 대선 후보들은 물론 국민들이 큰 혼란을 겪지 않도록 해야 할 것이다.

대통령이 된다 해도 모든 문제가 끝나는 건 아니다. 헌법 제84조는 대통령이 내란 또는 외환의 죄를 제외하고는 재직 중 형사상 소추를 받지 않는다고 명시하고 있다. 하지만 이 조항은 어디까지나 재직 중 '기소'를 제한하는 것이지 이미 기소되어 진행 중인 재판까지 중단시키는 특권은 아니다. 즉, 대선 전에 기소되거나 재판이 시작된 사건들은 대통령이 된 이후에도 재판이 계속될 수 있다. 이런 견해가 법조계의 다수 의견으로 보인다.

법제처 발간 헌법 주석서 저자
"재판 정지 다수설 주장은 완전한 거짓말"

이와 관련해서 법제처가 발간한 헌법 주석서에 '헌법 제84조에서 말하는 형사상의 소추는 기소를 의미한다'는 내용을 담은 장용근 홍익대 법학과 교수가 이 문구를 두고 "대통령 당선 이후에도 재판이 계속돼야 한다는 뜻"이라고 밝혔다.[19] 장 교수는 이재명 대표와 민주당 내 친명계가 유력 대선 주자인 이 대표를 옹호하기 위해 '대통령에 당선되면 형사 재판이 정지된다는 게 다수설'이라고 주장하는 것에 관해서도 '완전한 거짓말'이라고 직격했다.

헌법 주석서는 이 대표가 각종 범죄 혐의로 재판을 받기 훨씬 전인 2010년 법제처가 한국헌법학회 전문 연구팀을 통해 헌법 조문별로 입헌 취지, 비교법적 의의, 관련 판례 및 학설 등을 객관적 입장에서 기술하려는 취지로 발간했다. 장용근 홍익대 법학과 교수는 당시 헌법 제84조 '대통령은 내란 또는 외환의 죄를 범한 경우를 제외하고는 재직 중 형사상의 소추를 받지 아니한다'와 관련한 내용을 헌법 주석서에 기술했다.

헌법 주석서에 담긴 헌법 제84조와 관련한 내용은 최근 이재명 대표가 공개적으로 발언한 '불소추 특권으로 대통령의 기존 재판은 중단된다는 것이 헌법학자들의 압도적 다수설'이라는 주장과 배치된다. 장 교수는 언론과의 인터뷰에서 "헌법 주석서를 썼을 당시에나 지금이나 생각에 변함이 없다"며 "소추는 '재판해야 한다'고 요구하는 행위라는 점에서 기소로 볼 수 있다"고 강조했다. 헌법 제84조는 대통령직 수행 중 기소되지 않는다는 의미일 뿐 대통령직 수행 전 기소된 사건과는 관계가 없다는 설명이다.

장 교수는 "국회에서는 '탄핵 소추', 헌법재판소에서는 '탄핵 심판'으로 구분돼 있다는 점만 봐도 소추의 의미를 기소로 봐야 한다"며 "이미 소추돼 재판이 진행 중인 사건을 중단해야 한다는 규정도 어디에도 없다"고 말했다. 그는 "대통령직 수행 중 기소는 불가하지만 '대통령 탄핵 사유 특정'이 필요한 경우가 발생할 수 있다는 점에서 수사도 가능하다"며 "민주 공화국의 정의라는 관점에서 고도의 권력을 가질수록 고도의 도덕성이 필요하고, 그래서 박근혜 전 대통령 시절에도 대통령의 각종 범죄 혐의에 관한 수사를 할 수 있다는 게 대다수의 의견이었다"고 강조했다.

헌법 84조 유권해석, 대선 전 이루어져야

법적으로도 대선 후보는 불소추 특권이 적용되지 않는다. 심지어 대통령 후보 등록이 시작되는 대선 24일 전 이후라도, 피선거권 박탈형이 확정되면 출마 자격 자체가 사라진다. 이재명 대표의 경우, 공직선거법 위반은 2심과 위증 교사 사건은 1심이 이미 마무리된 상태이며, 대장동과 위례 신도시 등 개발 비리, 법인 카드 유용, 대북 송금 의혹 사건들은 재판의 진행 상황이 모두 제각각이다.

한편, 신평 전 경북대 교수는 "헌법 84조는 대통령의 불소추 특권을 보장하지만, 이는 재임 중 새로 기소하지 않는다는 의미일 뿐, 취임 전 시작된 재판까지 보호하는 조항은 아니다"라고 말했다. 그는 만약 재판 결과 유죄가 확정된다면 대통령직을 박탈해야 한다는 데 동의하면서도 실제로 이를 감행할 용기를 가진 재판부가 있을지는 또 다른 문제라고 꼬집었다.

이에 대해 일부 진보 진영에서는 반론도 제기된다. 헌법 연구관 출신 노희범 변호사는 "대통령직 수행의 공백을 방지하기 위해 재임 중에는 재판을 일시 정지해야 한다"고 주장했다. 그러나 이는 현실적으로 대통령이 임기 중 사면권과 법률 개정을 통해 본인 재판에 영향력을 행사할 수 있는 구조라는 점에서 큰 논란을 낳고 있다.

이재명 대표처럼 각종 재판에 얽혀 있는 후보가 대통령이 되었을 때의 위험성은 실로 크다. 만약 헌법 84조가 대통령직에 있어도 '대통령 이전의 재판은 계속된다'는 입장으로 대법원이 유권 해석을 내린다면 이재명 대표가 집행유예 이상의 형을 확정받게 될 때 당선되자마자 대통령직에서 물러나야 하며, 나라 전체가 또다시 보궐 선거라는 정치적 혼란에 빠지게 된다. 신중한 사법 판단과 정치적 책임감이 필요한 시점이다.

따라서 이러한 법적 불확실성과 국민적 혼란을 미연에 방지하기 위해서는 이재명 대표에 대한 재판 결과가 대통령 선거 전에 명확히 결론 나야 한다. 뿐만 아니라 헌법 84조에 대한 유권 해석 또한 대법원이 조기 대선으로 차기 대통령이 선출되기 전에 확고한 입장을 밝혀야 할 것이다. 이는 단순히 한 개인의 유불리를 따지는 차원을 넘어 대한민국의 헌정 질서와 사법 신뢰를 지키기 위한 가장 기본적이고 필수적인 조치다.

대통령 당선 시, 위법적 '셀프 사면' 가능성

대통령에게 부여된 사면권은 헌법상 고유 권한이지만, 그 행사 방식에 따라 위헌적이거나 위법한 결과를 초래할 수 있다. 특히 특정 정치인의 대통령 당선 이후, 자신과 측근들을 겨냥한 사법적 리스크를 회피하기 위한 '셀프 사면' 시도가 이뤄질 가능성에 대해 경계해야 한다.

사면에는 특별 사면과 일반 사면이 있으며, 이 중 특별 사면은 대통령이 특정인을 대상으로 형을 감경하거나 집행을 면제할 수 있는 재량권이다. 이 경우 국회의 동의 없이도 단독으로 단행할 수 있다. 이재명 대표가 대통령에 당선될 경우, 그간 자신과 측근들을 둘러싼 각종 사법적 문제들에 대해 '검찰의 권한 남용'이나 '정치적 보복 수사'라는 프레임을 내세우며 특별 사면을 적극적으로 활용할 여지가 있다. 더 나아가 필요시 관련 법률 조항의 개정을 시도할 가능성도 배제할 수 없다.

반면 일반 사면은 특정 범죄에 대해 유죄 확정 판결을 받은 모든 사람에게 형 집행을 면제하는 것으로, 국회의 동의를 필요로 한다. 헌법 제79조는 일반 사면은 대통령의 권한이지만 국회의 동의를 얻어야 한다고 명시하고 있다. 국회는 일반 사면과 관련된 법률 제정이나 사면 대상 논의, 건의안 제출 등을 통해 간접적인 영향을 미칠 수 있다. 이 과정에서 정치적 이해관계에 따라 여야 간 협의 또는 야합이 이뤄질 경우, 본래 사면 제도의 취지를 훼손하는 결과를 초래할 수 있다.

현행 헌법과 사면법은 일반 사면의 남용을 방지하기 위한 제한 규정을 포함하고 있다. 대표적으로 헌정 질서를 중대하게 침해한 내란죄와 외환죄, 그리고 살인, 강간 등의 강력 범죄에 대해서는 사면 대상에서 배제할 수 있도록 하고 있다. 하지만 법률 제정 과정에서 특정 범죄군을 제외하거나 포함하는 방식은 입법자의 의지에 따라 상당히 유연하게 조정될 수 있다. 즉, 일반 사면은 법률에 의해 시행되므로 국회가 관련 법률에 예외 조항을 삽입함으로써 특정 집단이나 인물에 대한 사면을 실질적으로 가능하게 할 수 있다.

예컨대 국회는 공직선거법 위반자, 정치인의 부정 선거 혐의자, 뇌물 및 횡령 등 부패 범죄자, 그리고 특정경제범죄가중처벌법상 중범죄자에 대해 사면 대상에서 제외하는 조항을 포함할 수 있다. 반대로 이 같은 제한을 완화하거나 삭제하는 입법도 가능하다. 만약 여당이 절대 다수 의석을 확보하고 있고, 야당과의 정치적 타협이 이뤄진다면 이러한 사면 제한 규정은 얼마든지 유연하게 바뀔 수 있다.

이러한 절차를 통해 대통령이 직접 사면을 단행하는 특별 사면과 달리, 일반 사면은 국회 입법 절차를 거치기 때문에 그에 따른 정치적 부담이 대통령에게 덜 미칠 수 있다는 점에서 오히려 더 위험한 방식이 될 수도 있다. 책임이 분산된 구조 속에서 사면권의 정치적 악용이 정당화될 수 있는 구조이기 때문이다.

물론 아직 이재명 대표가 대통령에 당선된 것은 아니며, 실제로 당선된다 하더라도 반드시 위헌적인 사면을 추진할 것이라 단정할 수는 없다. 그러나 우리는 이미 민주당이 추진한 수많은 '이재명 방탄 입법'을 경험했다. 그때마다 국민적 우려가 제기됐고, 민주주의의 기본 원칙이 흔들릴 수 있다는 지적이 쏟아졌다. 이러한 전례를 고려할 때 향후 상황 전개에 따라 '셀프 사면'이 현실화될 수 있다는 시나리오를 단순한 가정으로만 치부할 수는 없다.

만일 특정 인물에 대한 사면이 실제로 현실이 된다면 대한민국의 법치주의는 근본부터 무너질 것이다. 정치적 책임 회피와 사법 정의 훼손이 제도적으로 가능해지는 순간, 우리의 자녀들은 정의로운 사회에 대한 희망을 잃고 국론 분열은 걷잡을 수 없는 파국으로 치달을 수밖에 없다. 그런 점에서 사면권의 남용 가능성은 사후에 논의할 문제가 아니라 지금 이 시점부터 구조적으로 견제하고 차단해야 할 위험 요소인 것이다.

이처럼 이재명 대표가 대통령에 당선될 경우, 헌법재판소와 대법원, 사면권 행사 등 국정 전반에 걸쳐 자신의 사법 리스크를 회피하려는 위헌·위법적 행보가 나타날 가능성이 제기되고 있다. 특히 헌재와 법원 구성에 개입하거나 자신의 재판과 측근 관련 형사 사건에 대해 '셀프 사면'을 단행할 수 있다는 우려가 커지고 있다.

위험 천만한
포퓰리즘 정책의 리스크

이재명 대표는 대통령 후보로서의 사법 리스크 외에도 '이재명 표 정책'이라는 이름의 포퓰리즘이 국가의 근간을 흔들 수 있다는 비판을 받고 있다. 이미 대선 레이스에 돌입한 듯한 그의 행보는 지역 화폐, 민생 지원금 등 과거 성남시장과 경기지사 시절의 간판 정책들을 전국적으로 재가동하려는 의지를 노골적으로 드러냈다.

2025년 1월 15일, 민주당 참좋은지방정부위원회 주최로 열린 '전국 회의'에 참석한 이 대표는 각 지자체의 지역 화폐 발행 및 민생 지원금 확대 성과를 공유하며, 이들 정책을 중앙당 차원에서 본격적으로 추진하겠다는 뜻을 밝혔다. 이는 단순한 민생 행보라기보다는 조기 대선을 염두에 둔 정치적 드라이브로 해석되고 있다.

그러나 정부와 여당은 이를 두고 "재정 파탄을 부를 매표 행위"라고 강하게 반발하고 있다. 특히 민주당 소속 48개 시군구에서 약 2조 원 규모의 지역 화폐를 발행할 계획이라는 발표는 심각한 재정 부담 우려를 불러일으켰다.

지역 화폐는 이 대표가 성남시장과 경기지사 시절 강력히 밀어붙였던 대표 정책이다. 민주당은 2024년 말 지역 화폐 관련 법을 개정하여 국가와 지자체의 재정 지원을 의무화하려 했지만, 윤석열 대통령의 거부권 행사로 폐기된 바 있다. 현재도 민주당은 기회 있을 때마다 해당 법안의 부활을 위해 전력을 기울이고 있다.

이 대표의 또 다른 포퓰리즘 정책인 '전 국민 25만 원 지원'이나 '양곡관리법 개정안'도 비판의 도마에 올라 있다. 양곡관리법은 초과 생산된 쌀을 정부가 강제 매입하도록 하는 내용을 담고 있는데, 이로 인해 2030년까지 연간 3조 원이 넘는 재정이 투입될 것으로 전망된다.

전문가들은 이러한 정책이 남미 좌파 정권의 전철을 그대로 밟고 있다고 경고하고 있다. 한성대 경제학과 김상봉 교수는 "포퓰리즘 정책은 정치·경제·사회 시스템 전반에 부담으로 작용한다"며, "재정 여건을 충분히 고려하지 않고 손쉽게 현금을 나눠주는 방식은 근본적인 정책 고민이 부족한 결과"라고 지적했다. 그는 이어 "국가의 지속 가능성을 해치는 단기적 시혜 정책은 장기적으로 국민에게 더 큰 부담으로 돌아올 것"이라고 경고했다.

카이스트 경영 대학의 이병태 교수는 "우리나라는 명확한 정책 목표 없이 현금을 무분별하게 나눠주는 복지를 시행하고 있다"며, "이런 정책으로 경제 성장을 유도하지도 빈부 격차를 줄이지도 못하는 상황"이라고 분석했다.

이 같은 퍼주기식 포퓰리즘은 이재명 대표가 추진하는 복지 정책의 본질을 의심하게 만든다.

국민의힘은 이러한 포퓰리즘 정책을 "정치는 히틀러, 경제는 차베스"에 비유하며 맹공을 퍼붓고 있다. 특히 권성동 의원은 "13조 원의 예산을 들여 전 국민에게 25만 원을 지급하겠다는 것은 사실상 미래 세대의 밥그릇을 빼앗는 패륜 정치"라고 직격했다. 그는 "조기 대선을 앞두고 매표 행위에만 몰두하는 행태가 국가 재정과 청년들의 미래를 파괴할 것"이라고 경고했다.

또한, 이 대표의 한미 동맹 강화 발언에 대해서도 야권은 "가면을 쓴 쇼에 불과하다"고 일축하고 있다. 과거 이 대표는 "미군은 점령군"이라는 발언을 하여 반미적 역사관을 가졌다는 우려를 낳았다. 국민의힘은 "국민과 미국이 이재명의 쇼에 또다시 속지 않을 것"이라며 날을 세우고 있다.

결국, 이재명 대표가 제시하는 복지 정책과 정치적 비전은 많은 이들에게 깊은 우려를 불러일으키고 있다. 실제로 그가 집권할 경우, 권위주의적 통치와 정치 보복, 국가 재정 파탄, 국제 신뢰 추락 등 복합적인 위기가 현실화될 수 있다는 '이재명 포비아'가 정치권과 국민들 사이에 깊숙이 자리잡고 있다.

권영세 비상대책위원장은 "민주당이 정권을 잡으면 얼마나 무시무시한 공포 정치가 펼쳐질지 아찔하다"고 말했고, 국민의힘은 "조기 대선이 치러진다 해도 이재명은 절대 안 된다"는 여론을 통해 보수층을 결집시키는 전략을 노골적으로 펼치고 있다.

이처럼 이재명 대표의 포퓰리즘과 정치 스타일은 단순한 정권 교체를 넘어 대한민국의 헌정 질서와 경제 시스템 전체를 뒤흔들 수 있다는 점에서 이번 조기 대선에서 반드시 따져봐야 할 핵심 사안으로 부각되고 있다.

'이재명식 공천 배제'와
민주 지도자로서의 자격 논란

'이재명의 민주당'을 둘러싼 여러 우려 중 하나는, 민주당이 김대중·노무현·문재인 전 대통령으로 이어지는 역사적 전통과 정체성을 사실상 상실해가고 있다는 점이다. 그 중심에는 이재명 대표 체제하에서의 당 운영 방식과 대외적 연대 구도가 자리하고 있다. 특히 과거 종북 극좌 세력이라는 비판을 받아온 통합진보당의 후신인 진보당, 그리고 초강경 친노동자 정책으로 정치적 논란의 중심에 서온 민주노총과의 정책 연대를 통해 민주당이 점차 과거의 중도 개혁 정당 이미지를 벗어나 이념적 급진성으로 기울고 있다는 비판이 제기되고 있다.[20]

이재명 대표 체제의 총선 공천 과정에서도 그러한 우려는 더욱 선명하게 드러났다. 표면적으로는 '시스템 공천'이라는 명분을 내세웠지만, 실제로는 이재명 대표에게 비판적이거나 일정 정도 독립성을 유지해온 정치인들을 배제하는 방식으로 공천이 진행되었다. 특히 향후 이재명의 경쟁자가 될 수 있는 유력 인사나 이른바 '소신파 정치인'들을 향해 '수박'이라는 혐오적 딱지를 붙이고, 그들을 대거 탈락시키는 방식은 정치적 숙청, 다시 말해 '공천 학살'[21]이라는 비판에서 결과적으로 자유로울 수 없다. 이재명 대표가 해당 사안에 직접 지시하거나 개입했다고 단정 지을 수는 없지만, 결과적으로 공천 과정이나 정치적 결정들이 그에 대한 비판에서 자유로울 수 없음은 분명하다.

필자 역시 지난 총선에서 오랜 세월 청와대와 국회, 지방자치단체 등에서 정치적 리더십과 행정 역량을 쌓아왔음에도 불구하고 단 한 줄의 구체적 사유 설명 없이 '공직 자격 박탈'이라는 통보를 받았다. 당시 공천심사위원회는 "그냥 공직 배제입니다"라는 무책임한 답변만을 남겼다. 이는 단순한 개인적 배제 차원을 넘어 정당 내 민주주의 원칙의 훼손이라 비판받을 수 있다.

이처럼 진행된 '이재명식 공천 학살'은 결국 민주당의 체질 자체를 바꿔놓았다. 다양한 정치적 견해와 배경을 가진 인재들의 진입과 활동을 사실상 차단하고, 오직 이재명 대표에게 충성하는 정치인들로만 구성된 '충성 경쟁 정당'으로 변화한 것이다. 이러한 구조는 과거 통진당 해체 당시 지적되었던 일당 독주, 조직 독점, 지도부 우상화 문제와 유사한 형태를 띠고 있으며, 바로 이러한 점에서 민주당의 '통진당화'라는 날 선 비판이 나오고 있는 것이다.

결국 이 장에서는 다음과 같은 본질적 질문을 던져보고자 한다.

과연 이러한 불공정한 공천 시스템, 강성 지지층의 충성 경쟁, 진보당, 민주노총과의 연대가 '이재명 대세론'을 더욱 공고히 하는 계기가 될 것인가?

아니면 민주당의 정체성 이탈과 국민적 거부감이 누적되며 오히려 '이재명 불가론'을 결정적으로 촉진하는 계기가 될 것인가?

그 해답은 향후 선거 결과에만 달려 있는 것이 아니다. 민주당이 과연 다시 국민 속으로 들어가 '민주주의 정당'으로 거듭날 수 있을 것인가, 아니면 특정 정치인 중심의 폐쇄적 구조로 굳어질 것인가를 가늠하는 중요한 분기점이 바로 지금 이 순간이기 때문이다.

이재명 대표 체제의 민주당 공천 과정을 자세히 들여다보면 '찐명(진짜 친명) 중심 공천'은 민주당 내부의 균형을 무너뜨렸고, 기존의 중도 성향과 친문, 비명계 인사들을 사실상 퇴출시키는 결과로 이어졌다. 그 피해는 수많은 현역 의원들과 중도적 정치인들에게 집중됐고, 나 또한 그 대표적 사례다.

나는 이재명 대표처럼 음주 운전이나 공직 사칭, 선거법 위반 등의 전과도 없고, 어떤 혐의로 수사를 받은 일조차 없다. 청와대 행정관, 제17대 국회의원, 재선 고양시장을 역임하며 정책 성과와 청렴성 모두에서 자신 있게 평가받을 수 있다고 자부한다. 그럼에도 불구하고, 민주당에서 세 차례에 걸쳐 부당하게 공천 자격이 박탈되는 '정치적 학살'을 경험했다. 이 아픔은 단지 정치인의 일시적인 탈락이 아니라 공당의 절차적 정의와 민주주의적 가치가 무너지는 충격적 현실을 상징한다.

나는 세 번의 공천 심사에서 이유 없는 배제를 당하며 '정치적 죽음'을 선고받았고, 이는 수십 년 동안 쌓아온 공직과 의정 경험이 한순간에 무시되는 참담한 일이었다. 특히 당내 중진들과 언론인들조차 "이건 정치 보복에 가깝다"는 반응을 보였고, 세 번째 공천 박탈은 아예 민주당의 공정 시스템 자체가 무너졌다는 것을 증명해주는 결정적 사건이었다.

한편, 이재명 대표는 12건의 혐의와 다수의 재판에 직면해 있음에도 불구하고 스스로 '적격' 판정을 받았다. 이는 누가 봐도 납득하기 어려운 '셀프 면죄부'이자 공천 자격 심사 시스템의 붕괴를 의심케 한다. 국민 앞에 자격 검증이 필요한 공직 후보자가 특정인에 대한 충성도나 특정 계파에 대한 소속 여부로 적격 여부를 결정짓는 행위야말로 민주주의 근간을 흔드는 행위다.

음주 운전, 공직 사칭, 성추행, 돈 봉투 사건 등으로 사회적 물의를 일으킨 인사들 역시 아무 문제없이 공천을 통과했다. '윤창호법'을 공동 발의한 뒤 음주 운전으로 적발된 전 의원, 고문 치사 연루 의혹이 제기된 인사, 심지어 민주당 내부 성희롱 사건의 당사자들까지도 버젓이 '적격' 판정을 받았다. 오히려 언론에 의해 드러난 이후에야 겨우 철회되거나 스스로 사퇴하는 모습을 보였다.

이러한 불공정 공천은 민주당이 자랑해온 '시스템 공천'의 원칙을 무너뜨린 채 당대표 개인의 '사천'으로 전락했다는 비판이 여기저기서 제기되었다. 북한의 수령 체제를 주제로 정치학 박사 학위를 수여받은 필자는 이를 두고 "북한 수령 체제를 닮아가는 이재명식 수령 체제"[22]라고도 비판하기도 했다.

민주당 당규 제11조에는 금고 이상의 형을 선고받거나 하급심에서 유죄 판결을 받은 인사는 피선거권이 제한된다고 명시되어 있다. 그러나 실상은 그 반대였다. 1심에서 징역형을 받은 인사, 전당대회 돈 봉투 의혹에 휘말린 인사, 심지어 성추행이나 음주운전 등 중대한 결격 사유가 있는 인사들까지 '적격' 판정을 받고 공천을 받았다. 특히 이재명 대표의 최측근 인사들이 각종 범죄 의혹에도 불구하고 면죄부를 받았다.

민주당을 '찐명' 중심으로 탈바꿈시키기 위한 공천 전략은 설훈, 홍영표, 이상민, 이원욱, 조응천, 김종민 등 수많은 중진 의원들의 탈당을 불러왔다. 이들은 하나같이 당의 건강한 견제 장치 역할을 하던 인물들이었으며, 이들의 배제는 단순한 세대 교체가 아닌 정치적 숙청이었다.

이번 조기 대선에서 유권자들의 현명한 판단이 절실한 이유가
바로 여기에 있다.

방탄 입법과 보복 탄핵
– 법치주의를 위협하는 중대한 위기

이재명 대표의 사법 리스크를 방어하거나 원천적으로 차단하기
위한 목적으로 민주당이 추진한 이른바 '방탄 입법'의 내용들을 분
석[23] 해보면 입법권의 본래 목적을 심각하게 훼손할 수 있다는 점
에서 위헌성 논란과 함께 대한민국 헌정 질서를 흔드는 중대한 사
안으로 지적된다.

대표적인 사례로는, 공직선거법상 허위 사실 공표죄 및 후보자
비방죄를 삭제하는 법안이 있다. 이는 전 세계적으로 허위 사실 공
표를 처벌하는 국가는 없다는 논리를 내세워 이재명 대표 개인의
형사 책임을 면제하려는 의도로 비춰졌고, '이재명 1인 방탄 입법'
이라는 비판을 받았다.

또한, 공직선거법에서 당선 무효형 기준이 되는 벌금 100만 원
을 1000만 원으로 상향하려는 공직선거법 개정안도 추진되었다.
이재명 대표가 2심에서 벌금형을 받을 경우 당선이 무효가 될 수
있다는 위기감 속에서, 해당 기준 자체를 완화하려는 시도로 해석
된다. 실제로 이재명은 해당 재판의 고의적 지연과 위헌 법률 심판
제청을 병행하며 정치적 생명을 연장하려 했다.

아울러 성남 FC 후원금 사건과 관련해 이 대표가 받은 제3자 뇌물죄 혐의를 무력화하기 위한 시도로, 공공의 이익을 위한 경우에는 해당 죄의 위법성이 조각된다는 조항을 신설하려는 형법 제130조 개정안이 발의되기도 했다.

대북 송금 사건과 관련해서는, 이 대표 측은 재판부 기피 신청을 적극적으로 제기하는 동시에 제3자 뇌물죄를 제외하는 법 개정안을 제출했다. 이와 함께, 현재 공수처가 수사 대상이 아닌 내란죄를 경찰을 통해 간접적으로 수사 지휘할 수 있도록 만드는 형사소송법 개정안도 추진되었다. 이는 공수처의 권한을 사실상 확장시키려는 시도라는 점에서 우려가 크다.

한편, 판사가 공범에게 유죄를 선고했다는 이유만으로 그 판사를 배제할 수 있도록 하자는 법 왜곡 판검사 처벌법 역시 발의되었다. 이 법안은 특정 재판부에 대한 제척 논리를 무리하게 적용한 것으로, 사법부의 독립성과 판결의 일관성에 심각한 타격을 줄 수 있다.

검찰 수사에 대한 통제를 강화하려는 입법도 병행되었다. 그중에는 수사에 불공정성이 있다고 판단될 경우 피의자가 수사 검사를 바꿔달라고 요청할 수 있도록 한 형사소송법 개정안이 포함되어 있다. 이 법안은 사실상 '검사 쇼핑'을 제도화하는 것이란 비판을 받고 있다. 또한, 구속 수감자를 검찰이 소환 조사하지 못하도록 제한하는 내용의 형사소송법 개정안도 제출되었다.

남북 교류 관련 법안에서는, 지방자치단체가 중앙 정부의 승인 없이 독자적으로 남북 협력 사업을 수행할 수 있도록 허용하는 남북교류협력법 개정안이 추진되었다. 이는 대북 정책의 일원성과 외교 안보 체계의 일관성에 반하는 내용이자, 이화영 전 부지사와 함께 대북 송금 사건의 주된 혐의를 피해나가고자 하는 전략적 의도가 있는 것으로 언론은 보고 있다.

한편, 민주당 전당대회 돈봉투 의혹과 같은 사안에서의 처벌 가능성을 줄이기 위해, 정당법 위반 범죄의 공소 시효를 단 6개월로 제한하는 정당법 개정안도 발의되었다. 이 법안이 통과될 경우, 당시 사건의 실체적 진실을 규명하기도 전에 시효가 완성되어 면소 판결이 내려질 가능성이 높다.

나아가 이재명표 포퓰리즘 정책을 현실화하기 위한 법안들도 병행 추진되었다. 대표적으로는 전 국민에게 1인당 25만 원을 지급하는 전 국민 지원금 법안과, 지방자치단체가 발행하는 지역 화폐에 대해 국고 지원을 의무화하는 지역화폐법 개정안이 그것이다. 이러한 법안들은 단기적 대중 인기에 기대는 대표적인 현금성 지출 정책으로, 재정 건전성과 지속 가능성 측면에서 많은 비판을 받아왔다.

요컨대, 입법부가 특정인을 위한 법을 만들고 특정인의 정치적 생존을 위해 헌법과 형법의 틀을 흔드는 상황이 초래된다면 이는 입법 독재이자 헌정 질서를 근본적으로 위협하는 위인설법(爲人設法)이라는 비판이 제기되고 있다. 이재명 대표 본인의 표현대로라면 지금까지는 '윤석열 검찰 독재 시대의 탄압 저지' 목적이라고 변명할지 모르지만, 현실에서는 방탄 입법이 분명히 존재하고 있다.

만약 이러한 흐름이 그대로 유지된 채 '이재명 대통령 시대'가 현실화된다면 입법, 사법, 행정의 삼권 분립은 무너지고, 정치는 '법 위에 사람을 둔' 시대, 다시 말해 법을 권력자가 설계하는 시대가 도래할 가능성을 배제할 수 없다.

결론적으로, 이재명 대표가 추진하고 있는 일련의 입법 시도는 단순한 정책 선택의 문제를 넘어, '사법 리스크 방탄'과 '정치적 생존'을 위한 맞춤형 입법이라는 점에서 헌법적 정당성 논란을 낳고 있다. 입법부는 특정인을 위한 보호막이 아니라, 전체 국민의 권익과 국가의 미래를 지켜야 하는 헌법 기관이다. 이러한 방향이 계속된다면 '이재명 대통령 시대'는 민주주의와 법치주의의 중대한 위기를 초래할 수밖에 없다. 유권자와 시민 사회, 입법 기관 모두의 성찰과 경계가 절실하다.

여기에 더해, 민주당은 '예산 탄핵'과 '검사 탄핵', '감사원장 탄핵' 등을 통해 입법권을 무기 삼아 사법, 행정 기관 전반에 보복적 압박을 가했다.[24] 특히 '예산 탄핵' 과정에서 윤석열 정부의 특정 기관 기능 예산을 전액 삭감하는 반면, 사법부 예산은 무려 241억 원을 증액했다는 점은 정치적 거래 의혹을 낳기에 충분하다.

그뿐만 아니라 '정당법 위반 공소 시효 단축법'은 송영길 캠프의 '돈 봉투 의혹' 등 민주당 내 불법 정치 자금 사건을 은폐하려는 시도라는 점에서 매우 심각하다. 법 시행 이전 범죄에도 소급 적용이 가능하도록 부칙을 삽입한 것은 국민적 분노를 자아내기에 충분하다.

입법부가 특정인을 위한 방탄막으로 왜곡되는 현실에서, 국민은 과연 누구를 위해 세금을 내고, 누구를 통해 권리를 위임했는지 근본적인 성찰이 필요한 시점이다.

이러한 입법과 정치 행태가 계속된다면 이는 단순한 정파적 갈등이 아니라 헌정 질서와 법치주의의 붕괴라는 더 큰 위기로 이어질 수밖에 없다. 이재명 대표의 사법 리스크가 단지 한 개인의 문제가 아닌, 대한민국 전체의 운명과 연결되는 중대한 분기점임을 잊지 말아야 할 것이다.

대통령이 되고자 하는 후보가 대통령 당선 이전에 이미 5개의 재판과 8개의 사건, 그리고 12개의 혐의에 연루되어 있으면서도, 그가 압도적 다수의 거대 야당 대표라는 정치적 지위를 활용해 자신에게 불리한 수사를 무력화하거나 무죄로 이끌 수 있는 방향으로 관련 법률을 제정하거나 개정하려는 시도를 한다면 이는 여러 가지 차원에서 문제를 야기할 수 있다.

아직은 단정적이고 확정적인 사실이 아니기 때문에 가정을 전제로 논의를 전개하고자 한다.

첫째, 이는 법치주의 원칙에 위반할 여지가 있다. 대한민국 헌법 제11조 제1항은 "모든 국민은 법 앞에 평등하다"고 규정하고 있으며, 제84조는 대통령의 재임 중 형사소추를 금지하고 있지만, 당선 이전의 범죄에 대한 수사와 재판은 허용된다고 해석될 여지가 높다. 헌법학계의 다수 의견 역시 대통령이 되기 이전에 저지른 범죄는 재임 중에도 수사와 재판이 계속 가능하다는 입장을 견지하고 있다. 그럼에도 불구하고, 국회의 입법 권한을 이용하여 대통령 본인의 범죄혐의에 대한 사법 절차를 방해하거나 무력화하려는 행위가 진행될 경우 삼권분립 원칙을 침해하며, 사법부의 독립성과 형사사법 절차의 공정성을 훼손했다는 비판을 받을 수 있다.

둘째, 이는 헌법정신을 왜곡하는 행위라 비판받을 수도 있다. 헌법 제1조 제1항은 대한민국이 민주공화국임을 선언하고, 제1조 제2항은 "대한민국의 주권은 국민에게 있고, 모든 권력은 국민으로부터 나온다"고 명시하고 있다. 따라서 대통령이 되려는 자는 국민의 권한을 위임받는 입장에 있는 것이며, 그 누구보다 헌법질서를 수호하고 준수해야 할 책무를 지닌다. 그럼에도 불구하고 만약에 개인적 형사 책임을 면피하기 위한 수단으로 입법권을 동원하려고 했다면 그것은 공적 권한의 사적 남용에 해당하며, 이는 국민주권주의와 헌정 질서를 부정하는 것으로 오해받거나 비판받을 수 있다.

셋째, 형벌불소급 원칙과 죄형법정주의 원칙에도 저촉될 소지도 없지 않다. 형법 제1조는 "범죄와 형벌은 법률로 정한다"고 명시하고 있으며, 소급입법에 의한 유리한 처벌 회피 시도는 기존 법질서의 안정성과 예측가능성을 침해할 수 있다. 특히, 법률 개정을 통해 자기에게 혹은 자신의 정당에 유리하게 적용되도록 유죄 요소를 삭제하거나 무력화하는 입법은 입법권을 수단으로 한 권력의 자의적 행사로 비칠 수 있으며, 이는 민주주의의 근간인 공정성과 투명성에 대한 국민의 신뢰를 무너뜨렸다는 국민적 비판이 제기될 수 있다.

결론적으로, 만약 대통령이 되려는 자가 자신 혹은 자기가 소속한 정당과 정당원의 사법 리스크를 회피하거나 무죄화하기 위한 입법적 시도를 할 경우 그것은 헌법상 법치주의와 삼권분립, 민주공화국 원리, 국민주권주의에 위배될 수 있으며, 이러한 행위 자체가 대통령으로서의 자격을 의심케 한다는 일각의 비판이 존재한다. 저자도 이런 시각에 동의하고 있다.

헌정 질서를 수호해야 할 가장 중요한 지도자가 그 질서를 우회하거나 왜곡하려는 시도를 한다면, 이는 단순한 정치적 논란을 넘어 대한민국 민주주의의 근본을 위협하는 헌정위기 행위로 간주될 수도 있기 때문에 이에 대해서는 실체적 진실을 정확히 파악하고 추진하는 세력이든 비판하는 입장이든 엄정하고 공정하게 접근해야 할 것이다.

특히 대통령이 되려고 하는 후보에게서는 헌법과 법률을 위반할 경우 탄핵이 되고, 지금까지 두명의 대통령이 만장일치로 탄핵되서, 파면된 불행한 역사가 있기에 정말 책임있는 자세로 임해야 할 것이다.

여론조사에 나타난 '이재명 불가론'의 근거들

윤석열 대통령의 비상 계엄 선포와 그에 따른 국회 및 헌법재판소의 대통령 탄핵 심판 국면은 여러 면에서 전례 없는 정치 상황이었다. 특히 그중 가장 이례적인 현상 중 하나는, 이 격동의 정치 국면 속에서 여론조사 기관들이 거의 매일같이 다양한 형태의 정밀 조사를 실시하며, 국민 여론의 흐름이 실시간으로 공개되었다는 점이다.

조사 항목들은 매우 직설적이고 본질적인 질문들로 구성되어 있었다.

"당신은 윤석열 대통령의 비상 계엄 선포를 지지합니까?"
"당신은 대통령 탄핵에 찬성합니까, 반대합니까?"

이런 흐름 속에서 특히 주목할 만한 점은, 대통령 탄핵 이후 본격화된 조기 대선 국면에서 국민 여론이 극단적으로 양분되었다는 사실이다. 여론조사 결과를 종합해 보면, 한편으로는 '압도적인 이재명 대세론'이 존재하고, 동시에 '압도적인 이재명 불가론' 역시 강하게 나타나는 기이한 공존 현상이 포착된다.

즉, 이재명 대표가 각종 조사에서 여야 후보들을 상대로 지지율 우위를 점하고 있음에도 불구하고, 비호감도 역시 다른 어떤 후보보다 높게 나타나고 있는 것이다. 이는 단순한 지지율 싸움이 아니라 '이재명이라는 정치인'을 둘러싼 국민 감정의 복합성과 이중성이 얼마나 깊은지를 보여주는 상징적 결과이기도 하다.

그렇다면 여론조사에 나타난 '이재명 불가론'의 구체적인 근거는 무엇인가?

이는 단지 개인적 호불호의 문제가 아니라 이재명 대표의 과거 행적, 현재 진행 중인 재판과 수사, 정치적 태도, 그리고 그가 추진해온 정책과 리더십에 대한 종합적인 평가 결과다. 특히 일부 유권자들은 그를 대통령으로 상정했을 때 대한민국의 법치주의, 국제 신뢰, 재정 건전성, 정치 윤리 등이 제대로 작동할 수 있을 것인가에 대한 의문을 갖고 있다.

이 장에서는 '이재명 불가론'을 형성하는 국민적 정서와 인식의 구체적인 내용을 여론조사 수치, 지지율 흐름, 비호감도 상승 원인 등을 바탕으로 면밀히 살펴보고자 한다. 동시에 그러한 인식이 과연 타당한 것인지, 정치적 편향에 기반한 왜곡된 시선은 아닌지도 함께 검토할 것이다.

전문가들은 12·3 비상 계엄 이후 민주당에 의해서 '계엄 옹호당'으로 비판받는 국민의힘의 선전 이유로 2016년 박근혜 탄핵 학습 효과와 '이재명 포비아(공포증)'를 든다. 여론조사업체 한길리서치 홍형식 소장은 "8년 전 학습 효과로 '윤석열 탄핵이 곧 이재명 대통령 당선인가'이라는 우려에다 이재명 대표에 대한 불안감 때문에 여권 지지율이 탄핵 소추 이전으로 복원되는 추세"라고 했다.[25]

그는 "2024년 12월 17~19일 갤럽 여론조사에서 '이재명 불신'이 51%였고 '신뢰'는 41%에 그쳤다. '이재명 포비아'가 그만큼 크다는 뜻"이라고 했다. 대통령 탄핵을 원하는 국민이 70%를 넘는데 '차기 대통령감'으로서의 이재명 지지율은 40%에 못 미치는 실정이다. 윤석열 대통령 탄핵과 '이재명 리스크'는 별개라고 판단하는 국민이 절반을 넘는다는 얘기다.

그래선지 조희대 대법원장은 선거법 1심은 6개월, 2·3심은 각각 3개월 안에 끝내라는 공직선거법 270조를 지키라고 지난해 9월 30일 판사들에게 권고했다. 민주당이 올해 사법부 예산을 241억원 늘려준 것도 법원이 조 대법원장의 권고대로 이 대표 선거법 2심을 2월 15일, 3심을 5월 15일 안에 끝내야 할 이유다. 법원이 예산을 늘려 받아간 사유가 바로 '재판 지연 해소'이기 때문이다.

127

3. '이재명 10대 불가론'의 쟁점

또한, 포퓰리즘 논란에 휩싸인 기본 소득 등 '정책 리스크', 대북 송금 의혹 등 '외교 리스크'까지 안고 있다. 이를 해소하려면 이 대표는 자청해서 재판을 앞당겨 무죄를 입증하는 게 우선이다. 이 대표 주장대로 모든 혐의가 검찰의 소설이라면 재판 결과를 두려워할 이유가 없지 않는가?

| 소 결 |

레비츠키 교수의 '지능형 독재'론이 주는 경고와 통찰

정치학자로서 늘 의문이 들었던 지점이 있다. 이재명 전 대표가 성남시장과 경기도지사, 그리고 민주당 대표로 재직하는 동안 보여준 일련의 행보 즉, 자신의 사법 리스크를 방어하기 위한 각종 방탄 입법 시도, 대중을 향한 강력한 포퓰리즘적 정책들, 그리고 정치적 반대파에 대한 공천 배제등이 과연 어떤 정치 스타일과 닮아 있는가 하는 점이다.

이 의문에 실마리를 제공한 것은 바로 스티븐 레비츠키(Steven Levitsky) 교수의 개념이었다. 그의 저서에서 제시된 '지능형 신독재(smart authoritarianism)'와 '하이브리드형 신독재(hybrid authoritarianism)'라는 개념은 이재명 전 대표가 보인 정치 철학과 비민주적 정치 운영 방식의 본질을 해석하는 데 있어, 유의미한 분석의 틀을 제공하였다. 물론 아직 대통령이 되지 않은 이재명 전 대표의 정치 스타일을 섣불리 '지능형 신독재'로 단정지을 수는 없다. 다만, 레비츠키 교수가 경고한 바와 같이 민주주의 제도를 활용한 권위주의적 통치 가능성에 대한 경계는 필요하다.

레비츠키의 '지능형 독재' 시각에서 본 이재명의 국정 운영

하버드대 정치학자 스티븐 레비츠키와 다니엘 지블랫(Daniel Ziblatt)이 함께 쓴 《민주주의는 어떻게 무너지는가》(원제: How Democracies Die)[26]는 트럼프 시대의 미국을 계기로, 민주주의가 총칼 없이도 서서히 내부로부터 붕괴될 수 있음을 경고하는 정치학적 경고장이자 분석서다.

이 책에서 가장 핵심적 개념 중 하나는 바로 '헌정 파괴적 권위주의자'(constitutional hardball player) 또는 '헌정 파괴자'(constitutional subverter) 개념이다.

레비츠키와 지블랫은 민주주의가 더 이상 쿠데타나 혁명 같은 물리적 방식이 아닌, 민주주의의 규범과 제도를 교묘히 악용하는 방식으로 무너질 수 있다고 경고한다. 이들은 그런 파괴 행위를 하는 정치인을 '헌정 파괴적 권위주의자'라고 명명한다.

이러한 권위주의자의 전형적 특징은 다음 세 가지 행위를 통해 민주주의를 갉아먹는다.

"헌정 파괴자는 통상 다음 세 가지 중 하나 이상에 해당한다. ① 민주적 규칙의 거부 ② 정적의 정당성을 부인 ③ 폭력의 조장 혹은 묵인이다."

이러한 특징은 민주주의 체제 내부에서 선거로 선출된 인물이, 겉보기엔 합법적인 수단을 통해 권력을 공고화하는 과정에서 나타난다. 헌법을 형식상 존중하는 것처럼 보이지만, 실제로는 다음과 같은 방식으로 민주적 질서를 교란시킨다.

레비츠키와 지블랫은 헌정 파괴자들이 민주주의를 해치는 방식으로 아래의 네 가지 전략을 지적한다.

첫째 심판의 권위 약화 전략이다. 법원, 선관위, 헌법재판소와 같은 제3의 중립적 심판 기구들을 공격하거나 장악한다. "자신을 견제하는 사법 기관이나 언론, 선관위 같은 기관의 정당성을 흔들고, 결국은 친위 세력으로 대체하려 한다."는 것이다.

둘째 정적의 축출 전략이다. 야당 정치인이나 비판적 인사들을 형사 고발하거나 선거법과 세무 조사 등을 동원해 공세를 퍼붓는다. 헌정 파괴자들은 "정적을 부패 혐의로 기소하고, 기소된 사실 자체만으로 명예를 훼손하며 정치적 생명을 끊는다."

셋째 선거 규칙의 조작이다. 선거구를 자의적으로 조정하고, 선거법 개정을 통해 경쟁자의 기회를 원천 봉쇄한다.

넷째 언론 통제 및 시민 자유의 제한 전략이다. 언론을 '가짜뉴스'로 낙인찍고, 시위대를 폭도나 매국노로 매도한다. 이러한 권위주의자들은 항상 언론을 먼저 공격한다. 언론은 그들의 '가장 강력한 적'이기 때문이라는 것이다.

레비츠키와 지블랫은 민주주의의 죽음이 폭력적이지도 드라마틱하지도 않다고 강조한다. 오히려 작은 파괴의 누적, 대중의 무감각화, 그리고 정치 엘리트의 방조가 핵심 원인이라고 지적한다.

"민주주의는 밤사이 무너지는 게 아니라 차근차근, 눈치채지 못하는 사이에 죽어간다."

이러한 배경에서 저자들은 민주주의의 생존 조건으로 '정치적 관용(political forbearance)'과 '제도에 대한 상호 존중(mutual toleration)'이라는 두 가지 비공식 규범을 제시한다. 이 규범이 무너지면 헌정 파괴자들의 등장이 빠르게 민주주의의 기반을 흔든다고 경고한다.

레비츠키가 말하는 '지능형 독재'의 핵심은, 독재자가 더 이상 헌법을 정면으로 부정하거나 쿠데타를 일으키는 방식이 아니라 제도를 장악하고 법률을 정략적으로 해석하거나 변경하면서 '법의 외양을 입은 비민주적 통치'를 수행하는 방식이다.

하이브리드 권위주의는 민주주의의 제도적 외형은 유지하면서도 실제로는 선거의 공정성, 사법의 독립성, 언론의 자율성, 시민사회의 비판 기능을 무력화하는 통치 방식을 말한다. 이는 시진핑의 3연임 헌법 개정이나 푸틴의 총리-대통령 회전문 권력 유지 전략처럼 법적 절차를 따르는 척하면서 실질적으로는 권위주의적 영구집권을 가능케 한다는 점에서 중요한 분석 틀이다.

이재명 대표가 법의 해석과 제정을 '자신의 정치적 방어 수단'으로 활용해온 사례는 앞서 상세히 살펴본 바 있다.

그는 당헌을 개정해 '기소 시 당직 정지' 조항을 폐기함으로써 자신이 5건의 재판과 8개의 사건, 12개의 혐의에 연루되어 심각한 범죄 의혹에 직면하고 있음에도 불구하고, 당 대표직 수행은 물론 대권 후보 자격 유지에도 아무런 법적 장애가 없도록 만들었다.

또한, 허위 사실 유포죄와 제3자 뇌물죄 등 다수의 재판에서 적용된 범죄 혐의에 대해, 관련 법률의 제개정을 통해 자신에게 유리한 방향으로 법적 환경을 바꾸려 한다는 비판이 언론과 법조계에서 강하게 제기되고 있다.

아울러, 민주 정당 내에서 당연히 존재할 수 있는 경쟁자들의 비판적 목소리를 원천 봉쇄하기 위해 자신이 직접 공개적으로 '체포 동의안 찬성' 입장을 밝혔고, 국회 표결과정에서 비밀 투표였음에도 불구하고 민주당은 각종 이유를 들어 공천에서 배제하거나 당을 떠나도록 만든 사례도 있었다. 이로 인해 해당 의원들은 당 안팎에서 '수박', '배신자' 등의 공격을 받으며 정치적 수난을 겪었다.

이재명식 정치 스타일이 만일 대통령직으로 이어질 경우, 레비츠키 교수가 강조한 '지능형 독재' 또는 '하이브리드형 독재'를 철저히 경계해야 한다. 특히 이재명 대표 스스로도 과거 비상계엄 해제와 대통령 탄핵을 주도하며 '헌정 파괴적 권위주의'를 누구보다 강하게 비판했던 만큼, 그와 같은 기준이 자신에게도 동일하게 적용되어야 할 것이다.

민주주의는 외형이 아니라 그 내면의 규범과 절제, 상호 존중, 독립성의 유지에서 비롯된다. 그렇기에 지금이야말로《민주주의는 어떻게 무너지는가》를 다시 읽고, 그 경고의 의미를 한국 정치에 정면으로 투영해볼 시점이다.

그리고 레비츠키와 지블랫의 경고는 조기 대선을 앞두고 모든 후보 역시 21세기 새로운 한국 민주주의 발전을 위해 새겨들어야할 교훈적 메시지이다.

이재명 대세론인가? 불가론인가?
– 조기 대선의 최종 승자는?

> 윤석열 전 대통령의 헌재 탄핵 인용은
> 이재명 후보에게도 거울처럼 반사된다.
> 이 판결을 기회로만 볼 것인지,
> 헌법의 경고를 직면할 것인지
> 장미가 피기 전의 60일이 말해 줄 것이다.

4.
좋은 대통령을
선출하기 위한
철저한 검증

대한민국은 지금 '탄핵의 시대'를 지나 '검증의 시대'로 진입하고 있다. 연이어 퇴임 후 수사받거나 재임 중 탄핵되는 대통령을 경험하면서 국민 다수는 이제 '당선되고 나서'의 문제보다 '당선되기 전'의 검증에 훨씬 높은 기준을 요구하고 있다.

2024년 12월 윤석열 대통령 탄핵 소추안 통과 직후, 여론조사 전문 기관 리서치뷰가 실시한 여론조사 결과[27]는 그 민심의 방향을 명확히 보여준다. 전체 응답자의 88.5%가 차기 대통령 후보에 대해 "철저한 사전 검증이 필요하다"고 응답했다. 이는 특정 정당이나 이념을 넘어 정치적 안정성과 도덕적 리더십에 대한 국민적 공감이 폭넓게 형성되어 있다는 사실을 방증한다.

특히 '헌법과 법률을 준수할 사람'(96.7%), '도덕성과 청렴성이 검증된 사람'(93.7%), '글로벌 경제 위기를 외교력으로 돌파할 수 있는 인물'(97.5%)을 차기 대통령의 핵심 자질로 꼽은 점은 매우 주목할 만하다. 대한민국 유권자는 이제 '도덕성과 준법 정신이 없는 무능한 후보'를 원하지 않는다. 대신 '도덕성과 법치주의를 겸비한 준비된 유능한 후보'를 찾고 있다.

윤석열 대통령에 대한 탄핵 국면과 그 이후 예정된 조기 대선 국면에서 국민이 무엇보다도 진지하게 고민해야 할 핵심 과제는, '대통령의 자질과 역량에 대한 철저한 사전 검증 시스템의 필요성'이다. 이는 단순히 한 명의 후보를 선택하는 문제가 아니라 대한민국의 국가 운영을 책임질 최고 지도자의 적격성을 국민 스스로가 확인하고 평가하는 과정이기 때문이다.

왜 지금,
철저한 검증이 필요한가

대통령 탄핵 이후 조기 대선 정국에서 후보자 검증이 특별히 필요한 이유는 무엇인가?

그 필요성은 이미 역대 대통령들의 사례를 통해 충분히 입증되었다. 첫째, 전과 기록이 있거나 공적 준비가 충분하지 않은 인물이 대통령에 선출될 경우, 재임 중 또는 퇴임 이후 각종 법적 문제에 휘말려 결국 법정 구속이나 헌정 사상 초유의 탄핵이라는 비극적 결말로 이어진 사례가 반복되어 왔다. 이명박 전 대통령과 박근혜 전 대통령의 사례는 그 대표적이고도 뼈아픈 교훈이다.

둘째, 대통령 선거 과정에서 후보자 본인뿐만 아니라 가족, 측근, 캠프 인사들의 전과 및 도덕성, 재산 형성 과정, 공직 윤리 기준 등에 대한 철저한 검증이 반드시 병행되어야 한다. 동시에 후보자의 과거 정책 집행 경험과 성과, 그리고 앞으로 제시할 국가 비전과 공약이 얼마나 구체적이고 현실 가능한지에 대한 검증 또한 중요하다.

지난 제20대 대선 당시 이재명 후보와 윤석열 후보 간의 양자 대결은 '정책 대결'보다 '비호감 대결'이라는 평가를 받을 만큼 도덕성과 자질에 대한 국민적 불신이 깊었던 선거였다. 이는 곧, 준비된 지도자에 대한 검증 시스템이 부재한 한국 정치 현실의 민낯을 드러낸 것이기도 하다.

그렇다면 다가올 조기 대선에서 우리는 어떻게 해야 보다 신뢰할 수 있는 지도자를 선택할 수 있을까? 국민은 어떤 기준으로 후보의 자질과 역량, 도덕성과 정책 능력을 검증할 수 있을까?

이번 장에서는 바로 이러한 질문에 답하기 위해 '국민과 함께하는 대통령 검증 시스템'의 필요성과 방향에 대해 구체적으로 살펴보고자 한다. 대통령을 만드는 것은 정당도, 언론도 아닌 바로 국민이다. 그리고 그 책임과 권한에는 반드시 철저한 검증과 숙고의 과정이 전제되어야 한다.

후보 개인과
가족의 도덕성 검증

대통령 개인의 자질 못지않게 이제는 그 가족의 도덕성도 중요한 검증 요소가 되었다. 윤석열 대통령의 경우, 임기 내내 '김건희 리스크'가 그림자처럼 따라다녔고, 이는 국정 신뢰도 하락의 핵심 요인으로 작용했다. 주가 조작, 고가 선물 수수, 공천 개입, 국정 개입 의혹까지, 김 여사와 관련된 의혹은 단순한 개인 문제가 아닌 국가 운영의 불안 요소로 확장됐다.

더 나아가 계엄령 선포의 동기마저 김 여사를 둘러싼 특검법 통과 저지가 결정적이었다는 추측까지 나오는 상황에서, 유권자들은 대통령 가족의 행보가 국정의 안정성에 직결된다는 점을 깊이 인식하고 있다. 다음 대통령 후보라면 반드시 개인뿐만 아니라 가족과 주변 인물까지 철저히 검증받아야 한다는 사회적 요구가 높아질 수밖에 없다.

김 여사의 사적 권력이 공적 시스템을 흔들 수 있다는 의혹은, 다음 대통령 후보자에게도 동일한 기준으로 작동할 것이다. 가족 리스크를 통제하지 못하는 지도자는 결국 국정의 안정성을 확보할 수 없다는 것이 국민 다수의 판단이다.

이재명 후보가 경기도지사 재임 시절, 배우자 김혜경 씨의 법인카드 사적 유용 논란은 국민적 분노를 불러일으켰고, 대선 패배의 직접적 원인 중 하나가 되었다. 이 사건은 대통령 후보뿐 아니라 배우자에 대한 검증 역시 얼마나 중요한지를 극명하게 보여주는 사례다.

이재명 후보가 최근 출간한 저서 《결국 국민이 합니다》에서 밝힌 다음의 내용은 많은 국민들에게 깊은 의문을 남긴다.

"동네건달도 가족은 건들지 않는다는 속설을 믿은 나의 상식과 달리 아내와 아이들이 공격 표적에 추가되었다. (…) 아내는 희생제물이 되었다."

이는 지난 대선 당시 큰 논란이 되었던 법인카드 유용 사건을 다루는 문장이다. 그러나 이재명 후보의 해명은 의혹의 본질을 외면한 채, 공직자의 배우자에 대한 정당한 검증을 '동네건달의 공격'에 비유하고 있다는 점에서 쉽게 납득하기 어렵다.

그러한 논리라면, 윤석열 정부 출범 이후 민주당이 김건희 여사에 대해 벌여온 전방위적 정치공세는 어떻게 설명할 것인가? 공적 위치에 있는 정치인의 배우자는 일정한 사회적 책임과 검증의 대상이 되는 것이 헌정 민주주의의 상식이다.

더구나 이 사건과 관련하여 공익제보자로 나섰던 경기도청 7급 공무원 조명현 씨는, 자신의 책《한 번도 경험해보지 못한 법카》에서 다음과 같은 충격적인 내용을 밝힌 바 있다.

> "나는 2023년 8월 20일, 이재명 당시 경기도지사를 '경기도 법인카드 불법 유용의 주범'으로 국민권익위원회에 부패행위로 신고하였다. 신고 제목은 '공무원의 권한 남용 및 법령 위반을 통한 사적 이익 도모 행위'였으며, 실제로 경기도청 법인카드를 이용해 이재명 지사의 아침 식사, 과일, 제주 특산품, 명절 선물 등 사적 용도의 물품을 구매해 제공했다. 배우자 김혜경 씨에게도 간식(샌드위치 등), 생활용품 등을 동일한 방식으로 제공한 정황이 있으며, 이재명 지사는 이를 명확히 인지하고 있었을 뿐 아니라, 배우자와 비서에게 직접 위법한 지시를 내린 것으로 보인다."
>
> — 조명현, 《한번도 경험해보지 못한 법카》, 제257쪽

> "경기도 공무원을 김혜경 씨의 개인 비서처럼 동원했다는 점, 그리고 이재명 대표가 경기도 법인카드 유용 의혹을 몰랐을 리 없다는 판단은 국민권익위원회의 공식 조사 과정에서도 강조되었다."
>
> — 조명현, 같은 책, 제258쪽

이러한 내용은 단순한 정치공세나 가족에 대한 부당한 비난이 아니다. 공적 자원이 사적으로 유용된 의혹에 대한 구체적인 내부 증언이며, 진실을 밝히려는 양심적 내부고발자의 증언이다.

그럼에도 불구하고 이재명 후보는 해당 사건을 "윤석열 정부의 정치보복"이라는 틀에 가두려 한다. 다른 '사법 리스크'도 유사하다. 그러나 수많은 구체적 정황과 증언, 카드 사용 내역, 내부 직원

들의 진술은 이 사건이 단순한 '희생양 만들기'나 '공작 정치'가 아니라는 점을 강하게 시사합니다.

이제 이재명 후보에게 묻습니다.

공직자 본인의 부인이 공적 자원을 사적으로 활용했다는 내부 폭로가 수차례 나왔는데도, 여전히 "희생양"이라는 말로 모든 책임을 회피하실 겁니까?

정말 '가족을 건드렸다'는 감정적 호소만으로 이 사안을 덮을 수 있다고 믿으십니까?

국민은 감정이 아니라 진실과 책임을 원한다.

'국민이 결국 한다'는 말이 진심이라면, 이제는 정쟁과 프레임이 아닌 사실 앞에 책임지는 태도를 보여줄 때이다.

2025년 조기 대선은 단순한 권력 교체가 아니다. 그것은 대한민국의 국정 리더십에 대한 근본적인 성찰과 재설계의 기회이기도 하다. 이제 대통령 후보는 '말을 잘하는 사람'이나 '한때 잘나갔던 인물'이 아니라 위기를 진단하고 대응할 수 있는 현실 감각과 함께, 자신과 가족을 스스로 통제할 수 있는 도덕적 기준을 지닌 사람이어야 한다.

이러한 변화는 유권자의 책임이자 권리이다. 정치인의 말보다 국민의 눈이 더 날카로워진 시대, 유권자의 집단 지성이 대한민국의 민주주의를 한 단계 끌어올릴 것이다. 이제 질문해야 한다.

"그는 준비되었는가?"
아니, "우리는 그를 충분히 검증했는가?"

정책 검증: 포퓰리즘과 도덕성 문제

후보자의 정책검증을 제대로 하기 위해서는 후보자 자신의 정책도 중요하지만 타후보자에 대한 네거티브 공세를 포함해서 정책적 신뢰성에 대한 점검 역시 중요하다. 이재명 후보는 기회있을 때마다 가짜 뉴스를 척결하겠다고 하면서 자신은 국민을 위한다는 명목하에 수많은 정책을 발표하였다.

반대로 다른 후보들은 이재명 후보의 정책에 대해서 포퓰리즘이라 비판하면서 그의 도덕성 문제를 집중적으로 제기하였다. 따라서 후보자의 도덕성뿐 아니라 정책적 신뢰성 또한 중요한 검증 대상이다.

가짜 뉴스와 정책의 신뢰성

이재명 후보는 자신의 저서 《결국 국민이 합니다》에서 "가짜 뉴스는 민주주의의 적"이라며, 5·18 민주화운동 관련 피해자들이 가짜 뉴스로 인해 받은 고통을 비중 있게 서술했다. 이 말에 깊이 공감한다.

그렇다면 묻고 싶다.

왜 이재명 후보는 자신의 핵심 강성 지지층, 이른바 '개딸'들이 이낙연 전 총리를 비롯한 정치적 반대세력에게 퍼부은 조작된 가짜 뉴스와 비방, 그리고 5·18 피해자들을 조롱하는 멸칭인 '수박'이라는 단어의 남용에 대해서는 침묵하거나 방조했는가?

'수박'은 5·18 광주민주화운동 당시, 광주 시민군과 민주화 세력을 조롱하고 모욕하기 위해 사용된 혐오 단어이다. 그런데도 이재명 지지자들은 그 단어를 아무렇지 않게 정치적 반대자에게 사용했고, 그에 대한 이 후보의 공개적 제지나 사과는 전혀 없었다.

이낙연 전 총리를 향해 유포된 가짜 뉴스는 친일파 후손이라는 주장, 박정희 우상화 사업에 참여했다는 주장, 4대강 사업 찬성 했다 발언, 전두환 찬양 기사 작성, 신천지와 연루되었다는 가짜 뉴스 등 이루말할 수 없다. 이 중 신천지 관련 가짜 뉴스는 법원에서 처벌받았고, 전두환 찬양 가짜 기사는 '이재명의 민주당에 소속한 추미애 의원 조차 최근에 공개적으로 이 가짜 뉴스를 토대로 정치적 공격을 퍼부었다.

이상의 사례들은 이낙연 전 총리의 명예를 훼손하고, 정치적 토론을 왜곡하며, 민주주의를 병들게 하는 가짜 뉴스들이다. 하지만 그 중심에는 이재명 후보 지지자들 일부와, 이를 방조한 캠프의 태도가 있었고, 이 후보 본인의 공개적 반박이나 자제 촉구는 거의 없었다.

이재명 후보에게 다시 묻습니다.

당신이 말한 '가짜 뉴스는 민주주의의 적'이라는 말, 왜 당신의 팬덤에는 적용되지 않았습니까?

특히 '표를 의식한 인기성 정책', 즉 포퓰리즘은 그 위험성이 더욱 강조되고 있다. 이재명 대표는 성남시장 재직 시절부터 지역 화폐 정책을 강력히 추진했지만, 이 과정에서 코나아이와의 유착 의혹, 정책 효과성에 대한 논란이 끊이지 않았다.

'지역 화폐의 전도사'로 불렸던 이재명 대표는 이를 전국화하는 데 성공했다. 그러나 정책 측면에서도 표를 얻기 위한 단기적 인기 영합 정책, 즉 포퓰리즘에 대한 경계가 커지고 있다.

국민은 이제 대통령 후보가 제시하는 공약의 재원, 지속 가능성, 사회적 형평성 등을 따져보고자 한다. 감성적 호소나 슬로건이 아닌 구체적인 데이터와 실행 전략이 없으면 정책 자체에 대한 신뢰를 얻기 어려운 시대가 도래한 것이다.

결국 2025년 대선은 '누가 더 크게 약속했는가'가 아니라 '누가 더 정직하고 책임감 있게 실현할 수 있는가'를 가늠하는 검증의 장이 될 것이다.

포퓰리즘과 정책의 지속가능성

국민은 이제 묻고 있다.

"이 공약을 실현할 수 있는가?",
"지속 가능성과 형평성은 충분한가?",
"공익보다 사익이 우선된 것은 아닌가?"

위와 같은 질문은 단순한 정책 평가가 아닌, 지도자의 철학과 책임감, 그리고 국가에 대한 태도를 가늠하는 기준이 되고 있다.

2025년 2월 14일 SBS 라디오 '김태현의 정치쇼'에 출연한 윤희숙 전 의원은 이재명 대표를 두고 "국민소환제 1호"라고 비판했다. 이는 며칠 전 이재명 대표가 국회 교섭 단체 대표 연설에서 국민소환제를 제안한 데 대한 반응이었다. 윤 전 의원은 "자기 정치적 위기를 모면하기 위해 탄핵을 남발하는 자가 바로 국민소환제의 대상"이라며, 이재명 대표가 그 첫 번째 대상이 될 것이라고 지적했다.

윤 전의원은 이재명 대표가 일관되지 않은 정책 행보를 보이며 대중의 신뢰를 잃고 있다고 강조했다. 예를 들어, 반도체 특별법을 18일 만에 번복했고, 기본 소득 정책은 2주 만에 말을 바꿨으며, 전 국민 25만 원 지급을 취소하겠다고 했다가 다시 소비 쿠폰 방식으로 밀어넣었다고 비판했다. "정치인의 생각은 바뀔 수 있지만, 2주마다 바뀌는 건 너무 가볍다"고 지적했다.

주 4일제 공약에 대해서도 윤 전 의원은 "노사가 합의하면 할 수 있는 것을 왜 국가 차원에서 법제화하려는가"라며 "결국 공공기관이나 대기업 노조를 위한 민노총 청부 입법"이라고 직격탄을 날렸다.

이재명 대표는 성남시장 시절부터 청년 기본 소득 정책을 추진해 왔다. 성남시에서 시작된 이 정책은 경기도지사 재임 시절 경기도 전역으로 확대되었고, 이후 민주당 대표로서 전국 확산을 제안했다. 그러나 연 50만 원, 혹은 100만 원의 기본 소득으로 청년 개인의 삶이나 국민 전체의 생활 여건을 획기적으로 개선할 수 있는지에 대해 많은 의문이 제기되었다. 일부 전문가들은 제한된 예산으로 모든 국민에게 소액을 지급하는 것보다 선별적 복지가 더 효과적이라는 의견을 내놓았다.

지역 화폐 정책의 경우도 마찬가지다. 이재명 대표는 재임 시절 무려 4조 원이 넘는 예산을 지역 화폐 사업에 투입했다. 하지만 이를 둘러싼 코나아이와의 유착 의혹과 정책 실효성 논란이 끊이지 않았다.

코나아이와 특혜 논란

이 대표의 지역 화폐 정책을 실행한 핵심 업체는 '코나아이'였다. 이 업체는 성남시와 경기도가 주도한 지역 화폐의 운영 대행사로 선정되었고, 이후 수년간 적자에 시달리던 회사가 흑자로 전환되는 '기적'을 이뤄냈다는 언론보도가 있었다. 그러나 이는 경기도의 특혜성 지원이 있었기 때문이라는 의혹이 불거졌다.[28]

이 책에서 인용하는 특혜의혹의 내용은 2021년 4월 경기도의회 여성가족평생교육위원회에서 신정현 당시 민주당 의원을 비롯한 여러 도의원들의 도정질의-답변 내용과 당시 언론사(뉴데일리, 2021.9.27.)의 보도내용을 종합한 것으로 개인적인 추론이나 단정은 전혀 배제하였다.

코나아이는 운영 대행사임에도 불구하고 지역 화폐 홍보 업무를 경기도의 예산으로 지원받았다. 특히, 2019년 설립된 경기도 시장상권진흥원이 코나아이 대신 홍보를 맡았으며, 여기에 투입된 예산만도 약 29억 원에 달했다. 이는 민간 기업이 혈세로 운영비를 지원받은 것이며, 사실상 특혜라는 비판이 제기됐다.

더 큰 문제는 인사 비리 의혹이었다고 한다. 코나아이와 경상원 주요 보직에 이재명 대표의 측근으로 알려진 인사들이 연이어 채용되었다는 사실이 드러났다. 특히, 뇌물 수수 혐의로 실형을 선고받았던 박 모씨가 경상원의 상임 이사로 임명된 것은 경기도 의회에서 큰 논란이 되었다. 박 씨는 임명 당시 조직 기구에 존재하지 않던 자리에 배치되었고, 연봉이 1억 원을 넘는 고액 보직이었다.

또한, 이재명 대표의 비판자를 모욕한 전력이 있는 신 모 씨가 성남시 공무원으로 채용된 후 코나아이로 자리를 옮긴 것도 의혹을 증폭시켰다. 이는 정치적 보은 인사라는 지적을 받았다.

감사원 감사 결과와 2025년 현황

2024년 1월 감사원이 발표한 경기도 정기 감사 결과는 충격적이었다.[29] 코나아이는 지역 화폐 사용자들의 충전금을 별도 계좌로 분리 보관하지 않고, 하나의 선수금 계좌에 몰아넣은 후 이를 회사 계좌로 전용하여 회사채나 자회사 주식 투자에 사용한 정황이 드러났다. 이렇게 운용된 자금은 연평균 2,261억 원에 달했으며, 부당 수익만도 26억 원 이상이었다.

또한, 감사원은 코나아이가 제출한 지역 화폐 발행, 사용, 잔액 내역이 실제와 일치하지 않으며, 증빙 자료조차 제대로 제출되지 않았다고 지적했다. 이로 인해 구체적인 횡령 여부나 금액을 확인할 수 없었다고 한다.

그럼에도 불구하고 코나아이는 2025년에도 3조 원이 넘는 지역 화폐를 계속해서 운용할 예정이며, 경기도와의 협약에 따라 운영 대행사 자격을 유지하고 있다. 이에 대해 김은혜 국민의힘 의원은 "회계 부정 등 사회적 물의를 일으킨 경우 계약을 해지할 수 있다는 조항이 있음에도 불구하고, 경기도가 이를 방치하고 있다"고 지적했다.[30]

이상과 같은 경기도 의회와 감사원에서 제기된 의혹이 명료히 해소되고, 국민앞에 투명하게 공개될 날을 학수고대해 본다.

민주당의 지역화폐법 강행과 포퓰리즘 논란

민주당은 이재명 대표의 핵심 공약인 지역 화폐 정책을 법제화하려는 움직임을 보이고 있다. 2024년 12월 말 박희승 의원 등 민주당 의원 14인은 지역 화폐 예산을 중앙 정부가 반드시 편성하도록 강제하는 '지역화폐법' 개정안을 발의했다. 기존 '지원할 수 있다'는 문구를 '지원하여야 한다'로 변경하며 중앙 정부의 법적 의무를 명문화한 것이다.

개정안에는 지역 화폐로 기본 소득, 재난 지원금, 복지 수당 등을 지급할 수 있도록 명시하여 사실상 이재명표 정책의 제도적 기반을 마련하려는 의도가 담겨 있다. 이에 대해 여권은 이 법이 이 대표를 위한 '구애 법안'이라는 비판을 제기하며, 재정 부담과 정치적 의도를 지적했다.

지역 화폐 정책의 구조적 한계와 현금깡 부작용

한국조세재정연구원과 한국개발연구원(KDI) 등 주요 국책 연구기관은 지역 화폐가 장기적으로 소비 진작 효과보다 비용 부담이 크다고 분석했다.[31] 특히 지역 화폐 발행 과정에서 '현금깡' 등의 부정 유통 사례[32]가 지속적으로 발생하고 있으며, 2023년까지 487건의 부정 사용이 적발돼 약 3억 3,900만 원의 환수 조치가 이뤄졌다.

이재명 대표는 이런 정책을 포퓰리즘이 아닌 민생 회복 수단으로 강조하지만, 대규모 예산 투입에도 불구하고 실질적 성과가 불분명하다는 지적이 끊이지 않는다. 더욱이 민주당이 추진 중인 '전 국민 25만 원 지급'과 같은 포퓰리즘성 공약은, 실용주의를 내세우며 '우클릭'을 시도하는 이 대표의 메시지와도 충돌한다.

기본 사회 공약 후퇴와 이미지 쇄신 시도

이재명 대표는 최근 지지율 하락과 정국 변화에 대응해 본인의 대표 정책이던 '기본 사회' 공약을 뒤로하고 '성장 중심' 전략으로 선회하고 있다. 이는 중도층 흡수와 이른바 '이재명 포비아'를 누그러뜨리기 위한 시도로 해석된다. 그는 "민생을 회복하는 유일한 길은 성장을 통한 돌파"라고 강조하며, 보수적 어젠다인 친기업, 민간 주도 경제를 언급하는 등 실용주의 노선을 표방하고 있다.

그러나 이런 '우클릭' 전략은 내부 강성 지지층과의 충돌을 불러오고 있다. 한국노총과 민주노총은 이 대표의 경제 정책 방향 전환에 대해 강하게 반발했으며, 진정성 없는 변신이라는 의심도 제기되고 있다. 지지율 회복을 위한 '말 바꾸기' 전략이 오히려 양쪽 진영 모두의 신뢰를 잃게 할 수 있다는 우려도 함께 제기되고 있다.

정책은 국민의 삶을 위한 것이어야 한다. 그러나 선심성 공약과 무분별한 복지 정책, 불투명한 정책 집행과 특정 기업에 대한 특혜는 결국 국가 재정과 국민 신뢰를 위협한다. 대통령 후보가 되려는 인물이라면 정책의 철학과 실행의 투명성, 그리고 도덕성과 리더십에 있어 더 높은 기준을 통과해야 한다. 이재명 대표의 사례는 그에 대한 냉정한 검증의 필요성을 다시금 일깨우고 있다.

조기 대선의 최종 승자를 위한 철저한 검증 시스템

헌정사에 부끄러운 두 번째 대통령 탄핵 이후 치러지는 조기 대선은 차기 대통령으로 선택될 후보에 대한 철저한 검증이 강도 높게 진행되어야 한다. 그렇지 않으면 또다시 우리가 직접 뽑은 대통령의 비극을 다시 경험해야 하기 때문이다. 따라서 조기 대선의 최종 승자를 선택하기 위한 철저한 검증 시스템은 다음과 같이 이루어져야 할 것이다.

첫째, 공직 후보자 자격 심사위원회를 구성하여 독립적이고 공정한 검증을 진행해야 한다.

각 후보자의 도덕성과 범죄 경력을 객관적으로 심사하기 위해 법조계, 학계, 시민 단체, 언론계, 공직 경력자 등으로 구성된 독립적인 심사위원회를 설치해야 한다. 여야 및 시민 단체가 추천한 위원으로 균형을 유지하며, 후보자의 범죄 이력, 도덕성, 공직 수행 능력을 검증하고 그 결과를 국민에게 투명하게 공개해야 한다.

둘째, 범죄 경력을 철저히 조회하고 검증해야 한다.

모든 후보자의 과거 및 현재 범죄 기록을 법무부와 경찰청 시스템을 통해 조회하며, 재판 중인 사건, 기소 유예, 벌금형 등 경미한 사안도 포함하여 공개해야 한다. 해외 범죄 경력 및 금융 거래 내역(해외 자산 포함)도 국제 협력을 통해 확인하며, 이를 위해 자동 조회 시스템을 활용하고 후보자의 동의를 받아 철저한 검증을 진행해야 한다.

셋째, 재산 및 금융 기록을 면밀히 조사해야 한다.

후보자가 신고한 재산과 실제 재산 내역을 비교하여 부동산, 주식, 금융 자산, 해외 자산 등을 철저히 검증해야 한다. 가족 및 직계 친족의 재산 증가 내역도 함께 검토하여 불법적인 재산 축적 가능성을 조사해야 한다. 이를 위해 국세청, 금융감독원, 감사원과 협력하여 허위 신고 및 불법 재산 축적 의혹이 발견될 경우 법적 조치를 취해야 한다.

넷째, 학력 및 경력의 진위를 철저히 검증해야 한다.

후보자가 제출한 학력, 경력, 공적 활동 기록의 신뢰성을 확인하고, 논문 표절, 자격증 위조, 경력 과장 여부를 조사해야 한다. 이를 위해 학력 인증 기관, 고용주, 관련 기관과의 직접 확인 절차를 거치고, 허위 사실이 발견될 경우 이를 공개하며 후보 자격 박탈 등의 조치를 마련해야 한다.

다섯째, 윤리적 검증을 강화해야 한다.

후보자의 도덕성과 관련된 논란(성범죄, 직권 남용, 갑질 등)에 대한 철저한 조사를 진행하고, 공직자 윤리법 위반 여부를 검토해야 한다. 후보자의 과거 발언과 행동 패턴을 분석하여 공직자로서의 적합성을 평가하며, 언론 보도, SNS, 유튜브 등 디지털 플랫폼 자료를 분석하여 문제 소지가 있는 과거 행적을 국민에게 공개해야 한다.

여섯째, 이해 충돌 및 로비 의혹을 조사해야 한다.

후보자가 과거 공직이나 정치 활동 중 이해 충돌 상황에 놓였는지 조사하고, 특정 기업이나 단체와의 유착 및 로비 의혹을 검토해야 한다. 이를 위해 기업 후원 내역, 정치 자금 사용 내역, 공공 계약 관련 자료를 분석하고, 감사원 및 시민 단체와 협력하여 심층 조사를 진행해야 한다.

일곱째, 국민이 직접 참여할 수 있는 검증 시스템을 도입해야 한다.

국민이 후보에 대한 의혹을 제보하거나 질문을 제출할 수 있는 온라인 플랫폼을 구축하고, 제출된 제보를 독립 검증 기구에서 철저히 조사해야 한다. 모든 제보는 비밀을 보장하며, 근거가 명확한 경우에 한해 추가 조사를 진행하여 국민 참여를 통한 철저한 검증을 실현해야 한다.

결론적으로, 철저한 후보 검증을 위해서는 독립적인 심사 기구 운영, 범죄 및 재산 검증 강화, 윤리성 평가, 국민 참여 확대가 필수적이다. 이러한 종합적인 검증 시스템을 통해 국민이 신뢰할 수 있는 후보를 선별할 수 있으며, 공정하고 투명한 선거 과정을 실현할 수 있다.

"

누가 당내 경선을 통과하든,
장미가 피는 계절의 본선 무대에서는
'헌법적 책임'과 '시대정신'이라는 질문에
답해야 한다. 탄핵의 정치는 끝났지만,
탄핵이 던진 숙제는 이제 시작된 셈이다.

"

대통령 탄핵과
조기 대선의
향배

5.
대통령 탄핵과 조기 대선의 향배

이재명 대세론인가? 불가론인가?
– 조기 대선 여론조사와 그 함의

2025년 조기 대선을 가정한 여론조사 결과, 이재명 대표가 주요 대선 주자들 사이에서 독보적인 1위를 차지했다. KPI 뉴스가 리서치뷰에 의뢰해 2월 2~3일 전국 만 18세 이상 1,000명을 대상으로 실시한 가상 4자 대결 조사에서 이 대표는 48.5%의 지지율을 기록했다. 김문수 고용노동부 장관은 30.7%로 나타나 이 대표와는 오차 범위(±3.1%p)를 넘는 격차를 보였다. 반면 이준석 개혁신당 의원(4.2%)과 이낙연 새미래민주당 상임고문(3.9%)은 한 자릿수 지지율에 머물렀다.

흥미로운 점은 여권 주요 주자들이 누구로 설정되든 이재명 대표가 모두 오차 범위 밖에서 앞선다는 것이다. 오세훈 서울시장, 홍준표 대구시장, 한동훈 전 국민의힘 대표를 포함한 여권 후보들을 각각 세운 다른 가상 대결 시나리오에서도 이 대표의 지지율은 모두 47~49%대를 유지했다. 특히 20~50대에서 이 대표의 지지율은 과반을 넘었고, 60대와 70대 이상에서도 김문수 장관과 오차 범위 내 접전을 벌이거나 근소한 우세를 유지했다.

그러나 이러한 이재명 대표의 지지율 우위가 곧바로 '이재명 대세론'을 뒷받침한다고 보기는 어렵다는 시각도 존재한다. 일례로 지난 2월 27일 발표된 전국지표조사(NBS)에 따르면 차기 대통령 적합도에서 이재명 대표가 31%를 기록한 반면, 김문수(13%), 오세훈(6%), 홍준표(6%), 한동훈(5%) 등 범보수 주자들의 지지율을 합치면 35%로, 오히려 이 대표를 앞섰다.

또한 한국갤럽이 2월 28일 발표한 조사에서는 이 대표의 선호도가 35%였던 반면, 범보수 후보 7인의 선호도는 합산 24%에 그쳤다. 조사 시점과 기관에 따라 결과가 상이하며, 이는 여론이 고정되어 있지 않음을 보여준다.

정치권에서는 2007년과 2022년 대선을 비교 사례로 든다. 2007년 대선에서는 레임덕에 빠진 노무현 정부와 분열된 열린우리당이 이명박 후보의 독주를 막지 못하고 완패했다. 여권의 분열 가능성, 강력한 야권 후보, 낮은 정부 지지율이라는 조건 속에서 이명박 후보는 여론조사상 59.9%를 기록하며 여권 주자들을 압도했다.

반면 2022년 대선에서는 대선 내내 선두를 달리던 이재명 후보가 막판에 윤석열 후보에게 역전당했다. 당시에도 정권 교체 여론이 높았고, 이재명 후보에 대한 비호감 정서가 선거의 핵심 변수로 작용했다. 현재에도 정권 교체 여론이 높지만, 그 방향이 국민의힘이 아닌 민주당을 향하고 있다는 점에서 국민의힘의 위기가 심각하다는 평가가 나온다.

윤태곤 더모아 정치 분석 실장은 "정권 재창출이 가능한 조건은 여당이 강한 변화 이미지를 줄 때"라며, 과거 노태우, 김영삼, 노무현, 박근혜 당선 사례에서 모두 전임자와의 차별화가 핵심이었다고 분석했다. 현재 범보수 주자 중에서는 한동훈 전 장관이 그나마 이런 차별화에 유리한 위치에 있다는 평가가 있다. 윤석열 전 대통령이 탄핵되어 파면된 상황에서, 국민의힘과 강경 보수층은 여전히 강한 정치적 의지를 보이고 있다. 하지만 이러한 기류는 오히려 한동훈 전 장관과 국민의힘 전체에게 본선 무대에서 큰 부담이 될 수 있다.

높은 지지율에도 불구하고, 그의 도덕성, 정책 신뢰도, 포퓰리즘 논란, 사법 리스크 등으로 인해 국민적 거부감이 적지 않다. 전문가들은 단일한 여권 후보가 보수 혁신이라는 명분과 함께 중도층을 끌어안는 전략을 펼친다면 여전히 승부를 예측할 수 없는 상황이라고 본다.

결국 '이재명 대세론'과 '이재명 불가론'은 동전의 양면처럼 맞물려 있다. 현재의 여론조사 지표만으로는 어느 쪽이 현실이 될지 단언하기 어렵다. 다만 분명한 것은, 이재명이라는 인물이 차기 대선 국면의 중심축에 선 만큼, 여권과 야권 모두 그에 대한 냉철한 전략과 분석 없이 대선 승리를 기대하긴 어려울 것이라는 점이다.

헌재가 '만장일치 대통령 파면'을 선고한 이유

헌법재판소는 2025년 4월 4일 윤석열 대통령에 대한 탄핵심판에서 재판관 전원 만장일치로 파면을 결정하였다. 윤석열 전 대통령을 비롯하여 보수진영에서는 기각 결정이 날 것이라 예상하고 있다가 크게 실망하였고, 실재로 윤 전 대통령은 직무복귀 파티를 준비했다는 설도 들려왔다.

이번 헌법재판소의 만장일치 인용 결정이 갖는 의미는 우선 대통령 탄핵이 인용 결정이 됨으로써 6월 3일 조기 대선이 현실화되었다는 점이 가장 큰 변화이다. 다른 한편으로는 만장일치로 인용되었고, 선고의 내용에 있어 강경한 보수층을 제외하고는 비상계엄 선포가 위헌-위법적이었고, 대통령 탄핵이 불가피했음을 충분히 공유할 수 있는 내용이었다는 점이다.

그 결과 강경 보수층의 강력한 반발과 그로 인한 국론 분열을 크게 우려했던 정치권은 탄핵 인용 결정 다음날이 주말이었음에도 여느 때와 같은 대규모 집회와 초강경 시위 등은 거의 찾아볼 수 없었다. 이런 상황은 당면한 6.3 조기 대선에서 계엄을 찬성하고 탄핵을 반대한 국민의힘과 김문수-홍준표-나경원 후보 등에게는 본선에서 상당히 불리한 요소로 작용할 것으로 보인다.

반면 대통령 탄핵을 주도했고, 그 결과 만장일치 인용과 더불어 조기 대선을 성사시킨 민주당의 입장에서는 "내란 우두머리와 공범 프레임"을 대선의 중요한 선거운동 캠페인으로 삼을 것으로 보인다.

그렇다면 좀 더 구체적인 헌법재판소의 탄핵 인용 선고문[33]의 내용을 살펴보자.

절차적 적법성과 사법심사의 가능성 확인

헌재는 계엄 선포와 같은 고도의 정치적 행위도 헌법과 법률에 위반된 경우에는 사법심사의 대상이 될 수 있다고 명확히 선언했다. 이는 과거에 비해 정치행위에 대한 헌법적 심사의 문턱을 낮춘 판시로 해석되며, 대통령의 국가긴급권도 헌법의 울타리를 넘을 수 없다는 원칙을 강조한 것으로 평가된다. 또한 국회 법사위의 조사 없이 탄핵소추안이 의결되었다는 점이나, 소추안 발의 회기의 문제, 소추 사유 변경 여부 등에 대한 윤 대통령 측의 주장 역시 모두 기각되었다.

이로써 탄핵소추의 '형식적 정당성'이 확인되었으며, 헌법재판소는 본안 판단으로 넘어갈 정당한 절차적 기반을 확보한 것이다.

계엄 선포의 실체적·절차적 위헌성과 군경 투입의 헌정 질서 파괴

가장 중심적인 소추 사유는 대통령 윤석열이 선포한 '비상 계엄'이었다. 헌재는 이 계엄이 헌법과 계엄법이 정한 실체적 요건은 물론 절차적 요건까지 모두 위반한 중대한 위헌 행위라고 판단하였다.

윤 전 대통령은 국회의 탄핵소추와 입법 활동, 예산 삭감 등을 '국정마비'의 원인으로 지목하며, 이를 근거로 국가비상사태가 발생했다고 주장하였다. 그러나 헌재는 당시 상황이 비상계엄을 선포할 정도로 중대한 위기 상황은 아니었으며, 행정부가 재의 요구 등 헌법상 절차를 통해 대응할 수 있었다고 지적했다.

또한 절차적으로도 국무회의를 형식적으로만 통과시킨 뒤 사전 공고, 국회 통보, 계엄사령관 지정 등 필수 절차를 생략했으며, 계엄의 목적과 수단 자체가 헌법정신에 반하는 방식으로 남용되었다는 점이 결정적이었다. 윤 대통령은 계엄을 '경고성'이라거나 '호소형'으로 주장했지만, 실제로는 군경을 투입해 국회의 권한을 실질적으로 제한하고 의원들의 출입과 활동을 봉쇄하였다.

특히 국방부와 방첩기관을 동원해 국회의장과 야당 대표, 전직 대법원장 등의 위치를 추적하고 체포 가능성을 검토한 점은, 사법권 독립과 정당 활동의 자유까지 침해한 중대한 헌정 파괴 행위로 판단되었다.

포고령과 중앙선관위 압수수색, 국민 기본권 침해

윤 대통령은 계엄 포고령을 통해 국회·지방의회·정당의 활동을 전면 금지했으며, 이는 헌법이 보장한 권력분립과 대의민주주의 원칙, 정당제도, 표현의 자유, 단체행동권, 직업의 자유 등 다수의 조항을 정면으로 위배한 것으로 드러났다.

특히 중앙선거관리위원회에 병력을 투입해 사전 영장 없이 압수수색을 진행하고 정보시스템을 무단 촬영한 행위는 영장주의 위반과 독립기관에 대한 중대한 침해로 간주되었다. 이는 대통령이 헌법상 보장된 통치구조의 균형을 전면 부정한 사례로, 사법·입법·선거행정의 삼권을 모두 군사력으로 압박하려 했다는 점에서 민주공화국 원리의 부정이라 할 수 있다.

정치적 대립을 헌법 바깥에서 해결하려 한 대통령의 책임

헌재는 판결 말미에 정치적 해석과 교훈적 메시지를 함께 담았다. 윤 전 대통령이 야당 주도의 탄핵과 예산 삭감 등으로 인해 국정 마비를 인식했고, 이를 해소하고자 책임감을 느낀 점 자체는 정치적으로 존중될 수 있다고 언급했다. 그러나 국회와의 갈등은 민주주의 안에서 해결해야 할 정치적 문제였고, 이를 군사력과 긴급권을 통해 헌정질서 밖에서 풀고자 했다는 점이 결정적 위헌이라는 것이다.

헌재는 윤 전 대통령이 "야당을 지지한 국민의 의사를 배제하려는 시도를 해서는 안 되었고, 협치를 위한 정치적 인내와 헌법적 수단을 선택했어야 했다"고 강조했다. 대통령이 국회를 '타도 대상'으로 삼은 것은 헌법상 권력분립 원리를 전면 부정한 행위이며, 국민의 통합자로서 대통령의 책무를 저버린 것이라는 결론에 도

달하였다.

파면의 당위성과 헌법수호의 가치

헌재는 윤 대통령의 위헌·위법 행위가 단지 법률 위반에 그치는 것이 아니라, 헌법 질서 자체에 중대한 위협을 가하고 민주공화국의 존립 기반을 훼손하는 행위였다고 규정했다. 또한 사회적 혼란이 단기간 내 수습된 것은 국민의 저항과 군경 내부의 자제가 있었기 때문이며, 이는 윤 대통령에게 유리한 참작 사유가 될 수 없다고 못 박았다.

결국 헌법재판소는 "피청구인의 행위는 민주주의를 중대하게 훼손한 것으로, 헌법수호의 관점에서 용납할 수 없는 중대한 위반"이라며 윤석열 대통령을 파면하였다. 헌법수호의 이익이 대통령 파면으로 인한 국가적 손실보다 훨씬 크다는 점에서, 이는 헌정사상 두 번째 대통령 탄핵 인용 결정이라는 역사적 판례로 남게 되었다.

이번 결정은 대통령도 헌법을 초월할 수 없다는 점을 다시금 확인시킨 판결이자, 정치적 위기 해결의 수단으로 군사력과 국가긴급권을 사용할 수 없다는 헌법정신의 최종 확인이다. 정치적 갈등과 다수의 대결이 존재하더라도, 헌법 내에서 해결하려는 자세 없이는 그 어떤 정당성도 민주주의 질서 위에 군림할 수 없음을 천명한 선고로 평가된다.

결국 윤석열 전 대통령의 탄핵 인용은, 이재명 대표에게도 거울처럼 반사된다. 이재명 대표가 이 판결을 자신의 기회로만 볼 것인지, 아니면 그 안에 담긴 헌법의 경고와 국민적 메시지를 직면할 것인지, 장미가 피기 전의 60일이 모든 것을 말해줄 것이다.

헌법재판소의 10대 공정성 논란이
조기 대선에 미칠 영향

 윤석열 대통령에 대한 탄핵 소추안이 국회에서 가결된 이후 헌법재판소에서 탄핵 심리가 진행되는 가운데, 그 절차와 방식이 헌법과 법률을 위반했다는 심각한 비판이 제기되었다. 대한민국 대표적인 헌법학자인 허영 경희대 석좌 교수는 헌재가 위법하고 불공정한 절차로 심판을 진행하고 있으며, 이는 국민의 신뢰를 무너뜨리고 국론 분열과 내란을 초래할 수 있다고 경고했다. 허 교수는 헌재의 탄핵 심판 과정에서 벌어진 10가지 핵심 위법 사례를 조목조목 지적했다.

 특히 허 교수는 헌재가 당장이라도 법과 절차를 지키며 신중하게 심판을 진행해야 국민이 그 결과를 수용할 수 있을 것이라고 강조했다. 졸속으로 결정할 경우 헌재에 대한 신뢰는 무너지고, 정치적 혼란과 국론 분열, 심지어 내란의 단초가 될 수 있다고 경고했다.

 다행스럽게도 헌재의 판결문이 만장일치로 인용되고 소수 의견이 게제되어 있어 그간에 제기된 심각한 헌재의 불신임을 어느 정도는 해소하게 되었다. 하지만 앞으로 그 어떤 헌재 심리와 재판을 하더라도 1심 판결로 끝나는 헌재 평의 과정이, 그것도 일국의 대통령을 파면시키는 중대한 결단을 하는 경우는 이번 헌재 심리과정에서 나타난 다음과 같은 심각한 문제점은 반드시 바로잡아야 할 것이다.

 현재까지 제기된 헌법재판소의 10대 공정성 논란에 대한 주요 쟁점들을 정리해 보면 다음과 같다. 이 사안들에 대한 국민적 판단은, 곧 조기 대선의 최후 승자를 결정짓는 데 매우 유의미한 잣대가 될 것으로 보인다.

공정보다 속도를 우선한 초고속 심리 절차

헌법재판소는 이번 탄핵 사건에서 대통령 탄핵이라는 중대 헌정 사안을 다루는 데 있어, 통상적인 심리 절차보다 훨씬 빠른 속도로 사건을 진행하였다. 특히 이 과정에서 발송·송달 등의 절차를 간소화하거나 생략하는 이례적인 방식이 적용되었으며, 이는 절차적 공정성을 훼손했다는 비판을 불러일으켰다.

헌재와 민주당 간의 내란죄 제외 사전 조율 의혹

탄핵 사유에서 핵심 쟁점이었던 내란죄가 최종 결정문에서 제외되자 헌재가 여당과 사전에 논의하거나 정치적 합의에 따라 방향을 정한 것 아니냐는 의혹이 제기되었다. 이로 인해 재판의 독립성과 중립성에 대한 국민적 신뢰가 크게 흔들렸다.

헌재 심리 기일의 최단 기간 일방 지정

헌재는 피청구인의 방어권을 충분히 보장하지 않은 채, 기일을 매우 짧은 간격으로 일방적으로 지정하고 신속히 진행하였다. 이 같은 절차는 대통령 탄핵이라는 헌정 사상 중대한 사안의 성격에 비추어 볼 때 충분한 심리와 조율이 결여된 무리한 일정이라는 지적을 받았다.

수사 기록에 대한 헌재의 열람 강행이라는 이례적 결정

형사 재판과 수사가 병행되고 있는 상황에서 헌재가 관련 수사 기록을 직접 열람하겠다는 결정을 내린 것은 이례적이다. 이 같은 조치는 수사와 재판의 분리 원칙을 훼손하고, 헌재가 사실상 수사권에 준하는 판단까지 하려는 무리한 행보라는 우려를 낳았다.

한덕수 탄핵안 심리의 장기화와 대비되는 이중 잣대

윤석열 대통령 탄핵 심판이 신속히 처리되는 반면, 한덕수 전 총리나 최상목 경제부총리 권한 대행 등의 탄핵안은 수개월째 결론이 나지 않고 심리만 장기화되었다. 이는 사안의 중요성이나 시급성에 따라 형평성 있게 다뤄졌는지에 대한 의문을 제기하게 만든다.

헌재 구성원의 공정성 및 도덕성 논란

재판관 중 일부가 과거 정치적 발언이나 특정 성향의 법조 단체 소속 이력으로 인해 중립성 논란에 휘말렸으며, 이는 헌법재판소 전체의 판단이 특정 정치 성향에 기울어 있는 것이 아닌가 하는 국민적 의구심으로 이어졌다.

헌재 내 '우리법연구회'의 영향력 확대

헌재 재판관 9명 중 과반 이상이 '우리법연구회' 또는 그 후신인 '민주 사회를 위한 변호사 모임'과 관련된 인사로 알려지면서 특정 성향의 법조 카르텔이 헌재 내 영향력을 행사하고 있다는 비판이 제기되었다. 이러한 구성은 재판부의 정치적 중립성에 대한 의심을 더욱 증폭시켰다.

헌재-공수처-중앙지법-서부지법 간 카르텔 작동 의혹

헌재뿐 아니라 공수처, 서울중앙지법, 서부지법 등 주요 사법 기관들이 같은 인맥과 성향을 공유하는 법조계 내부 카르텔에 의해 유기적으로 움직이고 있다는 의혹이 제기되었다.

형사 절차 진행을 위한 탄핵 심리 중단 요청의 일방적 기각

윤 대통령 측은 형사 재판과의 일정 충돌 및 방어권 보장을 위해 헌재에 탄핵 심리 일정 조정을 요청했으나, 헌재는 이를 일관되게 기각하였다. 이는 피청구인의 방어권을 침해한 절차적 불공정으로 해석될 여지가 충분하다.

이와 같이 탄핵 심판 절차에서 드러난 각종 공정성 논란은 단순한 행정적 절차의 문제가 아니라 대한민국의 최고 헌법 기관이 과연 중립적이고 헌법적 가치에 충실한 판단을 내릴 수 있는가에 대한 심각한 의문을 제기하게 만든다.

비록 헌재의 심리 과정에서 여러 가지 위법성 논란과 정치적 편향성 의혹이 제기되었지만, 최종 선고가 재판관 전원 만장일치에 의한 파면 결정으로 내려졌고, 그 내용 역시 국민 다수가 공감할 수 있는 수준의 논리와 근거를 갖추고 있었기 때문에, 향후 조기 대선 과정에서 헌재의 정치적 편파성에 대한 논란은 크게 확산되지 않을 가능성이 높다.

'사법부의 하나회'로 불리우는
특정 연구회의 과잉 대표성

윤석열 전 대통령에 대한 탄핵이 만장일치로 인용되고 파면된 이후 한덕수 대행이 과도기적으로 국정 운영의 책임을 맡으면서 예상치 않은 '사법 전쟁'이 전개되었다. 그것은 다름 아니라 그동안 마은혁 헌법재판관의 임명이 위헌적으로 미루어진 터라 그의 조기 임명 문제가 이슈가 될 것으로 예견했는데, 논란의 핵심은 한 대행이 마은혁 재판관과 함께 2명의 헌재 재판관을 대통령의 몫으로 임명하면서 사법 전쟁이 날로 확장되고 있다는 것이다. 그 배경을 잠시 살펴보자.

만약 이재명 대표가 대통령에 당선된다면 대한민국의 권력 구조는 헌정 사상 유례없는 일방적 구도로 재편될 가능성이 컸다. 현재 민주당은 국회에서 과반 의석을 안정적으로 확보하고 있으며, 여기에 조국혁신당, 진보당, 기본소득당 등 범여권 성향의 위성 정당들까지 가세한다면 전체 의석의 3분의 2에 육박하는 이른바 '개헌 저지선을 초월한 입법 연합'이 형성된다.

이처럼 압도적 다수 의석을 기반으로 한 국회는, 사실상 어떤 법안이든 손쉽게 통과시킬 수 있는 구조로 변모하게 되며, 윤석열 정부 시절 자주 등장했던 대통령의 '거부권' 행사도 더 이상 정치적으로 필요한 상황이 아니게 된다. 대통령과 국회가 완전히 같은 방향을 바라보는 일원화된 권력 구조 속에서 입법부는 더 이상 대통령 권력을 견제하는 기관이 아니라 실행력만을 보장하는 통과의례 기구로 전락할 우려가 컸다.

문제는 여기서 그치지 않는다. 이재명 대표가 과거부터 연루되어 있는 각종 범죄 의혹과 재판들—이른바 '사법 리스크'라 불리는 사건들—에 대한 처리 역시, 이처럼 집중된 권력 구조 안에서는 정무적 판단에 따라 얼마든지 영향을 받을 수 있다. 특히 헌법재판소는 이미 '우리법연구회' 및 '인권법연구회' 출신 인사들이 과반 이상을 차지하고 있는 상황이었으며, 여기에 마은혁 판사까지 새롭게 임명되었다.

이러한 구조는 대통령에게 매우 우호적인 헌법 해석을 가능케 하며, 나아가 '대통령 당선 이전 범죄에 대한 재판 가능 여부'처럼 정치적 이해가 걸린 핵심 사안에 대한 판단을 유리하게 끌고 갈 수 있는 기반이 된다. 이런 상황에서 4월 18일 퇴임하게 되는 문형배, 이미선 재판관의 후임을 한덕수 대행이 윤석열 전 대통령과 가까운 인사를 임명해 버린 것이다.

사법부 내부 사정도 크게 다르지 않다. 대법원의 정책 결정에 막대한 영향을 미치는 법원행정처장에는 우리법연구회 출신으로 분류되는 천대엽 대법관이 자리하고 있으며, 공수처 역시 여권 성향 인사들의 통제력하에 있게 된다는 평가가 많다. 이 같은 삼권의 친정부 성향 집중은, 대통령이 입법권, 행정권을 넘어 사실상 사법권까지 장악할 수 있는 구조를 만들게 된다.

사법부 역시 이런 상황에서 한덕수 대행은 그동안 임명을 대기하고 있던 마용주 대법관을 추가로 임명하였다. 그 결과 대법원 전원 합의체는 모든 성원이 완비되었으며, 소위 보수와 중도, 진보의

169

5. 대통령 탄핵과 조기 대선의 향배

대법관 성향에서 성향이 우위를 점하게 되었다. 이 역시 조기 대선 국면의 새로운 뇌관이 되고 있다. 왜냐하면 조기 대선의 최후 승자를 선택하는 데 가장 관건이 되는 것이 이재명 후보의 사법 리스크이고, 그 중의 핵심이 대법원 상고심에 올라가 있는 공직선거법 3심 판단이기 때문이다.

만약 현재의 대법원 전원 합의체가 조기 대선이 이루어지는 6월 3일 이전에 앞서 살펴본 파기 환송이든 파기 자판이든 1심의 징역형 선고를 내릴 경우에는 대선 정국이 큰 파장을 일으키게 된다. 동시에 12개의 혐의로 5개의 재판을 받고 있는 이재명 후보에게 있어, 최대의 아킬레스건은 대통령에 당선되더라도 당선 이전의 재판을 계속 받게되는지 여부에 대한 헌법 84조의 확고한 해석이다. 이 조항에 대한 확고한 해석을 대선 전에 전원 합의체에서 결정하는 것도 최종 승자가 되는 데 결정적인 타격이 될 수 있는 악재이다.

따라서 현재 한덕수 권한대행이 지명한 헌법재판관 2인에 대한 추가 임명 건을 국회와 민주당이 인정하지 않고 있는 상황은 조속한 정리와 제도적 합의가 필요하다.

동시에 헌법재판소와 대법원, 검찰·경찰 및 국가수사본부의 인적 구성과 운영체계에 대한 헌법적 정비와 명료한 기준 마련이 선행되지 않는다면, 이번 탄핵 국면에서 드러난 국정운영의 혼란과 국가기관의 헌법적 기능을 둘러싼 난맥상은 향후에도 반복되거나 더욱 확산될 우려가 크다.

법원의 내란죄 판결과
조기 대선

검찰은 지난 1월 27일 김용현 전 국방부 장관을 구속 기소하면서 12·3 비상계엄 사태의 주요 배경 중 하나로 윤석열 대통령이 '명태균 공천 개입 의혹' 등을 계엄의 이유로 언급한 사실을 공소장에 적시했다. 계엄군은 5만 7,000여 발 이상의 실탄을 소지한 채 투입됐고, 윤 대통령은 국회를 대체할 비상 입법 기구 지시까지 내린 것으로 조사됐다.

김 전 장관 공소장에는 '대통령'이라는 표현이 130회, '윤석열'이란 실명이 87회 등장해 사실상 윤 대통령이 주요 당사자임을 암시했다. 공소장에 따르면 윤 대통령은 2024년 총선 전부터 군 수뇌부와 '비상 조치'에 대해 논의했고, 특히 11월 24일에는 김 전 장관에게 직접 특단의 대책을 주문하며 계엄 선포문 초안을 작성하도록 지시했다.

윤 대통령은 국무회의록도 남기지 않은 채 일부 국무위원의 반대를 무시하고 계엄을 밀어붙였으며, 이에 대해 검찰은 헌법과 계엄법상의 절차 위반이라고 판단했다. 계엄 당시 상황은 '전시 또는 사변'이라는 헌법적 요건에도 미치지 못한 것으로 검찰은 보고 있다.

또한 윤 대통령은 계엄 실행을 군 사령관들과만 협의했고, 계엄 직후에는 정보사 요원이 부총리를 만나 비상 입법 기구 예산 지시가 담긴 문건을 전달한 사실도 확인됐다.

국회가 계엄 해제를 결의한 이후에도 대통령 측은 선관위 재투입 가능성을 타진하는 등 작전 지속을 시도한 것으로 검찰은 판단했다. 김 전 장관이 결국 "우리가 원하는 결과가 되지 않았다"며 실패를 인정한 발언도 공개됐다.

이와 같은 수사 결과는 대통령이 주장한 '비무장·경고성 계엄'과는 상반되는 정황들을 여럿 드러났다.

따라서 내란죄로 기소된 윤석열 전 대통령을 비롯한 관련자들의 재판은 조기 대선 국면과 병행하여 진행될 가능성이 높다. 헌법재판소의 탄핵 인용 결정은 형사 재판에서 다루는 내란죄의 유무죄를 직접 판단한 것은 아니지만, 비상계엄 선포와 관련된 위헌·위법 행위의 본질을 명확히 지적한 바 있다. 이러한 상황에서 새롭게 진행될 형사 재판에서 제시될 증거와 증언들은 조기 대선 정국에도 적지 않은 정치적 파장과 여론적 영향을 미칠 것으로 예상된다.

명태균 게이트와
조기 대선 정국

윤석열 대통령이 비상계엄을 결심한 배경에 '명태균 게이트'가 결정적 영향을 미쳤다는 분석이 제기되고 있다. 검찰 공소장에 따르면 윤 대통령은 2024년 11월 24일, 명태균 사건을 거론하며 "이게 나라냐, 특단의 조치가 필요하다"고 언급했고, 그날부터 김용현 전 장관이 계엄 선포문과 포고령 초안 작성을 시작했다.

뉴스타파가 입수한 수사 보고서에는 윤 대통령과 김건희 여사가 명태균으로부터 여론조사 결과를 직접 전달받은 정황과 함께 이들의 카카오톡, 텔레그램 대화 내용이 포함되어 있었다. 특히 대통령 부부가 명씨의 무상 여론조사 대가로 특정 인사에 공천을 줬다는 의혹이 확인되며 '공천 거래' 의혹이 증폭됐다.

2024년 12월 2일 명 씨가 수사 협조와 '황금폰' 공개 의사를 밝힌 직후, 윤 대통령은 다음날인 12월 3일 계엄을 선포했다. 민주당은 이를 두고 명 씨의 폭로를 차단하기 위한 정치적 계엄으로 규정하며 '명태균 특검법' 추진에 나섰다. 박찬대 원내대표는 "채해병 사건, 명태균 게이트, 12·3 계엄은 한몸"이라며 윤 대통령과 김 여사의 수사를 촉구했다.

특검법에는 명 씨의 여론조사 공작, 공천 개입, 권력형 특혜 의혹 등이 수사 대상으로 포함됐으며, 여권 내 유력 대선 주자들이 다수 연루됐다는 정황도 제기되고 있다. 현재 오세훈 서울시장, 원희룡 전 장관, 이준석 의원, 홍준표 대구시장 등이 관련 의혹을 받고 있다.

명 씨는 "누구 덕에 시장이 됐는지 모른 척하고, 고소로 답하느냐"며 정치권을 향해 강하게 비판했고, "명태균 특검에 찬성하라"며 공개적으로 도전장을 던졌다. 향후 '황금폰' 공개 여부와 특검 수사 진행 여부는 조기 대선 정국의 핵심 변수로 작용할 전망이다.

특히 최근 이루어진 명태균의 보석 석방과 관련된 정국의 흐름은, 단순한 개인의 사법적 해프닝을 넘어서 보수진영 전체의 대선 전략과 조기 대선의 후보 구도에 치명적인 영향을 미치고 있다. 특히 국민의힘 유력 대선주자 다수가 명태균과의 연루 의혹에서 자유롭지 않다는 점에서, '명태균 게이트'는 단순한 일회성 스캔들이 아니라 보수진영의 정통성과 도덕성에 심대한 타격을 입힐 수 있는 구조적 위기를 예고하고 있다.

첫째, 명태균의 보석 석방은 보수 후보군 전체를 대상으로 한 폭로의 입구가 열렸음을 상징한다. 이미 수감 중인 상태에서도 언론과 야당을 통해 '정치브로커 명태균'이 오세훈·홍준표·이준석 등 다수의 보수 진영 인사들과 직간접적 연루 관계를 주장하며, 여론을 크게 자극해왔다. 이런 상황에서 그의 석방은 본격적인 폭로전에 불을 붙이는 계기가 될 수 있으며, 이는 각 후보의 도덕성에 의문을 증폭시키는 결과로 이어질 수 있다.

둘째, 오세훈 서울시장의 대선 불출마 선언은 이 사건이 보수진영 유력 주자에 미친 직접적인 정치적 파장을 보여준다. 검찰은 이미 서울시청과 오 시장의 공관을 압수수색하며 여론조사 대납 의혹에 대한 강제 수사를 본격화했다. 이러한 수사는 단지 한 명의 후보에 대한 수사로 끝나는 것이 아니라, 보수 진영 전반에 걸친 '브로커-후원자-정치인' 삼각고리 구조를 드러내는 계기가 될 수 있다. 특히 오 시장이 최근까지도 대선 출마를 준비하고 당내 기반을 다지던 시점이라는 점에서, 갑작스러운 불출마는 이 사건이 보수진영의 전략 구도에 미치는 충격을 잘 보여준다.

셋째, '명태균 특검법'의 재표결은 보수 진영에 '제2의 치명타'를 가할 수도 있다. 민주당이 주도한 이 특검법은 기존의 김건희 여사 관련 내용을 포함한 총체적 비리 수사에서 한 발 물러서 명태균 중심으로 좁혀졌지만, 그만큼 수사 대상을 명확히 하여 보수진영을 더욱 압박하는 수단으로 변화했다. 특검법이 재표결되어 통과될 경우, 국민의힘 대선 후보들은 선거운동을 해야 하는 동시에 수사 대상이 될 수 있는 정치적 이중고에 직면하게 된다. 국민의힘 내 이탈표 가능성도 거론되며 당 내분 양상까지 예고되고 있다.

넷째, 여론전과 '이간계' 전략은 조기 대선 국면에서 민주당의 전술적 이점으로 작용할 가능성이 높다. 수감 중인 명태균이 폭로전을 이어가고, 특검이 이를 제도적으로 뒷받침할 경우, 국민의힘 내 대선 주자들 간의 상호 의혹 제기와 진실공방이 이어질 수밖에 없다. 이는 야권 연대 구도 형성을 방해하고, 제3지대나 이낙연계 중도층의 반사이익으로 이어질 수도 있다.

"

당신이 이 나라의 최종 결정권자입니다.
당신이 선택하는 사람이 바로
대한민국의 미래입니다.
국민을 최종 승자로 만들 수 있는
후보를 선택해주십시오.

"

조기 대선의
최종 승자로
가는 길

6.
조기 대선의
최종 승자로
가는 길

국민의힘 경선의 승자는
누가 될 것인가

대통령 탄핵 불구하고 뜨거운 열기의 국민의힘 경선[34]

국민의힘은 대선 후보 경선에 나설 것으로 예상되는 대권 주자가 많게는 15명에 이르렀으나 경선룰이 발표되면서 10명 내외로 축소되었다.

차기 대권을 향한 국민의힘 주자들의 출마 선언이 줄을 잇고 있다. 지난 4월 8일 안철수 국민의힘 의원이 제21대 대통령 선거 출마를 공식 선언했다. 주요 국민의힘 대권주자 중 첫 출마 선언이자 네 번째 대권 도전이다.

김문수 고용노동부 장관도 4월 8일 대선 출마를 위해 장관직에서 사퇴했다. 김 장관은 각종 여론조사에서 범보수권 대선 후보군 중 지지율 1위를 기록하고 있다. 한동훈 전 국민의힘 대표도 대선 출마를 선언을 하였다.

10명이 넘는 후보 간 치열한 경쟁이 예상되는 가운데 '게임의 룰'이 될 경선 규칙이 변경될지에 대한 관심이 쏠렸다.[35]

경선룰과 관련해 '탄핵 찬성파'와 '탄핵 반대파'의 유불리가 엇갈리며 신경전이 확산되었다. 당원 투표 비중을 줄이고 일반 국민 여론조사 비중을 늘리면 '탄핵 찬성파'에 유리하고, 반대라면 '탄핵 반대파'에 유리하게 작용할 것이란 관측이다.

안철수, 유승민 후보는 앞서 완전국민경선(오픈 프라이머리)을 주장하기도 했다. 당권을 친윤(친윤석열)계가 쥐고 있는 상황에서 현재의 룰대로 경선을 치르면 친윤 성향의 후보가 당선될 가능성이 높다는 위기감이 작용한 것으로 해석된다.

한편 국민의힘 대선 경선 기준을 적용한 구 여권 차기 대선 주자 선호도 조사에서 김문수 고용노동부 장관이 1위를 차지했다는 여론조사 결과가 4월 6일 나왔다. 윤석열 전 대통령의 파면 결정이 나온 직후 의뢰해 진행된 조사(경향신문 2025. 4. 6.)다.

한국갤럽이 서울경제신문 의뢰로 지난 4월 4~5일 진행한 여론조사 결과, 국민의힘 경선 기준(당원 50%, 일반 국민 50%)에 따라 국민의힘 지지층과 무당층 총 480명을 대상으로 대선 후보 선호도를 물었을 때 김 장관이 23%로 선두를 달렸다.

홍준표 대구시장은 16%, 오세훈 서울시장과 한동훈 전 국민의힘 대표는 나란히 14%였다. 안철수 국민의힘 의원은 5%였다. 유승민 전 국민의힘 의원은 4%에 그쳤다. 최종 국민의힘 경선룰이 결정될 경우 대체적인 순위가 김문수, 홍준표, 오세훈, 한동훈 등이 4강이고, 안철수,유승민이 2중 체제라 할 수 있다. 이런 상황에서 오세훈, 유승민이 불출마 선언을 하고 나경원 의원이 전격 출마함에 따라 경선 가도에 큰 파도가 쳤으나, 결국 경선의 최종 승자를 결정하는 변수는 되지 못할 것으로 보인다.

연령대별로 살펴보면 40대 이상에서는 김 장관에 대한 지지도가 높았고, 대구·경북과 강원, 부산·울산·경남 등 국민의힘 지지세가 강한 지역에서도 김 장관 지지도가 높았다. 홍 시장은 2030세대에서 선호도가 높았다.

반면 지지 정당에 관계없이 전체 응답자 1,012명을 대상으로 진행한 국민의힘 대선 후보 선호도 조사에서는 유승민 전 의원이 19%로 오차 범위 내 선두를 달렸다. 당심과 민심의 괴리가 수치로 드러난 것이다. 이런 이유로 유 전의원이 전격 경선 불출마를 선언하였다. 일각에서는 무소속 출마를 위해 제3지대 후보단일화를 모색할 것이라는 설도 있으나 그간의 행보를 봤을 때는 국민의힘을 떠나지 않을 가능성이 높아 보인다.

김 장관은 15%, 홍 시장이 13%, 한 전 대표는 11%였다. 안 의원은 8%였다. 선호하는 후보가 없다는 응답은 22%였다. 유 전 의원은 30~60대에서 지지율이 가장 높았고 18~29세에서는 홍 시장, 70대 이상에서는 김 장관의 지지율이 높았다. 유 전 의원은 진보·중도 성향의 유권자가 많은 광주·전남, 서울, 인천·경기, 대전·세종·충청 등에서 강세를 보였다.

국민의힘 지지층에서는 유 전 의원에 대한 지지도는 3%에 불과했다. 김 장관이 31%, 홍 시장이 18%, 한 전 대표가 16%였다.

국민의힘 경선 룰 확정, 후보간 이해득실 크게 달라

이번 헌법재판소의 탄핵 인용 결정은 조기 대선의 신호탄일 뿐만 아니라 보수 진영 내부의 권력 재편과 당내 경선 구도에도 중대한 변화를 촉발시키는 계기가 되었다. 특히 국민의힘 내부에서는 각 후보들의 '비상계엄'과 '탄핵'에 대한 입장이 향후 당내 경선과 본선 경쟁력에 적지 않은 파장을 미칠 것으로 보인다.

이런 비상한 상황에서 국민의힘은 4월 10일 대통령 후보 선출을 위한 경선 일정과 방식을 확정했다. 1차 예비 경선(컷오프)에서는

'일반 국민 여론조사(민심) 100%'로 후보 4명을 추리고, 2차 컷오 프에서 '일반 국민 여론조사 50%, 당원 투표(당심) 50%'로 본경선 에 오를 최종 후보 2명을 압축한다. 4인 경선에서 과반 득표자가 나올 경우 양자 결선을 하지 않고 최종 후보를 확정한다.

여론조사 과정에서 다른 당 지지자가 참여할 수 없도록 하는 '역 선택 방지 특례 조항'도 모든 경선 조사에 적용하기로 했다. 해당 조항에 따라 당원보다 일반 국민 선호도가 높은 후보가 불리할 수 있다는 지적도 나왔다.

제21대 대통령 선거 출마를 선언한 국민의힘 주자들은 4월 10일 발표된 대선 후보 경선 방식 등을 놓고 예민한 반응을 보이며 이해 득실에 분주하였다. 2025년 4월 15일 현재, 국민의힘의 제21대 대 통령선거 경선은 총 11명의 후보가 등록한 가운데 본격적인 경쟁 이 시작되었다. 주요 후보로는 김문수 전 고용노동부 장관, 한동훈 전 국민의힘 대표, 홍준표 전 대구시장 등이 있으며, 나경원 의원 과 안철수 의원이 4강 진입을 두고 치열한 경쟁을 벌이고 있다.

앞서 친한(친한동훈)계에서는 양자 경선 룰을 적용할 수 있다는 전망에 반발이 이어지기도 했다. 한 국민의힘 의원은 "4명 결선이 아닌 2명 결선으로 가는 것은 의도성이 있다. 특정 인물을 염두에 두고 한 것 아니냐는 오해를 살 수도 있다"고 주장했다.

홍준표 시장 역시 전날 자신의 페이스북에서 양자 경선과 관련 해 "본선이 한 달밖에 남지 않았고 양자 경선을 하면 감정이 격앙 돼 경선 후 봉합에 시간을 보내다가 본선에 참패한다"며 4자 경선 필요성을 주장한 바 있다.

또 다른 대선 주자로 거론되는 유승민 전 국민의힘 의원은 "선수가 경기 규칙에 대해 문제 삼는 것이 적절치 않다는 것은 잘 알지만 국민이 원하는 후보, 민심이 원하는 후보를 뽑아야 한다"며 100% 국민 경선 필요성을 강조했다. 그는 일반 국민 여론조사에 역선택 방지 조항이 도입되는 것을 두고도 "(여론조사 대상이) 국민의힘 지지층에 무당층으로만 돼 있는데 그렇게 하면 사실 당심 100%와 거의 비슷하다"고 지적했다.

대체로 당원들의 비중이 높은 가운데 사실상 결선 투표 제도를 도입한 것으로 한동훈 후보에게 상당히 불리할 것으로 보인다.

보수 대권 주자들의 연쇄 불출마 – '한덕수 차출론'의 의미와 한계

2025년 조기 대선을 앞두고 보수 진영의 유력 주자였던 오세훈 서울시장과 유승민 전 의원이 잇달아 대선 불출마를 선언했다. 이 흐름은 단순한 개인의 선택이라기보다, 보수 진영 내부의 위기감, 제도적 한계, 그리고 차기 후보 구도를 둘러싼 전략적 재편 과정의 일환으로 해석된다.

오세훈 불출마 선언의 다층적 배경과 명태균 변수

오세훈 시장은 4월 12일, 출마 선언을 하루 앞두고 돌연 불출마를 선언했다. 겉으로는 윤석열 전 대통령 탄핵 사태에 대한 자성의 메시지를 내세웠지만, 실제로는 여러 복합 요인이 얽혀 있다. 핵심 변수는 명태균 씨의 보석 석방과 수사 확대 가능성이다. 윤 전 대통령 부부의 공천 개입 의혹과 연결된 명태균 사건은, 오 시장 측근이나 정책라인까지 영향을 미칠 가능성이 제기되고 있으며, 이는 사법 리스크로 비화될 수 있는 민감한 지점이다.

게다가 토지거래허가제 정책 번복 등 최근 행정 리더십에 대한 비판 여론과 당내 지지율 정체도 부담이 되었을 것으로 보인다. 결과적으로 오 시장은 불확실한 경선 경쟁에서 무리하게 승부를 걸기보다는, 정무적 부담을 최소화하는 쪽으로 전략을 전환한 셈이다.

유승민 불출마 선언과 '보수정당 구조 비판'

유승민 전 의원은 이보다 하루 늦은 4월 13일, 국민의힘 경선 불참을 선언했다. 그는 이번 경선에서 도입된 역선택 방지 장치를 강하게 비판하며, 사실상 당심 중심의 폐쇄적 경선 구조에 대해 정치적 결별을 고한 셈이다. 보수 대통령이 연이어 탄핵당한 상황에서도 국민의힘은 "아무런 절박함이 없으며, 대선 패배를 기정사실화하고 있다"는 유 전 의원의 발언은 보수정당 내부의 반성과 혁신 부재에 대한 고발이자 유서 없는 사직서였다.

그는 중도 확장, 수도권 기반, 개혁보수라는 정치적 지향을 분명히 하며, 향후 중수청(중도 수도권 개혁보수)의 목소리를 대변하겠다는 메시지를 남겼다. 이는 보수의 외연 확장보다는 조직 생존에 몰두하고 있는 국민의힘 지도부에 대한 구조적 비판이다.

한덕수 차출론의 가속과 전략적 공백의 현실화

이처럼 중도 확장성을 갖춘 오세훈과 유승민이 모두 불출마를 선언하면서, 당내 경선은 사실상 윤석열 잔여 세력 혹은 조직 중심 인물들의 무대가 될 가능성이 커졌다. 이런 가운데, 중진 의원들을 중심으로 한덕수 권한대행 차출론이 다시 힘을 받고 있다.

한 대행은 본인이 출마선언을 하지도 않은 상황에서 2%에서 시작하여 8.6%를 기록, 1위 김문수(10.0%)를 2% 차이로 바짝 추격했다. 낮은 인지도 속에서의 수치이기에 정치적 비호감이 없는 '무풍지대형 카드'로 주목받고 있다. 특히 '윤심'과 일정한 거리를 두면서도, 행정 경험과 안정감을 겸비한 통합형 인물로 부상할 가능성이 열리고 있다.

오세훈과 유승민의 불출마는 단지 두 명의 정치인이 빠진 것이 아니라, 보수 진영 내에서 중도 확장성과 개혁보수 노선을 대표할 두 축이 동시에 사라진 것을 의미한다. 이는 결과적으로 보수 내부의 전략적 공백이 현실화되고 있으며, 국민의힘이 '윤석열 이후'를 준비하지 못한 채 당내 조직 중심의 경선 구도에 머무르고 있다는 방증이다.

이 공백을 메우기 위해 한덕수 권한대행이 현실 정치 전면에 차출될 경우, 그의 선택은 단순한 행정가의 출마가 아니라, 보수 전체의 재조정 신호가 될 수도 있다. 하지만 그마저도 실패할 경우, 조기 대선은 보수의 자가소멸 구도로 빠질 가능성도 배제할 수 없다.

국민의힘 경선의 최대 변수
- 계엄 및 탄핵에 대한 입장

현재 국민의힘 경선구도는 다층적으로 전개되고 있다. 첫째는 윤석열 전 대통령에 대한 탄핵 찬성 여부에 따른 김문수 홍준표 & 한동훈의 전쟁이다.

둘째는 국힘당의 견고한 지지기반이라 할 수 있는 보수의 심장 TK의 전쟁이라 할 수 있는 김문수와 홍준표의 전쟁이다.

김문수·홍준표 vs 한동훈: 계엄과 탄핵 입장, 그리고 이재명 경쟁력

김문수 전 노동부장관은 비상계엄 논의와 탄핵 모두에 대해 윤석열 대통령을 철저히 옹호해온 대표적인 친윤 인사다.

특히 김 전 장관은 민주당에 의해서 주도된 윤 대통령 탄핵 국면에서 다른 어떤 후보보다 강력하게 탄핵을 반대하였고, 동시에 윤 대통령에 대한 적극적 지지를 표명하였다. 또 조기 대선에 대한 기대나 희망보다는 당장 윤 대통령의 복귀를 위한 노력에 진정을 보였다.

그 결과 윤 대통령은 물론 국민의힘과 광화문 집회에 나오는 열성 지지층으로부터 압도적인 지지를 받아 중간에 '김문수 돌풍'을 잠시 일으켰으나 지금은 다소 하락하였지만 여전이 국민의힘 후보중에서 1위를 유지하고 있다.

반면 한동훈 전 법무부 장관은 비상계엄과 탄핵 국면에서 참으로 힘든 과정을 거쳐야 했다. 초기 계엄 선포가 되었을 때 비대위원장으로 누구보다 먼저 '계엄 반대, 탄핵 찬성'의 입장을 보여 윤석열 전 대통령과의 관계 악화는 물론 국민의힘 전통 지지층으로부터 '배신자'라는 비난에 휩싸였다.

설상가상으로 비상계엄을 선포했던 윤 대통령의 지지가 계엄 이전 재임 시절보다 높아지고, 탄핵이 기각될 움직임을 보이자 한동훈 전 장관의 입지는 현저히 축소되었다. 다행히 대통령 탄핵이 만장일치로 인용되면서 국민의힘 내에서 '계엄 반대 - 탄핵 찬성'을 확고히 유지했던 합리적 보수 입장을 견지함으로써 국민의힘 경선에서는 상대적으로 불리하겠지만, 본선에서의 중도층에 대한 외연 확대 가능성은 다른 어떤 후보보다 나은 상황이다.

이 두 사람의 차이는 당내 경선 국면에서도 명확하게 드러난다. 한동훈은 윤석열 정부의 핵심 인사였음에도 불구하고, 윤 대통령 탄핵에 대해 일정한 선을 긋는 독자 노선을 시사하며 '합리적 탈윤심'을 감행해왔다. 이 노선이 성공할 경우, 그는 본선에서 중도 확장성이 가장 높은 보수 후보로 자리매김할 수 있다. 그러나 국민의힘의 경선은 당원 투표 비중이 절대적인 구조다. 이 지점에서 '윤석열을 버린 배신자'라는 프레임이 강하게 작동한다면 당내 경선에서 김문수에게 크게 밀릴 가능성도 배제할 수 없다.

홍준표 대구시장은 광역 지방 정부의 수장이라는 한계에도 불구하고 시종일관 계엄과 탄핵에 대해서 윤 대통령의 입장을 옹호하는 행보를 취했다. 하지만 오세훈 시장처럼 홍 시장 역시 명태균 게이트에 연루되어 국민의힘 지지층으로부터 향후 대권 가도에 우려섞인 시선을 받고 있다. 설상가상으로 자신과 지지층이 겹치는 김문수 전 장관이 당내 강성 지지층의 지지를 대부분 흡수하여 어려움을 겪고 있다.

원희룡 전 장관은 윤석열 전 대통령 탄핵 등에 책임감을 느끼며 불출마를 선언했다.

결론적으로 이번 헌재의 만장일치 결정은, 국민의힘 경선 판도를 새롭게 흔드는 결정적 계기가 되었다. 특히 한동훈은 '윤석열 이후의 보수'를 상징할 수 있는 개혁적 보수의 의미있는 카드였지만, '배신자 프레임'이라는 독배를 안고 있다. 김문수는 충성심과 강성 보수의 아이콘이라는 무기를 가졌지만, 본선에서 확장성의 한계에 직면할 가능성이 높다.

누가 당내 경선을 통과하든, 장미가 피는 계절의 본선 무대에서는 '헌법적 책임'과 '시대정신'이라는 질문에 반드시 답해야 한다. 탄핵의 정치는 끝났지만, 탄핵이 던진 숙제는 이제 시작된 셈이다.

김문수 vs 홍준표: 보수의 심장을 쥔 TK의 전쟁

TK(대구·경북) 지역은 보수 정당의 심장부이자 조직력의 근거지다. 김문수 장관은 '강성 보수의 아이콘'으로 부상하며 TK와 60대 이상에서 강력한 지지를 얻고 있다. 윤 대통령과의 친밀한 관계 역시 당내 경선에서 큰 자산이다. 그러나 전광훈 목사와의 연계 이미지, 강경 보수의 입장에서 오는 중도 확장성의 한계는 본선 경쟁력 측면에서 약점으로 작용할 수 있다.

이에 맞서는 홍준표 시장은 특유의 직설 화법과 정치·행정 경험을 강점으로 내세운다. 그러나 '독선적'이라는 인상, 막말 논란, 과거 당심에서의 패배 경험은 여전히 부담이다. 최근 김문수 장관의 "일제하 국민의 국적은 일본" 발언에 대해 '망발'이라며 공개 저격한 것도 사실상 조기 대선 전투의 시작을 알리는 신호탄이었다.

현재까지는 당내 지지율 1위를 달리고 있는 국민의힘 김문수 후보가 조기 대선에서 최종 승자로 부상하기 위해서는 그의 정치적 자산과 한계, 외부 환경을 냉정하게 분석한 후 이에 기반한 전략적 대응이 필수적이다.

첫째, 강점(Strengths)의 극대화 전략

김문수 후보는 이미 경기도지사와 고용노동부 장관 등을 역임한 바 있는 보수 진영의 중량급 정치인으로, 풍부한 행정 경험과 노동·복지 분야에 대한 전문성을 갖추고 있다. 특히 1980년대 노동운동 출신이라는 이색적 이력은, 보수 정치인 중에서도 '사회적 약자에 대한 이해와 실천'의 이미지로 차별화될 수 있다. 이는 보수 후보로서 중도층과 MZ 세대의 지지를 획득할 수 있는 희귀한 자산이다. 따라서 김 후보는 자신이 걸어온 '좌우 이단자'적 경로를 '국민 통합의 리더십'으로 재해석하고, 대중과의 소통을 통해 따뜻한 보수, 실용적 보수의 대표 주자로 자리매김할 필요가 있다.

둘째, 약점(Weaknesses)에 대한 선제적 대응

김문수 후보는 종종 과격하거나 비현실적인 언행으로 '망언' 논란에 휘말린 바 있다. "내가 도지사다, 그래서 어쩌란 말이냐"는 소

방관 통화 발언, 김구 선생과 일제 식민지 국적 관련 발언, 공산주의자 운운한 문재인 관련 발언, 그리고 전광훈 목사에 대한 무분별한 찬사 등은 본선 경쟁력에 심각한 부담을 준다. 이는 극우적 이미지로 각인될 수 있으며, 국민의힘 내부에서도 우려의 대상이다.

김 후보는 이러한 과거 발언을 정리하고, 국민 눈높이에 맞는 언어로 새롭게 단련된 '책임 있는 보수 후보'로의 전환을 시도해야 한다. 과거 발언에 대한 진지한 해명과 반성도 필요하며, 실천적 정책과 일관된 메시지를 통해 안정감 있는 리더로 재탄생해야 한다.

셋째, 기회(Opportunities)의 실질적 활용

현재 국민의힘 내에서는 다수의 군소 후보들이 난립하고 있으나 압도적 1강이 없는 상태다. 한동훈, 홍준표, 안철수 등의 유력 주자들도 당내 균열과 정체성 논란을 불러일으키고 있다. 이 틈을 타 김문수 후보는 '선명한 보수 가치'와 '생활 밀착형 실천력'을 앞세워 당심을 결집시킬 수 있다. 특히 윤석열 전 대통령 탄핵 이후 당의 정체성과 미래를 걱정하는 전통 보수 지지층에게 김 후보는 '좌우를 모두 경험한 확고한 보수 지도자'라는 상징적 인물로 어필할 수 있다.

넷째, 위협(Threats)의 전략적 전환

무엇보다 본선 경쟁력에 대한 의구심은 김문수 후보가 반드시 넘어서야 할 가장 큰 장벽이다. 강성 보수층에게는 환영받을 수 있지만, 중도층과 2030세대에는 여전히 '과격한 보수'로 받아들여질 위험이 크다. 이는 이재명과의 본선 구도에서 '극과 극'의 대립 구도로 몰릴 수 있으며, 이재명에게 의외의 결집 효과를 제공하는 부메랑이 될 수도 있다. 따라서 김 후보는 과거의 언행을 재정비하고, 새로운 비전과 스마트한 정책 콘텐츠를 준비해야 한다. 특히 '감성에 호소하는 보수', '약자와 동행하는 보수'라는 이미지 구축은 중도 외연 확장을 위한 핵심 전략이 되어야 한다.

일부 민주당 인사들은 "김문수 후보가 가장 상대하기 쉬운 상대"라며 김문수 전 지사의 보수 후보 가능성에 대해 전략적 접근을 하고 있다.

결론적으로, 김문수 후보가 조기 대선의 최종 승자가 되기 위해서는 자신의 역사적 서사를 국민 통합형 보수의 상징으로 승화시키고, 말 실수라는 약점을 전략적 커뮤니케이션으로 보완하며, 당내 무주공산의 기회를 활용하고, 본선 경쟁력이라는 위협을 중도 외연 확장으로 전환시키는 정교한 전략이 필요하다. 지금이야말로 그가 외쳐온 '위대한 대한민국의 부활'이라는 슬로건을 진정한 국가 통합의 언어로 바꿔낼 때다.

한동훈, 중도 확장의 카드

대선은 51:49의 게임이다. 중도층을 얼마나 확보하느냐가 승부의 열쇠다. 한동훈 전 장관은 《국민이 먼저입니다》 출간과 북 콘서트 등으로 정치 재개의 시동을 걸었다. 중도 확장성과 팬덤, 대중성은 강점이나 '배신자 프레임'과 친윤계의 견제는 여전한 위협이다. 그렇다면 한동훈의 강점과 약점, 그리고 조기 대선에서의 최종 승자의 가능성은 어떨 것인가?

강점(Strengths): 새로운 정치의 아이콘 + 법치의 상징

한동훈은 기존 정치권과는 확연히 다른 이미지, 즉 '비정치인 출신의 스마트한 엘리트'로서 신선한 정치적 대안을 갈망하는 유권자들에게 강한 인상을 주고 있다. 특히 보수층에게는 검사 시절의 이력은 정의, 공정, 법치주의의 대명사처럼 인식되며, 윤석열 전 대통령과의 차별화에도 일정 부분 성공한 상황이다. MZ 세대를 중심으로 '한동훈 스타일'을 지지하는 고정 팬덤까지 형성되어 있어 짧은 시간에 대중적 인지도와 호감도를 확보했다.

해법은 이 강점을 극대화하기 위해서는 '청렴함'과 '정의감'의 상징으로 자신의 브랜드를 확고히 구축하고, 정치적 중립성과 실용주의를 강조한 정책 행보를 강화할 필요가 있다. 특히 젊은 세대와 여성층에 어필할 수 있는 문화적 감각과 SNS 전략이 유효하다.

약점(Weaknesses): 정치 경험 부족 + 국정 운영 검증 부재

한동훈 후보의 가장 큰 약점은 정치적 경륜과 리더십 검증의 부재다. 장관직 경험 외에는 국정 운영, 정치 연합, 외교·안보 이슈 대응 등에서 실제적인 리더십을 입증할 기회가 없었다. 이는 선거 국면에서는 '실체 없는 포장'이라는 비판으로 이어질 수 있다.

또한 검사 출신이라는 배경은 '윤석열 정권의 그림자'에서 완전히 벗어나기 어렵다는 딜레마로 작용할 수 있다. 윤 전 대통령 탄핵 정국을 거치며 보수 진영 전체가 흔들린 상황에서, 경선에서는 보수층 지지 후보, 그리고 본선에서는 중도층의 지지를 확보해야 하는데 국민의힘 지지층으로부터 "배신자 프레임"이 워낙 커서 당장 경선의 최종 승자가 되기가 무척 어려운 상황이다.

따라서 그 해법 역시 과거 윤석열과의 관계를 감정적으로 매듭짓기보다 '의견의 다양성은 인정하지만, 나는 내 길을 간다'는 분명한 메시지를 통해 정치적 독립성을 선포하는 것이 중요하다. 동시에 구체적인 국정 비전, 특히 외교, 안보, 경제 등 전통 보수의 관심사에 대해 실무적 전략과 전문가 네트워크를 공개함으로써 국정 리더십에 대한 신뢰를 높여야 한다.

기회(Opportunities): 세대 교체 + 보수의 리브랜딩 주자

윤석열 전 대통령의 탄핵과 국민의힘 내부의 분열 이후 보수 진영은 새로운 리더십의 등장을 요구받고 있다. 이때 '정치권 밖'에서 온 한동훈은 가장 선명한 대안이자 희망으로 작용할 수 있다. 특히 기존 정치인에 염증을 느끼는 젊은층과 중도층이 '새 얼굴' 한동훈에게 기대를 걸고 있는 분위기가 형성되고 있다.

또한, 보수 진영은 여전히 인물난에 빠져 있다. 홍준표, 김문수 등 중진들은 세대 교체 바람에 밀리고 있으며, 안철수는 지지층 확장에 한계를 보이고 있다. 이 틈에서 한동훈은 보수의 세대 교체 아이콘으로 부상할 수 있는 절호의 기회를 맞고 있다.

이러한 기회를 살리기 위해선 '혁신 보수', '중도 통합', '청년 미래'와 같은 키워드를 전략적으로 구체화해야 한다. 보수 내부에선 안정감과 신뢰를, 외부에선 신선한 희망을 동시에 줄 수 있는 '하이브리드형 리더십'의 롤모델로 거듭나야 한다.

위협(Threats): '윤석열 시즌2' 프레임 + 본선 약체 우려

한동훈을 향한 가장 큰 위협은 본선에서 일반 국민들에게 '윤석열 시즌2'라는 프레임이다. 윤 전 대통령의 탄핵이 정당하다는 국민 여론이 다수인 상황에서, 윤 전 대통령과 밀접했던 인사로 각인되는 것은 치명적일 수 있다. 특히, 이재명 후보 측은 이러한 이미지를 극대화해 '검찰 권력의 연장'이라는 공격을 집중할 것으로 예상된다.

또 하나의 위협은 본선에서의 약체 이미지다. 당내 경선에서는 돌풍을 일으킬 수 있으나 본선에선 '정치 초보', '실무만 잘하는 관리자'라는 이미지가 부각되어 좌우로부터 집중 포화를 받을 수 있다. 이재명 진영은 그를 '무능한 검사 정치인'으로 중도 진영은 '검찰 권력의 아바타'로 낙인 찍을 수 있다.

따라서 한동훈은 '정치적 중립'과 '정권 교체 이후의 새로운 리더십'을 강조하며 윤 전 대통령과의 차별화를 명확히 해야 한다. 동시에 '민생, 미래, 희망'을 키워드로 한 정책 어젠다를 제시하고, 단순한 검찰 엘리트가 아닌 '국민과 함께 걷는 생활형 대통령'이라는 이미지를 강화할 필요가 있다.

한편 홍준표 시장은 오랜 정치 경험과 강한 직설 화법을 바탕으로 보수 핵심층의 확고한 지지를 확보하고 있다. 특히 윤석열 전 대통령 탄핵 이후 당내 비윤(非尹) 세력의 재편 가능성이 부각되는 가운데, 홍 시장은 "윤심에 휘둘리지 않는 보수 정치인"으로서 독자적 상징성을 지닌다. 대구라는 보수 진영의 본산을 기반으로 지방행정 경험까지 갖춘 '정치-행정 겸비형 인물'이라는 점도 경쟁력이다.

그러나 막말 논란과 갈등 유발 이미지, 높은 비호감도는 여전히 약점이다. 중도층 확장성이 낮고, MZ세대와의 정서적 거리도 크다. 또한 당과의 잦은 충돌로 인해 조직 기반이 불안정하다는 점도 본선 경쟁력에 부담이다.

나경원 의원은 보수 정당 최초의 여성 원내대표이자, 비교적 온건하고 부드러운 이미지로 중도층과 여성 유권자에게 호소력을 가진 인물이다. 윤석열 정부 초기 대통령실과의 갈등 이후, 독립성과 정치적 자존감을 어느정도 지켜오다가 탄핵 정국에서는 "확실한 윤심의 대변인"으로 자신의 위상을 급반전시킨 것은 향후 당내 리더쉽은 어느정도 강화시킬 수 있으나 대중적 리더로서의 위상 확보는 큰 한계가 될 것이라는 지적이 많다.

대중적 지명도에 비해 뚜렷한 정책 비전이나 리더십 기반이 약하다는 평가를 받는다. 당내 확고한 세력 기반도 부족하며, 대권 도전을 위한 전략적 무게감이 다소 모호하다는 지적이 있다. 나경원 의원이 출마선언 이후 첫 행보를 김문수 전 장관과 햄버거 회동을 한 것으로 봐서 국민의힘 경선과정에서 전략적 제휴를 할 것으로 보인다.

결론적으로 홍준표는 강한 보수성의 캐릭터, 나경원은 온건 보수와 중도 확장성이 각각 장점이지만, 두 인물 모두 정치적 구심력과 당내 기반 약화라는 한계를 극복하지 못할 경우, 조기 대선에서 돌파구를 마련하기는 쉽지 않을 것이다.

안철수 의원은 '반(反)이재명' 전선을 중심으로 보수·중도 통합을 강조하며 유연한 포지션을 강점으로 내세운다. 다만 정체성 희미화와 존재감 약화, 당내 기반 부재는 치명적인 약점이다.

떠오르는
국민의힘의 히든 카드?

조기 대선 정국의 불확실성이 커지고 있는 가운데 보수 진영 내부에서 '한덕수 대통령 권한 대행 차출론'이 점점 힘을 얻고 있다.

이는 단순한 일회성 화제에 그치지 않고, 현재 국민의힘이 처한 구조적 위기와 대선 전략 부재를 상징적으로 드러내는 중요한 신호이기도 하다.

윤석열 전 대통령이 헌재에 의해 파면된 이후, 국민의힘은 단기간 내 유력한 대선 후보를 발굴해야 하는 급박한 상황에 놓였다. 유력 주자군인 김문수, 홍준표, 한동훈, 안철수 등이 각기 다른 지지층과 정치색을 가지고 있지만, 이들 중 누구도 '압도적 1강'으로 자리잡지 못하고 있는 실정이다. 이러한 가운데 당내 중진 의원들 사이에서는 "결국 지금 상황을 수습할 수 있는 안정감 있는 리더가 필요하다"는 문제의식이 퍼지고 있으며, 그 대안으로 한덕수 대통령 권한 대행이 부상하고 있는 것이다.

한덕수는 전북 출신으로, 윤석열 정부의 초대 국무총리로서 국정 전반에 걸친 행정 경험과 경제 관료로서의 전문성을 인정받아 왔다. 특히 탄핵 직후 대통령 권한 대행으로 복귀한 이후, 헌법재판관 3인을 전격 지명하며 보수층의 주목을 끌었다. 이는 단순히 헌재 기능의 마비를 막기 위한 조치에 그치지 않고, 헌재 구성의 이념적 균형을 바로잡겠다는 보수 진영의 전략적 포석으로 해석되고 있다.

한편, 정치권 내부에선 그의 산불 현장 방문 장면이 방송을 통해 전파되면서 감성적 공감대를 형성했고, 이는 국민의힘 대구·경북(TK) 지역 의원들 사이에서 "그 영상 봤냐"는 말로 이어질 만큼 파급력을 가졌다. 박덕흠, 박수영 등 복수의 현역 의원들이 직접 설득에 나서고 있으며, "최근 50여 명의 현역 의원이 출마 촉구기자회견을 하려다 당지도부의 만류로 연기했다"는 구체적 언급까지 나왔다. 결국은 50여 명의 현역 의원이 한덕수 대행의 출마를 권유하는 입장을 발표함으로서 한 대행에 대한 국민의힘 국회의원들의 갖는 기대감이 상당함을 쉽게 알 수 있다.

국민의힘 지도부도 일정 부분 차출론에 호응하고 있다. 권성동 원내대표는 "한 권한 대행이 후보로 적절하지 않느냐는 의원들의 의견이 많다"고 공언했으며, 당 지도부 일각에서는 "식상한 기존 후보군과 달리 새 인물로서의 매력이 있다"는 평가도 나온다. 그러나 동시에 과거 황교안, 반기문 사례처럼 '정치적 카리스마의 한계'와 '국민적 파급력 부족'이라는 회의적 시선도 존재한다. 따라서 "추대가 성급하면 당의 분열로 이어질 수 있다"는 신중론 역시 강하게 제기된다.

이에 대해 한덕수 본인은 최근 총리실 간부들에게 "대선의 'ㄷ' 자도 꺼내지 말라"고 선을 긋고 있으나 정작 주변에서는 "지지층의 요청과 상황의 압력이 결국 출마로 떠밀 수 있다"는 전망이 지배적이다. 더욱이 한 권한 대행이 최근 미국 트럼프 전 대통령과의 통화, CNN 인터뷰 등 대외 행보에 속도를 내고 있다는 점에서 '선거 기획 전문가들이 움직이고 있다'는 추측도 나온다.

결과적으로 한덕수 차출론은 단순한 '정치적 해프닝'이 아니라 이재명이라는 강력한 대세 주자에 맞서기 위한 보수 진영의 절박한 전술로 볼 수 있다. 더불어, 지금의 탄핵 이후 헌정 질서의 혼란 국면에서 중도 확장성과 경제 전문성을 갖춘 인물이 필요하다는 판단 아래, '이재명의 확고한 대세론'에 맞서 이길 수 있는 '반(反)이재명 연합의 히든 카드'를 찾는 움직임이 나타나고 있기 때문이다.

그러나 이 모든 흐름은 결국 한덕수 본인의 결심 여부에 달려 있다. 그의 입이 열리는 순간, 국민의힘은 새로운 판을 짜게 될지도 모른다. 그리고 그 순간, 이재명 대세론과 불가론 사이에서 흔들리는 여론의 추도 크게 요동칠 것이다.

일각에서는 한덕수 대행이 일단 무소속으로 출마하여 중도를 중심으로 지지를 확보한 이후 국민의힘 경선의 승자와 후보 단일화를 해서 최대한 시너지를 얻는다는 내부 전략도 수립했다는 설이 나돈다.

한덕수 대행, 조기 대선의 최종 승자가 될 수 있을까?

한덕수 대통령 권한대행이 조기 대선에서 최종 승자가 될 수 있을지를 평가하기 위해서는 그의 장점과 약점, 기회와 위협 요인을 종합적으로 살펴볼 필요가 있다. 이를 SWOT 분석에 기반해 평가해 보면 다음과 같다.

한덕수 권한대행의 가장 큰 강점은 김영삼 정부에서부터 윤석열 정부에 이르기까지 총 다섯 개 정부를 거치며 국무총리, 주미대사, 경제부총리 등 핵심 직책을 두루 경험한 점이다. 특히 경제와 통상 분야에 대한 높은 전문성과 실무 감각은 물론, 국제 외교무대에서도 검증된 인물이라는 평가를 받고 있다.

이러한 다면적 경험은 국가 경영의 연속성과 안정을 바라는 유권자들에게 매우 신뢰를 줄 수 있는 자산이다. 또한 한 권한대행은 오만하지 않고 겸손하며, 권위주의적이지 않으면서도 정중하고 품위 있는 리더십을 유지해왔다는 점에서 '갈등의 시대'에 필요한 통합형 리더로 평가받을 수 있다. 어떤 면에서는 이재명의 권위주의적이면서도 투쟁이고, 마키아벨리적인 리더쉽과는 정면으로 배치되는 리더쉽이다. 이러한 한덕수의 리더십은 중도층과 무당층, 그리고 이른바 '이재명 불가론'의 정서와 맞물려 보수-중도-개혁 진영까지 아우르는 확장성의 기반이 된다.

그러나 동시에 몇 가지 약점도 분명히 존재한다. 우선 윤석열 정부의 총리이자 대통령 권한대행으로서 헌재 탄핵 선고 이후 3인의 헌법재판관을 임명하면서 '내란 연장'이라는 강한 반발에 직면한 바 있다. 특히 야당은 윤석열 전 대통령과 한덕수 권한대행이 사전 공모했을 가능성까지 제기하며 그의 독자 출마에 대해 극렬히 반대하고 있다.

또한 그가 당내 경선에 정식으로 참여하기보다는 추대 혹은 무소속 방식으로 출마하는 경우, 국민의힘 내부의 공정성 논란과 정당성 시비가 불거질 수밖에 없고, 당내 후보들과의 갈등은 피할 수 없게 된다.

기회의 측면에서 보자면, 현재 국민의힘 내부에는 확고한 대선 주자가 존재하지 않고 있다. 김문수 장관, 홍준표 시장, 한동훈 전 대표 등 여러 후보가 거론되지만, 결정적인 1강 체제가 없는 상황에서 한덕수 권한대행은 '예상 밖의 히든 카드'로 국민의힘과 중도 진영이 동시에 기대를 걸 수 있는 인물로 떠오르고 있다.

특히 일부 전략가들은 그가 무소속으로 출마하더라도 본선 직전 국민의힘 후보와의 단일화를 성사시킬 경우, 이재명 후보를 꺾을 수 있는 가장 안정적인 연합 구도를 구축할 수 있다고 본다. 60명에 가까운 국민의힘 의원들이 공개 기자회견을 통해 '한덕수 차출"을 요구하려다 중단하고 성명으로 대신한 것은 지금의 국민의힘 내부 분위기를 가장 여실히 보여주는 징표라 할 수 있다. 아울러 그가 호남 출신이라는 점은 보수 정치인들에게 드물게 중도와 호남 유권자층을 설득할 수 있는 유리한 요인으로 작용한다.

하지만 그에게 놓인 위협도 만만치 않다. 민주당을 중심으로 한 진보 진영은 한 권한대행이 헌법재판관 인사권을 행사한 이후 그를 '윤석열 체제의 연장자', '내란 세력의 대리인'으로 규정하고 있다. 이같은 프레임이 선거 과정에서 유권자들에게 각인될 경우, 중도 확장력은 제약을 받을 수밖에 없다. 무엇보다 '황교안'이나 '반기문'의 사례처럼 언론과 정치권에서 일시적으로 부각됐다가 결국 자중지란으로 끝났던 선례는 한 권한대행에게도 현실적인 위협 요소다. 동시에 태생적으로 관료적 한계를 벗어나지 못하고 예상치 못한 복병을 만날 경우 중도에 포기할 가능성도 높다.

종합하면, 한덕수 대통령 권한대행은 장기적인 행정 경험과 정책적 안정성, 겸손한 리더십이라는 강점을 바탕으로 조기 대선의 복잡한 구도 속에서 중도적 대안으로 부상할 수 있는 잠재력을 갖추고 있다. 그러나 그는 동시에 윤석열 정권의 핵심 인사라는 점에서 야권과 중도 진영의 반발에 직면할 수 있으며, 경선 절차를 우회하는 방식이 정당성과 민주적 정통성에 상처를 줄 수 있다는 우려도 없지 않다. 동시에 태생적으로 관료적 한계를 벗어나지 못하고 예상치 못한 복병을 만날 경우 중도에 포기할 가능성도 높다.

그의 성공 여부는 결국 정치적 결단과 더불어 국민이 그에게 어떤 기대와 믿음을 부여하느냐에 달려 있다.

국민의힘 경선의 승패는 단순히 당심과 민심의 비율이 아닌, 탄핵에 대한 입장과 중도 확장 전략의 교차점에서 결정될 가능성이 크다. 탄핵 인용 시 '60일 룰'에 따라 당내 경선과 본선을 동시 진행해야 하는 만큼 '선명성'과 '확장성'의 균형을 이룬 후보가 최종 승자가 될 가능성이 높다.

윤석열 대통령이 향후 직접 메시지를 던질 경우, 그 영향력은 파괴적일 수 있다. 하지만 이는 동시에 여권 내 심각한 분열을 초래할 수 있어 자칫 역풍의 불씨가 될 수도 있다. 윤석열 전 대통령의 대선 개입은 조기 대선 본선에서 상당한 부담 요인이 될 수 있으며, 역설적으로 '이재명 대통령 시대'를 앞당기는 트로이 목마로 작용할 가능성도 배제할 수 없다.

마치 "이재명 대표 체포"를 외치며 비상계엄을 선포했던 윤 전 대통령이 수 주 뒤 스스로 체포되고 구속된 아이러니와도 같은 비극적 해프닝을 연상케 한다.

결국 경선 승리는 '반이재명' 깃발 아래 보수와 중도의 균형을 잡을 수 있는 후보, 즉 당심과 민심을 동시에 설득할 수 있는 정치인에게 돌아갈 것이다. 그리고 그 인물은 '극단이 아닌 중심'을 선택해야하는 국민의힘의 새로운 얼굴이 될 수 있다.

이재명 일극 체제하의 비명 후보는 살아있는가[36]

윤석열 전 대통령 파면으로 6월 3일 조기 대선이 확정된 가운데 민주당 경선에서는 이재명 대표의 독주가 예상된다. 다른 주자들이 '어차피 대선 후보는 이재명'(어대명) 구도에 어느 정도 균열을 내는지가 관심사다. 유의미한 경쟁이 어려울 거라는 전망이 많다.

이 대표는 윤 전 대통령 탄핵 소추 이후 차기 지도자 선호도 여론 조사들에서 압도적 1위를 기록하고 있다.

이 대표의 대선 도전은 세 번째다. 박근혜 전 대통령 파면으로 치러진 2017년 조기 대선에선 문재인 전 대통령에게 경선에서 패했고, 2022년 대선에선 윤석열 전 대통령에게 본선에서 패했다.

이번에는 어느 때보다 당선 가까이 다가섰다는 분석이 많다. 윤 전 대통령 파면으로 치러지는 대선인 만큼 민심의 바람이 민주당 쪽으로 불 가능성이 높다. 2022년 8월 당 대표 취임 후 22대 총선 압승을 토대로 연임하면서 당을 완벽하게 장악했다는 평가를 받는다. 최근 공직선거법 위반 사건 항소심에서 무죄가 선고돼 사법 리스크 부담도 덜었다.

12·3 비상계엄 사태 이후 이 대표는 사실상 조기 대선 행보를 이어왔다. 이 대표의 '중도 보수' 선언은 국민의힘을 극우에 가둬 대선에서 중도층과 합리적 보수 표심을 끌어오려는 전략이라는 평가를 받았다. 공직선거법 2심 무죄 선고 직후 산불 피해 지역을 찾고, 처음으로 서해수호의날 기념식에 참석한 것도 대선 행보의 일환으로 해석됐다.

완전히 해소하지 못한 사법 리스크와 여전히 높은 비호감도가 약점이다. 이 대표는 대장동 사건과 위증 교사 등 12가지 혐의로 5건의 재판을 받고 있다. 조기 대선에서 이들 재판의 직접적 영향력은 제한적이나 국민의힘이 강한 네거티브 공세에 나설 것으로 보인다. 조기 대선의 승패를 좌우할 중도층과 2030 층에서도 여전히 이재명 대표의 사법 리스크와 이재명 포비아(공포심)에 대한 거부감은 여전히 높아 대선 승리를 결코 낙관할 수 없다.

비이재명(비명)계에서는 몇몇 인사가 대선 출마 의사를 확정하고 캠프를 꾸리는 것으로 알려졌다. 이들은 경선 과정에서 개헌, 당 정체성 논쟁 등을 두고 이 대표와 각을 세울 가능성이 있다.

문재인 정부 부총리 겸 기획재정부 장관 출신인 김동연 경기지사는 경제 전문성을 앞세워 중도층에게 지지를 호소할 것으로 보인다. 친문재인(친문)계 적자로 불리는 김경수 전 경남지사도 출마가 유력하다. 김두관 전 의원은 가장 먼저 대선 출마를 공식화하였으나, "후보들과 협의없는 경선 룰은 특정 후보를 추대하는 것 같다"며 민주당의 경선룰이 발표되자 전격 사퇴하였다.

한편 민주당 소속 김부겸 전 국무총리 역시 4월 9일 민주당 대선 후보 경선 참여에 불참을 선언했다.[37] 기자회견문에 따르면 "이번 대선은 더 큰 민주당으로 내란을 완전히 종식하고, 새로운 대한민국으로 나아가는 헌법 개정 등 제도 개혁의 전환점이 돼야 한다"고 강조했다.

일각에서는 김 전 총리가 조국혁신당이 제안한 범진보 진영 통합 '완전 국민경선'(오픈 프라이머리) 등에는 가능성을 열어두고 있는 것 아니냐는 추측도 나오지만, 오픈 프라이머리 성사 가능성이 희박한 상황임을 고려하면 이번 메시지는 사실상 불출마 선언으로 봐야 한다는 관측에 무게가 실린다.

앞서 다른 비명계 주자로 꼽히던 박용진 전 의원과 김영록 전남지사 역시 불출마를 선언한 바 있다. 결국 이번 결정은 민주당 경선에서 이재명 대표의 승리가 유력하게 점쳐지는 상황에서 비명(비이재명)계 주자들의 활동 공간이 넓지 않다는 현실적 문제 등을 고려한 것으로 보인다.

한편, 조국혁신당은 자당 후보를 내지 않기로 결정함으로써, "사실상 이재명 지지 입장"을 분명히 했다.

진보당은 본격적인 후보 선출에 돌입했다. 당원 총투표를 거쳐 오는 4월 19일 대선 후보를 확정할 예정이다. 진보당에선 김재연 상임대표와 강성희 전주시 지역위원장이 앞서 대선 출마를 공식화했다.

새미래민주당은 이낙연 전 총리가 7공화국 개헌을 통한 연립 정부 구상을 밝힌 상황에서 이번 조기 대선에 출마 여부를 고심하고 있는 상황이다.

전병헌 새미래민주당 대표는 "이낙연 전 총리가 이재명을 제외한 진보 진영 후보로는 처음으로 두 자릿수 지지율을 기록했다"며 "반(反)이재명 연합"을 제안했다. 그는 이념과 정당을 초월한 광범위한 연대를 강조하며, 조기 대선 본선에서 협치와 연대, 연립정부 구성이 어떻게 현실화될지 주목된다고 밝혔다. 이 과정에서 이낙연 전 총리의 위상과 역할은 그 어느 때보다도 중요하고 결정적일 것으로 보인다.

김동연과 김경수, 비명(非明)의 잠룡들은 살아 있는가

최근 이재명 대표의 '우클릭' 행보에 민주당 내에서 미묘한 균열이 일기 시작했다.(상속세 및 소득세 감세 가능성 언급) "민주당은 중도 보수 정당"이라는 발언이 이어지자 그동안 잠잠하던 비명계의 불만도 수면 위로 떠오르고 있다.

이 중에서도 김동연 경기도지사는 누구보다 정면으로 문제를 제기했다. 그는 "지금은 감세가 아닌, 재정의 적극적 역할이 필요한 시기"라며 감세 경쟁을 '포퓰리즘'으로 규정했다. "복지를 위해선 필요한 증세도 불가피하다"는 현실적 메시지는 민주당이 외면했던 정책적 진지함을 다시 상기시켰다.

김 지사는 또한 대통령실, 기재부, 검찰 등 3대 권력 기관 개혁과 정치 특권 타파를 주장하며, 2022년 이재명 대표와의 단일화 당시 내세운 '정치 교체' 약속을 다시 꺼내들었다. "대한민국은 더 이상 기득권 공화국이어선 안 된다. 이제는 기회 공화국으로 '리셋'해야 할 때"라는 선언은, 사실상 차기 대선 출마의 전조였다.

그가 제안한 개혁 과제는 구체적이고 과감하다. 대통령실 수석실 폐지, 세종시 중심의 정부 운영, 기재부·검찰 해체 수준의 개편, 국회의원 국민소환제, 불체포 특권 폐지, 대통령 결선 투표제 도입 등이다. 김 지사는 민주당 내에서 보기 드문 '정책 어젠다형 리더'로, 이재명 중심 체제에 가장 현실적인 대항마라는 평가도 나온다.

이런 상황 속에서 김동연 경기도지사의 조기 대선에 대한 자신의 강점과 약점 그리고 기회요인과 위협요인을 중심으로 분석한 SWOT 분석에 따른 대응은 대체로 다음과 같을 것이다.

첫째, 강점(Strengths)의 적극적 부각

김동연 지사는 기획재정부 장관, 경제부총리, 그리고 현재 경기도지사까지 행정과 경제 전반에 걸친 풍부한 국정 경험을 보유하고 있다. 출신 배경에서 비롯된 '자수성가형 입지전적 스토리'는 서민과 청년층에게 감동을 줄 수 있는 인간적 자산이다. 실용적 중도 이미지는 여야 극단 대립에 지친 국민에게 합리적 대안으로 어필할 수 있다. 따라서 김 지사는 '미래 지향적 실용주의 대통령'을 자처하며 '정쟁보다 정책, 선동보다 실력'이라는 메시지를 명확히 내세워야 한다.

둘째, 약점(Weaknesses)에 대한 보완

'정치적 존재감'과 '대중 인지도'가 여전히 낮다는 약점이 있다. 또한 민주당 내 기반이 약해 당내 경선에서 불리할 수 있으며, 이 재명계 강성 지지층의 강력한 견제를 이미 받고 있다. 특히 이재명 사법 리스크와 거리를 두려는 모호한 행보는 오히려 중도층에게 도 신뢰를 잃게 할 수 있다. 따라서 김 지사는 분명한 태도를 통해 정치적 독립성을 확보하고, 확장성 있는 리더십을 입증해야 한다.

셋째, 기회(Opportunities)의 적극 활용

이재명 대표의 리더십에 대한 피로감이 당내에 확산되며 '이재 명 불가론'이 대두되는 상황은 김동연에게 절호의 기회다. 특히 당 내 플랜 B 후보로 주목받을 수 있는 몇 안 되는 인물이며, 중도 및 수도권 표심에 강점을 가진 후보로 평가된다. '경제통 대통령'이라 는 정체성을 살려 국가 위기 관리, 재정 혁신, 청년 일자리 문제에 대해 확실한 해법을 제시할 경우, 이재명과 대비되는 '정책 중심 후보'로 자리매김할 수 있다.

넷째, 위협(Threats)에 대한 대응 전략

민주당의 경선 구도가 '어대명(어차피 대세는 이재명)' 체제로 굳어 지는 현실 속에서 김동연이 경선을 통과하지 못할 가능성이 매우 높다. 동시에 '이재명 공격'이라는 인상을 주지 않도록 '긍정적 차 별화'를 통해 자신의 비전과 역량을 중심에 두는 전략이 중요하다.

이처럼 김동연 지사는 이재명 대표의 정책 노선과 리더십에 각을 세우고 있지만, 현실은 결코 녹록지 않다. 이 대표를 중심으로 한 강고한 팬덤 정치, 그리고 유시민 전 장관을 중심으로 한 친명계의 단일 대오가 민주당 내 역동성을 질식시키고 있기 때문이다.

한편 김경수 전 지사의 출마는 이재명 중심의 경선 구도에 균열을 줄 수 있는 잠재적 계기를 마련하였지만, 경선 룰 및 당내 권력 구도상 구조적 한계를 돌파하지 못하면 상징적 도전에 머물 수 있다.

김경수 전 지사 역시 SWOT 분석에 따른 민주당 내 대선 경선 승리의 가능성을 타진해 보면 다음과 같다.

Strengths (강점)

김경수는 입법(국회의원), 행정(경남도지사), 국정(청와대 대변인 및 비서관) 경험을 모두 갖춘 드문 인물로, 문재인 전 대통령의 최측근이자 민주당의 '친문 적자'로 상징되는 인물이다. '윤석열 파면' 이후를 정의하는 새로운 시대의 정치적 상징성과 함께, 단식 투쟁을 감행했던 정치적 진정성을 강조하며, 당 내 '비이재명계'의 유일한 전국 단위 대항마로 부상할 수 있다. 하지만 현실적 한계는 뚜렷하다.

Weaknesses (약점)

드루킹 댓글 조작 사건으로 인한 유죄 판결과 복역 경력은 여전히 이미지의 결정적 흠결로 남아 있다. 대중적 확장성 면에서 이재명 대표와 비교해 인지도나 선명성이 부족하며, 장기 부재로 인해 당내 조직력과 현장 감각 회복에 시간이 부족하다. 특히 경선 룰이 이재명 대세론을 강화하는 방식으로 정비된 현재, 제도적 불리함 또한 분명한 약점으로 작용한다.

Opportunities (기회)

김두관의 전격 불출마 선언은 영남권 후보 간 경쟁을 해소하고, 김경수를 유일한 대안으로 부각시키는 계기를 제공한다. 또한 '이재명 대세론'에 피로감을 느끼는 당내 중도 및 친문 세력이 '전략적 단일화'의 필요성을 절감하는 시점에서 김경수는 잠재적 통합 구심점이 될 수 있다.

Threats (위협)

경선 룰이 사실상 '이재명 친화적'으로 설정되어 있는 상황에서, 김경수의 출마는 당내 비주류 도전을 넘어서기 어렵다는 구조적 한계를 안고 있다. '이재명과의 차별성'이 모호할 경우, 오히려 '제2의 이재명'이라는 역풍을 받을 위험도 있다.

이재명 대표는 신년 기자 회견에서 "정당은 다양성을 생명으로 삼아야 한다"고 말했지만, 이는 현실과는 거리가 멀다. 그의 말과 달리, 유력 대선 주자들을 향한 견제는 노골적이고 조직적이다. 유시민 전 장관의 엄호 발언과, 이 대표를 적극적으로 지지하는 이른바 '개딸'들이 보여준 반대 목소리 제거 방식은 '민주적 경선'이라는 민주당의 정체성을 흔들고 있다.

민주당 내부에서 '이재명 대세론'을 정면으로 거스를 만한 인물은 거의 없다. 당내 권력 구조가 철저히 이 대표 중심으로 짜여 있기 때문이다. 많은 정치 평론가들은 "민주당에는 더 이상 '플랜 B' 가 없다"고 말한다. 특히 이재명의 정치 생명을 옥죄던 선거법 2심 선고가 무죄로 판결되면서 이재명 대세론은 더욱 강화되었다.

그러나 역설적이게도 이재명 대표가 직면한 가장 큰 적은 외부 가 아니라 내부다. 스스로 구축한 절대 권력 이미지, 그리고 그에 따르는 '반이재명 정서'가 오히려 이 대표의 가장 큰 위협이 될 수 있기 때문이다.

진정한 경쟁이 없는 정당은 퇴보하기 마련이다. 지금 이 시점에 서 이재명을 꺾을 수 있는 후보가 있느냐는 질문보다 더 중요한 질 문은 이것이다.

민주당은 과연 새로운 리더십을 용인할 준비가 되어 있는가?

전혀 예상치 못한
민주당의 플랜 B 후보?

민주당의 실질적 '플랜 B'를 처음 입 밖에 꺼낸 사람은 다름 아 닌 유시민이었다.

그는 얼마 전 이재명 대표의 사법 리스크를 계기로, 평소 입에 담기조차 꺼리던 민주당 내 대권 잠룡들에 대해 이례적으로 강도 높은 비판을 제기하며 진행자들까지 몹시 당황하였다.

2025년 2월 5일 팟캐스트 〈매불쇼〉에 출연한 유시민 작가는 김동연 경기지사, 김부겸 전 총리, 김경수 전 지사, 김두관 전 의원, 임종석 전 실장 등 비명계 유력 인사들을 향해 거침없는 평가를 쏟아냈다.

그는 김동연 지사에 대해 "이재명에게 붙어서 간신히 경기지사가 된 인물"이라며 "지금 와서 사법 리스크를 문제 삼는 것은 배은망덕"이라고 질타했고, 김부겸 전 총리에 대해선 "이미 자신의 역량을 넘어선 자리에 있었고, 이제는 책이나 읽는 2선 훈수꾼 역할이 어울린다"고 평가절하했다.

김경수 전 지사에겐 "정치를 하고 싶다면 지금은 착한 2등 전략을 써야 한다"면서도 "며칠 사이에 기회를 반 이상 날렸다"고 말했다. 김두관에겐 "대중적 대권 평가 끝났다", 임종석에게는 "정치가 안 맞는 것 같다"며 사실상 퇴출을 권고했다.

유시민은 과거 노무현·문재인 심지어 김대중 전 대통령까지도 공개적으로 비판하던 인물이지만, 유독 이재명 대표에게만큼은 '절대 지지'에 가까운 태도를 보이고 있다.

"왜 유시민은 이재명에게만 그렇게 관대할까?"라는 의문은 오랫동안 정치권 안팎에 회자돼 왔고, 그날 〈매불쇼〉에서의 발언을 통해 많은 이들이 그 해답을 본 듯했다.

고민정 의원은 이러한 흐름을 두고 "이재명에 대한 비판만 해도 '수박'이라는 조롱과 침묵 강요가 따라왔다"며 "입을 틀어막는 현상은 오랫동안 이어진 일"이라고 반박했다.

경기일보는 김동연 지사를 비하한 유시민의 발언을 두고 "유시민의 '2등 김동연' 혹평, 본인 대망론 띄우나"라는 다음과 같은 사설을 내며 직격탄을 날렸다.

"유시민 작가의 김동연 경기지사 평가가 혹독하다. "이분(김동연)은 그냥 이재명 대표한테 붙어서 지사 된 사람"이라고 했다. 그러면서 "저렇게 사법리스크 운운하는 것은 배은망덕한 것"이라고 했다. 정치인에 치명적인 '배신자 프레임' 씌우기다. 유 작가 출마설이 있다.[38] 2024년 11월 이재명 대표의 선거법 1심 판결이 있었다. 당선무효형이 나왔다. 그 즈음 정치권에 나돈 찌라시가 있다. 이해찬 등 원로 그룹에서 구상하고 있다는 차선책설(說)이다. 유 작가의 이름이 거기 등장한다. '유시민을 대안으로 대선을 치르고 이재명 대표를 사면해 차차기를 준비한다'는 내용이다. 계엄·탄핵 정국이 시작되면서 사라졌는데 유 작가의 '잠룡 평가'로 그 시나리오가 다시 복기됐다."

혹자는 과도한 억측이라 비난할 수 있으나, 만약 선거법 2심에서 1심처럼 당선무효형이 나왔다면 어떻게 되었을까? 경기일보의 사설을 통한 예측 결과가 조금은 궁금하다.

박지원의 발언, '플랜 B'를 입 밖에 꺼낸 두 번째 인물

두 번째 '플랜 B' 발설자는 박지원 전 국정원장이었다.

2025년 2월 16일, 광주 지역 언론인들과 만난 자리에서 그는 "이재명이 조기 대선에 출마하지 못 할 경우 김동연 지사가 유리하지 않을까 생각하지만, 나도 출마할 생각을 하고 있다"고 말했다.

이 발언은 겉보기에 즉흥적이고 돌발적인 것처럼 보였지만, 광주에서 탄핵 찬반 대규모 집회가 벌어진 바로 그 날, 언론의 주목도를 감안한 의도적 시점 조율이었다는 평가가 지배적이다. 중앙 언론과 지역 언론 모두 "박지원, 이재명 안 되면 나도 출마"라는 헤드라인을 뽑았고, 박지원은 사실상 자신의 플랜 B를 공개 천명한 셈이 되었다.

그러나 박 전 원장의 발언은 유시민에 비해 훨씬 직접적이었다. 당 대표의 공직선거법 위반 재판이 고등법원 2심을 앞둔 시점에서, 민주당 원로급 인사 중 하나인 그가 대체 후보를 자처하는 것은 이재명 입장에선 '정치적 배신'으로 비칠 수도 있다.

박지원 전 국정원장이 '정치 9단'이라는 별명을 얻은 이유는 단지 풍부한 경륜 때문만은 아니다. 그는 언제나 시대의 흐름과 정국의 변곡점을 민감하게 감지해 왔고, 그 흐름의 갈라지는 틈새 속에 자신의 정치적 존재감을 탁월하게 투영해온 인물이다. 최근 그가 공개적으로 "이재명 대선 경선 추대론에 반대한다"고 발언하고, 심지어 "필요하다면 자신이라도 경선에 나서겠다"고 밝힌 발언의 진의는 단선적으로 해석하기 어렵다. 그의 메시지는 단지 흥행을 위한 장치가 아니라, 보다 복합적이고 전략적인 의미를 내포하고 있기 때문이다.

우선 첫 번째 가능성은, 박 전 원장이 말 그대로 '당내 경선의 역동성'을 되살리려는 의도일 수 있다는 점이다. 이재명 대표의 독주 구도에 일정한 제동을 걸고, 건강한 경쟁과 공개 토론의 구도를 통해 민주당이 여전히 살아 있는 정당이라는 인상을 주고자 하는 전략적 조언일 수 있다.

그러나 동시에 그의 발언에는 보다 근본적인 문제의식이 담겨 있는 것으로도 보인다. 이재명 대표가 안고 있는 사법 리스크, 그리고 당내 권력 구조의 비정상적인 일극 체제에 대한 피로감이 누적되고 있는 현실 속에서, 박 전 원장은 언제 닥칠지 모를 정치적 비상사태에 대비하기 위한 '플랜 B'의 필요성을 지속적으로 환기시키고 있는 것이다. "나라도 경선에 나가겠다"는 언급은 단순한 정치적 수사가 아니라, 당의 리더십 공백이나 대안 부재에 대한 정치적 경고음일 수 있다.

결국 박지원 전 원장의 이러한 메시지는 이재명 대세론이 유지되는 동안에는 비주류의 음지에서 머물 수밖에 없지만, 동시에 그 대세론이 무너지는 순간을 대비한 예고된 시나리오의 서막일 가능성도 있다.

그리고 그 순간이 실제로 도래했을 때, 그가 설계해온 비상 플랜이 실질적으로 작동할지, 아니면 단지 하나의 경고로 머물 것인지에 대해선 지금으로선 아무도 장담할 수 없다.

그래서일까. 오히려 더 궁금해진다. 언젠가 '이재명 대망론'이 국민적 신뢰의 균열 속에서 사라지고 난 뒤, 유시민 작가와 박지원 전 원장을 비롯해 오늘 이재명을 향해 용비어천가를 부르고 있는 수많은 정치인들과 지식인들이 그때 어떤 진심을 털어놓을 것인지 말이다. 당장 이번 조기 대선이 끝난 직후 볼 수 있을 지도 모를 일이다.

그것은 단지 후회나 반성의 차원이 아니라, 왜곡된 침묵과 맹목의 시대에 그들이 감당해야 할 정치적 책임의 후일담이 될 것이기 때문이다. 그 진실된 소회를 듣는 일은 이 땅의 시민들이 마땅히 누려야 할 민주주의의 권리이자, 다음 시대를 위한 교훈의 출발점이 되어야 한다.

제3지대의 '돌풍'이
이번에는 가능한가

조기 대선이라는 급박한 정국 변화 속에서 거대 양당 체제에 균열을 내는 제3지대 후보로는 이낙연 전 국무총리와 이준석 개혁신당 국회의원이 거론되고 있다. 두 사람은 정치적 노선과 출신 배경, 지지 기반은 상이하지만, 윤석열 정권의 붕괴 이후 펼쳐질 4자 구도에서 새로운 균형추이자 '반이재명, 탈윤석열' 전선의 핵심 인물이다.

다가올 조기 대선에서 과연 제3지대의 '정치적 돌풍'은 현실이 될 수 있을까?

지금까지는 쉽지 않았다. 이낙연 전 총리의 '새미래민주당'과 이준석 의원의 '개혁신당'은 지난 1년간 평균 지지율이 5%를 넘기지 못했고, 두 인물의 대권 후보 지지도 역시 정체 상태였다.

하지만 정권 교체 여론이 60%를 상회하고, '윤석열도 이재명도 사라졌으면 한다'는 민심이 여론의 물밑에서 꿈틀거리는 상황에서 제3지대가 더 이상 '변방의 정치'로 머무를 수 없다는 목소리가 커지고 있다.

실제로 조선일보 양상훈 주필은 "윤석열도 이재명도 없어졌으면 좋겠다"[39]는 국민 정서가 빠르게 확산되고 있다며 다음과 같이 분석했다.

"정권 교체를 원하는 국민이 60%를 넘는데, 이재명 대표의 지지율은 35% 안팎에 머물고 있다. 서울은 20%대로 떨어졌고, 호남조차 정권 교체 여론과 이 대표 지지율 사이의 간극이 30% 이상 벌어지고 있다. 국민 900만 명에 가까운 유권자들이 '이재명은 싫지만, 대안이 없다'며 울며 겨자 먹기로 표를 던질 가능성이 높은 셈이다."

이처럼 거대 양당 후보에 대한 피로감과 혐오감이 커질수록 정치적 도덕성과 통합 리더십을 갖춘 대안 후보, 예를 들면 이낙연 전 총리의 '온건한 개혁 리더십'이 새롭게 조명받고 있는 상황이다. 조기 대선을 50여 일 앞둔 4월에 접어들어 계속 한 자릿 수 지지율이었던 이낙연 전 총리의 진보진영 후보 적합도가 연일 10%를 상회하였다.

이낙연의 중도 통합형 대통령과 과도 내각 구성 제안

이낙연 전 총리가 윤석열 대통령 탄핵 이후 조기 대선 정국을 맞아 제안한 '합리적 중도 대통령 선출'과 '대연정 과도 정부 구상'은 단순히 정권 교체를 넘어 헌정 질서의 재정비와 정치 구조의 근본적 전환을 목표로 한 혁신적 제안이라 할 수 있다. 이는 조기 대선이 단지 새로운 권력 주체를 정하는 선거가 아니라, 불신과 피로가 누적된 양당 체제를 넘어선 새로운 헌정 질서를 국민이 주도하여 설계할 수 있는 역사적 계기가 되어야 한다는 문제의식에서 비롯된 것이다.

이낙연 전 총리는 이 제안을 통해, 기존 거대 양당 구도에 갇힌 대선 경쟁을 넘어, 국민이 직접 선택하는 중도 통합형 대통령과 정치권이 공동 책임을 지는 과도 내각을 구성하자고 제안하였다. 대통령에 당선된 인물은 3년의 임기 동안 개헌을 마무리하고, 국정의 안정과 통합을 이룬 뒤, 2028년 총선과 동시에 조기 대선을 실시함으로써 새로운 '제7공화국'의 문을 여는 문지기 역할을 자임하겠다는 것이다. 동시에 그는 자신도 필요하다면 이 역할을 감당할 용의가 있다고 솔직한 입장을 숨김없이 밝혔다.

이낙연 전 총리의 조기 대선 전략을 분석하기 위해 정치학적 관점에서 SWOT 기법을 활용하여 강점(Strengths), 약점(Weaknesses), 기회(Opportunities), 위협(Threats)을 기준으로 평가해보면 대략 다음과 같을 것이다.

이낙연 전 총리는 국무총리와 민주당 대표, 국회의원 등을 두루 거친 정치 경륜과 행정 안정성이 가장 큰 강점으로 꼽힌다. 특히 호남 출신으로서 지역 기반이 탄탄하며 '신사 이미지'와 '조정형 리더십'을 통해 중도층과 온건 보수층에도 일정한 수용성을 확보하고 있다는 점에서 타 후보들과 차별화된다. 또한, 과거 일본 특파원과 외교통상위 위원장으로 활동한 경력은 외교 현안이 많은 현시점에서 긍정적 평가를 받을 수 있다.

그러나 이낙연 전 총리는 견고한 지지 기반이 약하다는 점에서 한계가 있다. 한편으로는 강성 친명계로부터 지속적으로 공격받으며 '비주류'로 고립된 인상도 피할 수 없다.

이낙연 전 총리에게는 비이재명계와 중도·합리적 보수 세력, 나아가 정치 혐오층까지 포괄하는 '제3지대형 연합 후보'로서의 상징성이 있다. '어대명(어차피 대통령은 이재명)' 구도에 실망하거나 강성 지지층의 폐쇄성에 반발하는 국민 여론 속에서, 조정과 통합의 리더로서 새롭게 부상할 여지가 생기고 있다. 특히 우원식 국회의장의 7공화국 개헌론과 한덕수 권한대행의 무소속 출마 후 국민의힘 후보와의 단일화 추진설이 급속도로 확산되면서 개헌 및 협치 연합 정부를 주도할 중도 안정형 후보로서의 입지 확대가 가능하다.

새로운 위협은 개헌론이 실제 실현되지 않을 경우, 연합 정부의 정당성도 흔들릴 수 있으며, 제3지대 유사 후보와의 경쟁 속에서 고유 브랜드가 희석될 가능성도 존재한다. 국민의힘 일부에서는 '한덕수 무소속 출마 후 국민의힘 후보와의 단일화' 가능성을 제기하고 있는데, 이는 제3지대에서 부상 중인 '이낙연 역할론'에도 적지 않은 영향을 미칠 수 있다.

이러한 SWOT 분석을 바탕으로 이낙연 전 총리가 조기 대선에서 최종 승자가 되기 위해서는 자신 앞에 놓인 3가지 장애물을 극복해야 할 것이다.

첫째, 강성 지지층에 치우친 민주당의 극단성을 넘어설 수 있는 '통합의 상징'이라는 프레임을 강력하게 구축해야 한다. 둘째, 제3지대 세력과의 연대 가능성을 열어두되, 건강한 중도 세력을 중심으로 개혁적 기반을 재구성하는 것이 관건이다. 셋째, '이재명 불가론'을 넘어서려면 과거의 침묵과 소극성에서 벗어나 시대정신에 부합하는 명확한 정책과 리더십 비전을 제시해야 한다.

217

6. 조기 대선의 최종 승자로 가는 길

이낙연 전 총리는 최근 야권 인사 가운데 유일하게 '윤석열-이재명 동반 퇴진론'을 주창하며 '7공화국 개헌'과 '과도내각 구성' 제안을 통해 매우 적극적인 행보를 보이고 있다. 그래야만이 '조용한 우직함'이라는 강점을 '국가를 안정적으로 이끌 대안'으로 확장할 수 있을 것이다.

민주당 내 비이재명계 세력에게도 이낙연의 '중도 통합형 대통령과 과도 내각 구성'제안은 새로운 선택지가 될 수 있다. 이재명 후보의 사법 리스크와 이른바 '이재명 포비아'가 심화되는 가운데 당내에서 비판적 목소리를 내는 인사들은 여전히 명확한 출구 전략없이 침묵하거나 좌절하고 있다. 그러나 이낙연 전 총리가 제안한 방식은 당을 떠나지 않고도 정치적 명분을 지키며 국민적 개혁 흐름에 동참할 수 있는 길을 열어준다. 이는 민주당의 장기적 생존 전략과도 부합하며, 이재명 중심 대선 구도에서 벗어나 국민과 당의 균형을 회복하려는 시도로 받아들여질 수 있다.

이러한 연합 구도는 단순히 정치 세력의 이합집산이 아니라 원포인트 오픈 프라이머리라는 절차적 정당성을 기반으로 정통성과 참여를 보장받을 수 있다. 특정 정당이나 세력의 후보가 아닌, 국민의 선택으로 뽑힌 중도 통합형 후보는 정권의 정당성을 넘어 개헌과 국정 개혁이라는 시대적 과제를 수행할 권한을 부여받게 되는 것이다. 국민이 단일 후보를 직접 선택하고, 그 후보가 3년 임기의 과도 정부를 구성하여 국가의 대전환을 이끌고, 이후 다시 국민의 선택에 따라 새로운 시대의 리더십을 탄생시키는 이 정치 구도는, 정치 불신과 분열을 넘어선 한국 정치의 새로운 패러다임이될 수 있다.

결국 이낙연의 행보는 단순한 대권 도전이 아니라, 탄핵 이후의 국가 재설계를 위한 헌신적 실천이라는 역사적 과제의 완수에 가깝다. 그는 이미 다당제, 중도 연합, 정치 개혁을 중심으로 하는 '제3지대 컨센서스'를 형성해가고 있다. 향후 적절한 시점에서 이번에 국민의 힘 경선 불출마를 선언했던 유승민 전 의원을 비롯한 여·야 대선후보들의 동참도 조심스럽게 예상해본다.

이낙연, 동반 청산과 제7공화국의 시대정신을 외치다

제3지대 정당인 새미래민주당의 상임고문인 이낙연 전 국무총리는 최근 전국을 순회하며 "윤석열과 이재명, 양쪽의 정치 모두를 청산해야 할 때"라며 '동반 청산' 담론을 강하게 피력하고 있다.

광주에서 열린 제7공화국 토론회에서 그는 "윤 대통령은 계엄령을 옹호한 세력에게 둘러싸였고, 이재명 대표는 다섯 건의 재판을 유예하며 법치를 유린하고 있다"며 "지금의 정치 구조는 예정된 비극"이라고 경고했다.

그는 "정권 교체 여론은 높지만, 이재명 대표로는 사회적 갈등만 가중될 뿐"이라며 "이재명 후보의 교체"를 연일 주장하고 있다. 특히 이 대표의 '사법 리스크'는 단지 개인 문제가 아니라 국가적 리스크로 비화하고 있다는 것이다. 다음은 이 전 총리의 핵심 발언이다.

"그 수많은 혐의를 안고 선거를 치르면 그 자체가 선거의 정당성을 훼손시킬 것이며, 대통령이 된 후에는 또다른 혼란의 시대가 열릴 것이다. 우리는 내전과 같은 혼란을 감당할 수 없다."

이낙연 전 총리는 출마 여부를 명확히 밝히지 않았지만, 사실상 제3지대의 중심축으로서 새로운 정권 교체의 비전을 제시하고 있다.

전병헌 새미래민주당 대표 역시 민주당을 "이재명 일극 체제 당"이라며, 이재명 대체 연합으로 "진짜 민주당을 복원하겠다"고 선언했다.

조기 대선에서 제3지대 정당 40대 이준석 후보의 목표

이준석 개혁신당 의원은 탄핵 정국 초기부터 일관되게 윤석열 정권의 책임을 강하게 추궁해왔다. 그는 윤 전 대통령의 계엄 선포에 대해 "민주공화국의 근간을 뒤흔드는 위헌 시도"라며 강도 높게 비판했으며, 탄핵 인용에 대해서도 "보수의 윤리적 파산이 초래한 당연한 귀결"이라 평가했다. 그의 메시지는 보수 강경파로부터는 '배신자'라 불리지만, 정치 개혁을 원하는 MZ 세대와 수도권 청년층에게는 공감을 불러 일으킨다.

이준석 의원의 가장 큰 강점은 '기성 정치에 대한 강한 문제의식'과 '젊고 혁신적인 이미지'다. 국민의힘 대표 시절, 30대 젊은 당 대표로서 새로운 정치에 대한 기대감을 불러일으켰고, 명확한 메시지와 논리적 언변, 그리고 SNS 기반의 디지털 정치 감각은 MZ 세대 유권자에게 특히 강한 호소력을 가진다. 또한 '비윤(非尹)' 인사로서 현 정부에 대한 비판적 시선을 흡수할 수 있는 야당과 중도층 표심까지 아우를 수 있다는 점은 그를 단순한 청년 정치인에서 대안적 리더로 자리매김하게 만든다.

그러나 이준석의 리더십은 경험 부족과 리스크 관리 미흡이라는 한계를 동시에 안고 있다. 정당 내에서의 조정 능력 부재, 조직 구축 실패, '사사건건 싸우는 이미지' 등은 대선 후보로서 안정성과 신뢰에 의문을 품게 만든다. 여기에 윤석열 대통령과의 갈등, 허은아 개혁신당 대표와의 심각한 계파 갈등과 같은 부정적 프레임은 중장년층 보수 유권자에게는 여전히 부담 요인으로 작용한다.

2025년 조기 대선 국면은 제도권 정치 전반에 대한 불신과 '비호감 대선'에 대한 피로감이 누적된 상황이다. 이준석은 이러한 구도 속에서 기성 양당 정치에 실망한 유권자의 분노를 대변할 수 있는 유일한 청년 정치인이라는 상징성을 갖는다. 특히 개혁신당이라는 새로운 플랫폼을 통해 보수 개혁을 외치는 동시에 제3지대 연대 구도를 이끌어낼 경우, '낡은 정치의 대안'이라는 메시지로 승부수를 던질 수 있다.

그러나 실질적인 전국 단위 정당 기반이 약하다는 점, 정치적 고립 상태에서 오는 연대 한계는 큰 위협이다. 민주당 이재명 대표, 보수 진영 김문수, 한동훈 등 쟁쟁한 경쟁자들과의 대결 구도에서 '외곽의 도전자'에 그칠 수 있다는 현실적 한계도 분명하다.

결론적으로 이준석 의원이 조기 대선의 최종 승자가 되기 위해서는 '청년 정치'라는 상징성과 날카로운 비판을 넘어서 '미래 비전'과 '국정 운영 능력'이라는 새로운 메시지를 유권자에게 설득력 있게 제시해야 한다. 비판자 혹은 분열주의자의 언어가 아닌, 책임 있는 국가 지도자의 언어를 통해 개혁의 상징에서 '집권 가능한 후보'로의 확장이 이루어질 때, 그는 2030의 지지를 넘어 전 세대를 아우르는 대통령 후보로 부상할 수 있을 것이며, 미래의 대통령을 꿈꿀 수 있을 것이다.

4자 대결 구도 속 '반이재명 연합'의 가능성과 리더십

이재명 대세론이 현실로 굳어질 경우, '이재명 불가론'을 공유하는 세력들 간의 연대 시나리오, 즉 제3지대를 중심으로 한 '7공 화국 연합' 구상이 점점 구체화될 수밖에 없다.

윤석열 대통령의 파면은 단지 한 사람의 권력 종말이 아니라 양당 체제의 도덕적 한계에 대한 국민적 심판이다. 이 과정에서 누가, 어떤 세력이 제3지대를 넘어 '헌정 재구성의 구심점'이 될 가능성을 품고 있으며 '이재명의 대세론'을 뚫고 새로운 대안 세력의 중심이 될 것인가? 이번 장미 대선의 최종 승자를 판가름내는 데 최대 관전 포인트이다. 결국 각기 다른 방식으로 '반이재명 연합'에 기여하게 된다면 이번 조기 대선은 단순한 정권 교체가 아닌 공화국 교체의 출발점이 될 수 있을 것이다.

제7공화국 개헌과
협치·연대 시나리오

윤석열 대통령 탄핵으로 인한 조기 대선이 현실화되며 정치권은 '87년 체제'를 마감하고 새로운 정치 질서를 정립할 '제7공화국 개헌론'에 본격 시동을 걸고 있다. 여야를 막론하고 차기 대통령의 임기를 3년으로 단축하고 2028년 대선과 총선을 동시에 치르자는 구상이 제시되면서 5년 단임제 폐해에 대한 근본적 성찰이 이뤄지고 있다.

5년 단임제 아래 선출된 대통령 8명 중 3명(노무현, 박근혜, 윤석열)이 탄핵 심판을 받았고, 3명은 형사 처벌 또는 자살로 비극을 맞았다. 제왕적 대통령제가 가져온 정국 불안과 정권 몰락의 반복은, 국민 다수가 더 이상 이 체제를 유지할 수 없다는 공감대로 이어지고 있다.

특히 지난해 윤 전 대통령이 12·3 비상계엄령을 선포하고, 야권은 총 29건의 탄핵안을 발의하며 갈등이 정점에 달했다. 대통령은 2년 7개월 간 30건의 거부권을 행사해 제도적 협치 불가능성을 여실히 드러냈다. 이런 현실은 개헌 필요성에 대한 사회적 합의를 촉진하고 있다.

이런 상황속에서 국민의힘 주요 대권 주자들은 개헌을 공약화하고 있다. 한동훈 전 대표는 "2028년까지 임기를 단축하고 물러나겠다"고 선언했다. 윤 전 대통령 역시 헌재 최후 진술에서 "정치 개혁과 개헌이 마지막 사명"이라고 언급했다.

이러한 '임기 단축형 개헌론'은 이재명 민주당 대표를 정면으로 압박하는 카드로 작용하고 있다. 개헌에 소극적인 이 대표에게 '권력 집착' 이미지를 씌우며 상대적으로 개혁적이고 헌신적인 모습을 강조하는 전략이다. 여야 모두 임기 단축을 전제로 대선에 뛰어들 경우, 이 대표가 홀로 개헌을 외면하기는 더욱 어려워질 수밖에 없다.

야권 인사들 역시 제7공화국 개헌에 적극적이다. 김동연 경기지사는 "3년 전 이재명 대표와 국민에게 약속한 개헌 공약을 지켜야 한다"

며 "개헌은 정치 블랙홀이 아니라 국가의 리셋"이라고 강조했다.

김경수 전 지사 역시 "탄핵의 완성은 계엄 불가능한 헌법 개정"이라고 강조했다. 이들은 모두 제왕적 대통령제를 해체하고, 포용적 협치 모델을 구축해야 한다는 데 뜻을 모으고 있다.

이재명 대표, 개헌 소극 행보에 비판 여론 거세져

문제는 이재명 대표다. 그는 대선 당시 대통령 4년 중임제 개헌을 공약했지만, 정작 대선 유력 주자가 된 지금은 "내란 극복이 우선"이라며 개헌 논의를 피하고 있다. 이를 두고 "사실상 개헌할 의지가 없는 것"이라는 비판이 제기된다.

심지어 친문·친노 진영조차 개헌론에 동조하며 이 대표와 다른 노선을 걷고 있다. 박성민 대표는 "개헌 연합 전선이 구축되고 있다"고 분석했고, 여론조사 전문가들 역시 "개헌 회피는 권력 욕심으로 비춰진다"고 지적한다.

여론조사에서도 응답자의 절반 이상이 개헌이 필요하다고 응답했고, 이 중 47%는 4년 중임제를 선호했다. 여전히 의원내각제나 이원집정부제에 대한 지지는 낮지만, 5년 단임제의 폐해에 대한 공감대는 충분히 형성된 상황이다.

문제는 제도적 장벽이다. 개헌안은 국회 재적 3분의 2 이상 찬성과 국민투표를 거쳐야 한다. 또한 재외 국민 투표권 보장을 위한 법 개정도 선행돼야 한다. 하지만 지난 10년 동안 관련 입법은 진척되지 못했다.

이제는 여야 모두가 제7공화국을 향한 개헌 논의에 동참하고 있는 가운데, 유일하게 이재명 대표만이 '지금은 때가 아니다'는 입장을 고수하고 있다. 그러나 국민은 더 이상 기다려주지 않을 가능성이 크다. 권력 구조 개편, 임기 단축, 협치 시스템 구축 등은 권력자의 '자기 희생' 없이는 결코 실현될 수 없기 때문이다. 정치가 책임을 다하지 않는다면 또 다른 혼란과 분열은 불가피하다.

"개헌은 권력자의 자기 희생에서 시작된다."

국민들의 최대 화두와
차기 대통령의 덕목

2025년 조기 대선 국면에서 유권자들이 가장 주목하는 화두는 단연 민생과 경제다. 중앙일보와 한국갤럽의 2025년 신년 초 공동 여론조사에 따르면, 응답자의 절반 가까이(48%)가 차기 대통령이 중점을 둬야 할 분야로 '민생 안정과 경제 활성화'를 꼽았다. 사회 갈등 해소 및 국민 통합(20%), 국가 안보 강화(16%)가 그 뒤를 이었지만, 전 연령과 지역에서 '먹고사는 문제'가 1순위로 나타났다는 점은 의미심장하다.[40]

지지 후보에 따라 우선순위는 조금 달랐다. 김문수 고용노동부 장관 지지층은 '국가 안보 강화'(42%)를 가장 중시했고, 반면 김동연 경기지사를 포함한 광역 단체장 출신 후보 지지자들은 '행정 능력과 실적'을 주요 이유로 꼽았다. 이재명 대표에 대한 선호 이유도 '일 잘한다'(행정 능력)와 '추진력'이 상위권을 차지했다. 반면, 한동훈 전 국민의힘 대표는 '청렴성'과 '젊음', 이준석 의원은 '젊어서'라는 이유로 주목받았다.

이 같은 흐름은 민생 중심 정치에 대한 유권자들의 강한 갈망을 보여준다. 실질적 삶의 문제 해결 능력을 가장 중요한 평가 기준으로 삼고 있다는 뜻이다.

리서치뷰가 윤석열 대통령 탄핵 직후 실시한 조사에 따르면 차기 대통령에게 요구되는 가장 중요한 덕목은 '협치와 국민 통합'(38.6%)이었다. 이어 '법치와 준법 정신'(25.0%), '도덕성'(23.0%), '소통 능력'(17.3%), '추진력'(16.7%) 등이 뒤를 이었다.[41]

같은 조사에서 차기 대통령이 중점적으로 추진해야 할 국내 현안으로는 '혁신적 경제 정책 확대'(36%)가 가장 많이 꼽혔고, 그 뒤를 '대화와 협치를 통한 국민 통합'(20.5%), '경제 민주화'(14.5%)가 이었다. 민생·통합·도덕성이라는 키워드가 핵심 과제로 부상한 셈이다.

조기 대선의 최종 승자가 되기 위해서는, 모든 선거와 마찬가지로 국민들의 최대 관심사와 시대정신을 충분히 인식한 후보가 당시 시점에서 요구되는 대통령의 자격과 덕목을 겸비해야 한다. 동시에 지난 선거의 승리 요인과 패인을 객관적으로 분석하고, 그에 대한 대책을 마련해야 한다. 이러한 과정에서, 보론에서 상술한 《스마트 위기관리시스템 혁명 10대 수칙》에 따른 《스마트 국가·도시를 위한 100대 혁신 공약》은 매우 유용한 콘텐츠가 될 것이다.

20대 대선의 주요 패배 요인은 분명했다.[42] 한국갤럽의 사후 조사 결과, 이재명 후보를 선택하지 않은 가장 큰 이유로 △ 신뢰성 부족(19%) △ 도덕성 부족(11%) △ 대장동 의혹(6%) △ 부정부패(6%) 등 도덕성과 자질 문제가 총 66%에 달했다.[43]

이와 함께 기본 소득 공약을 둘러싼 '말 바꾸기' 논란은 이재명 브랜드에 상처를 남겼다. 경기도지사 시절 '기본 소득 박람회'를 개최하며 대표 정책으로 띄우던 그가, 예비 후보 TV 토론에서는 "1호 공약은 아니다"라고 한발 물러섰고, 다시 기자 회견을 통해 구체적인 액수까지 밝히며 전면에 내세웠다가 대선 직전 "국민이 반대하면 하지 않겠다"고 말해 정책 신뢰도를 훼손했다.

20대 대선에서 벌어진 패배의 본질은 단순히 정권 심판론의 벽 때문이 아니었다. 인물의 도덕성, 정책의 일관성, 그리고 진정성 부족이 유권자들의 신뢰를 잃게 만든 결정적 요인이었다는 것이 한 여론조사 기관의 분석이다.

2025년 초 다수의 여론조사에서 이재명 대표는 여전히 1위를 지키고 있으나 동시에 '비호감도'에서도 부동의 1위다. 각종 조사에서 '가장 찍고 싶지 않은 후보'로 40%대 응답률을 기록했다. 이 대표의 강한 고정 지지층과 비호감도는 양날의 검이 되고 있다.

차기 대통령이 갖춰야 할 요건은 갈수록 명확해지고 있다. 민생 회복의 비전, 국민 통합의 리더십, 도덕성과 신뢰, 안정감 있는 국정 운영 능력. 이 네 가지 기준을 종합해볼 때, 이재명 대표가 여전히 대세인지, 아니면 이재명을 뛰어넘는 새로운 인물이 부상할 것인지는 아직 미지수다.

20대 대선 패인의 본질적 요인이 여전히 해소되지 않은 채 이 대표는 여론조사 1위를 유지하고 있다. 하지만 그것이 최종 승리를 담보하지는 않는다. 여전히 강한 비호감, 잦은 말 바꾸기, 통합 리더십의 부재, 반명(反明) 연대 가능성 등은 그에게 뚜렷한 한계로 작용하고 있다.

정권 교체를 원하는 민심은 분명히 존재한다. 하지만 '이재명이어야만 한다'는 필연성은 점점 약해지고 있다.

이재명 대세론인가? 불가론인가?
조기 대선의 최종 승자는?

결론을 대신하여:
차기 대선의
최후 승자는?

조기 대선의
최후 승자가 되기 위한 핵심 변수

'조기 대선의 최종 승자'가 되기 위해서는 특정 후보가 처한 상황 속에서 여러 가지 복합 변수를 고려하고, 이에 대한 통합적인 시스템 대응을 잘 해야 한다. 특히 저자의 '스마트 위기관리 시스템 혁명'에 따른 여러 가지 핵심 변수에 대한 '골든타임'시기 적절한 대응과 다음과 같은 스마트 시스템적 위기관리 대응이 필수적이다.

첫째, 탄핵 여파와 정권 심판론이 결정적인 정치적 변수이다.

탄핵 이후 현 정권에 대한 국민적 불신이 커질 경우, 야당 후보에게 유리하게 작용할 가능성이 높다. 반대로, 여권이 결집하여 정권 심판론을 약화시킨다면 안정론이 부각될 수도 있다. 현재 탄핵 찬성 및 정권교체 여론이 높아지면서, '이재명의 민주당'이 조기 대선 정국에서 유리한 고지를 점하고 있다는 분석도 존재한다.

둘째, 후보의 개인적 자질과 신뢰성이 승패를 가를 요소이다.

조기 대선은 단기간의 선거전이기 때문에 후보 개인의 이미지, 도덕성, 리더십이 더욱 중요한 요인으로 작용한다. 국가 통합을 주장하며 신뢰성을 얻는 후보가 유리할 가능성이 크며, 특히 MZ 세대와의 소통 능력이 뛰어난 후보가 주목받을 가능성이 높다. 또한, 경제 회복, 대북 정책, 외교 전략 등 구체적인 정책 비전을 제시하는 후보가 신뢰를 얻을 수 있다. 그러나 아직 '이재명 포비아'는 완전히 해소되지 않았고, '이재명 사법리스크'가 어느 시점에 어떤 방식으로 폭발할지 예측할 수 없는 위험한 변수로 남아 있다.

셋째, 경제적 변수가 가장 중요한 요소이다.

조기 대선이 치러지는 시점에서 경제 위기나 경기 침체가 지속된다면 이를 해결할 수 있는 경제 리더십이 주요 판단 기준이 될 것이다. 특히, 경제 성장 전략, 민생 문제 해결, 물가 안정, 일자리 창출 등에 대한 후보자의 구체적인 계획이 유권자들의 표심을 좌우할 가능성이 크다. 또한, 경제적 불평등에 민감한 MZ 세대(20~30대)와 중산층, 서민 계층의 지지를 확보하기 위해 부동산 정책, 청년 일자리, 복지 정책이 핵심 변수로 작용할 것이다. 국민의힘의 '한덕수 카드'와 제3지대의 '이낙연 대안론'이 주목받는 이유이기도 하다.

넷째, 외교 및 안보 이슈가 선거에 영향을 줄 가능성이 높다.

북한의 도발이나 한반도의 긴장 상황이 발생할 경우, 안보 리더십이 주요 변수로 작용할 수 있다. 강경책을 주장하는 후보와 대화를 강조하는 후보 간의 대립이 선거의 구도를 형성할 것이다. 또한, 앞으로의 대선 정국은 한미 통상협상과 트럼프 전 대통령을 상대하는 통상외교에서의 영향력 등 국제 현안이 큰 변수로 작용할 것이다. 아직 대선 출마를 공식화하지는 않았지만, '한덕수 차출설'이 거론되고 있으며, 그와 트럼프 전 대통령 간 전화 통화 내용에 대해 '이재명의 민주당'이 민감하게 반응하는 것도 이 때문이다.

이외에도 미·중 갈등, 글로벌 공급망 위기 등 복합적인 외교 현안이 향후 대선에 깊은 영향을 줄 수 있다. 미·중 갈등, 우크라이나 전쟁 등의 국제 정세 속에서 대한민국의 외교적 입지를 어떻게 설정할 것인지가 중요한 평가 요소가 될 것이다.

다섯째, 정치 연합과 전략적 동맹이 승패를 좌우할 수 있다.

조기 대선에서는 각 정당 간의 연합 여부가 결정적인 변수가 된다. 소수 정당이 전략적으로 연합하여 강력한 후보를 지지할 경우 당선 가능성이 높아질 수 있다. 또한, 탄핵 이후 정치 세력의 재편이 어떻게 이루어지는지가 선거 결과에 중대한 영향을 미칠 것이다. 중도층 유권자를 설득할 수 있는 후보가 결국 최후의 승자가 될 가능성이 높다. 현재로서는 '반(反)이재명 연합 단일후보'의 가능성이 높고, 폭발력이 가장 클 수 있다.

여섯째, 세대별·지역별 투표 성향이 승패를 결정할 주요 변수이다.

MZ 세대는 투표율이 낮지만, 이들의 지지가 특정 후보에게 집중될 경우 당락에 큰 영향을 미칠 수 있다. 청년 일자리, 주거 문제, 공정성, 정치 개혁과 같은 이슈에 대한 후보의 대응이 중요하다. 또한, 영남(보수), 호남(진보)으로 나뉘는 전통적인 지역 구도가 여전히 영향을 미칠 가능성이 크며, 수도권과 중도층의 표심을 공략하는 전략이 결정적인 변수가 될 것이다.

일곱째, 여론과 미디어의 역할이 막대한 영향을 미칠 것이다.

여론조사 결과와 언론 보도의 방향이 유권자들에게 강한 영향을 미칠 것이며, 특히 SNS, 유튜브와 같은 디지털 미디어가 MZ 세대와 40~50대 표심에 중요한 역할을 하게 될 것이다. 짧은 선거운동 기간 동안 얼마나 효율적으로 메시지를 전달하고 감정적 공감을 형성하느냐가 당락을 결정하는 핵심 요소가 될 수 있다.

결론적으로, 조기 대선에서 최후 승자를 결정하는 핵심 변수는 탄핵 이후의 여론 흐름, 경제 회복에 대한 비전, 정권 심판론과 안정론의 대립, MZ 세대 및 중도층의 표심, 정치 세력의 재편과 연합 전략이 될 것이다. 이러한 변수들을 고려한 선거 전략과 여론의 흐름이 최후 승자를 결정하게 될 것이다.

'이재명 대세론' 투표일까지 계속될 것인가?

이재명 대표는 2025년 4월 조기 대선을 앞두고 마침내 당 대표직을 내려놓고 세 번째 대선 도전을 공식화했다. 그는 현재 차기 대권주자 적합도에서 평균 30%대의 지지율로 독보적인 1위를 기록하고 있지만, 동시에 '적합하지 않은 인물' 1위라는 역설적인 평가도 받고 있다. 그런데 만약 이재명 후보와 반(反)이재명 단일후보가 조기 대선의 최종 승자를 결정하는 본선에서 퇴로가 없는 싸움을 펼친다면 어떻게 될것인가?

이러한 상황을 가정해서 이재명 대표의 조기 대선 도전이 성공할 수 있을지 SWOT 분석을 통해 심층적으로 살펴보자.

강점(Strengths): 이재명 대세론의 근거

이재명 대표는 명실상부한 '지지율 1위 대권주자'이다. 성남시장, 경기도지사, 대선후보, 그리고 제1야당 대표까지, 거의 모든 정치경로를 경험한 인물로서 행정능력과 정치적 추진력을 갖춘 정치인으로 평가받는다. 특히 '기본소득', '기본주택', '기본대출' 등 소위 '기본시리즈' 정책은 저소득층과 청년층에게는 여전히 강력한 호소력을 가진다.

그의 강성 지지층, 일명 '개딸'이라 불리는 조직화된 온라인 기반의 지지그룹은 어느 누구보다도 열성적이며, 이 대표의 모든 리스크를 '정치 탄압'으로 규정하며 단단한 충성도를 유지하고 있다.

무엇보다 윤석열 대통령 탄핵 이후의 격변 상황에서 '대안 없는 야권' 구도 속에 이재명 외에는 마땅한 주자가 없다는 사실이, 그의 대세론을 더욱 공고히 하고 있다.

약점(Weaknesses): 이재명 불가론과 도덕성 리스크

그러나 이재명 대세론의 이면에는 '이재명 불가론'이라는 구조적 한계가 상존한다. 이 대표는 현재 5건의 재판에 직면해 있으며, 최소 8건의 사건과 12개의 혐의에 연루돼 있는 피고인 신분이다.

공직선거법상 허위사실공표죄는 2심에서 무죄 판결을 받았지만, 아직 대법원의 3심을 기다려야 한다. 그리고 대장동 비리 및 성남FC 제3자 뇌물 혐의, 쌍방울 대북송금 사건, 위증교사 등은 여전히 재판이 진행 중이며, 만약 1심에서 실형이 확정된다면 대통령에 당선되더라도 중대한 법적 위기에 직면할 수 있다.

이 대표는 MBC 백분토론에서 헌법 제84조에 따른 '재판 정지'

를 주장했지만, 다수의 헌법학자들이 이를 부정했다.

정치적 측면에서 보더라도, 그의 공천학살 논란, 강성 팬덤 정치, 논문표절 의혹, 이재명 당대표를 위한 1인 방탄 입법 논란 등은 '포퓰리즘적 정책'과 함께 중도층과 합리적 보수층에게는 불안감을 유발하고 있다. 이른바 '이재명 포비아'의 확산이다.

기회(Opportunities): 반윤 정권교체 프레임과 야권 단일화

현재 한 여론조사 결과를 보면 윤석열 전 대통령 탄핵 이후 74%에 이르는 '탄핵 찬성 여론', 윤 전 대통령 재구속 지지 64%의 정서, 그리고 김건희 여사에 대한 부정 평가(국정개입 인정 응답자 75%)는 정권교체 프레임을 극적으로 강화시킨다.

이 대표는 '정치 탄압의 피해자'라는 프레임을 지속적으로 활용하며, 야권의 분열 속에서도 가장 확실한 기득권과 자원을 보유한 대선 주자다.

김부겸, 김두관 등 민주당 내 플랜B 후보들이 사실상 출마 의지를 보류하거나, 무늬만 경선을 주장하는 상황에서 '무혈 입성'이 가능하다는 판단도 그의 기회를 확장시킨다.

위협(Threats): 김문수·한덕수와의 본선 경쟁력

국민의힘에서는 김문수 고용노동부 장관이 여권 1위로 부상하며 출마를 선언했다. 그는 보수 진영 내에 강력한 기독교 지지기반과 윤석열 탄핵 반대 세력의 조직적 지원을 받고 있으며, 한동훈·홍준표와 함께 '보수 삼각구도'를 형성할 수 있다.

또 다른 변수는 한덕수 대통령 권한대행의 '히든 카드'론이다.

한덕수는 호남 출신이면서도 국정운영의 안정성과 중도확장성을 두루 갖춘 인물로, 여권 내에서 차출론이 제기되고 있다. 그가 출마할 경우, 중도와 무당층 표심을 크게 잠식당할 수 있으며, '이재명 vs 윤석열'이라는 극단의 양자구도를 깨뜨릴 수 있는 중대한 위협으로 부상한다.

또한 제3지대에서는 이낙연 새로운민주당 전 총리가 '7공화국 개헌론'과 '중도대통령과 과도연합정부' 구상으로 이번 조기 대선에서의 광폭 연대를 모색하고 있어, 이재명 대표의 고립 가능성도 존재한다.

결국 이재명 대표는 지지율이라는 수치상 대세론에는 부합하지만, 동시에 민주주의 제도와 법치주의, 정치윤리에 대한 신뢰 상실이라는 중대한 약점을 내포한 인물이다.

현 상황에서 승리하려면 법적 리스크를 해소하거나 강성 팬덤의 폐쇄성과 편 가르기를 지양하고, 중도·합리적 보수세력, 심지어 제3지대와의 연합까지 고려해야 한다.

하지만 이재명 대표가 여전히 공천권을 통한 일인 중심 정당운영, 헌법 84조에 대한 해석에서 있어서 사실과 다른 다수설 유지, 비판자에 대한 보복정치로 나아갈 경우, 대세론은 '지지율의 착시'에 불과하며, 본선에서는 오히려 포비아의 역풍으로 패배할 가능성도 배제할 수 없다.

따라서 조기 대선의 최종 승자는 이재명 대세론의 추동력이 아니라, 이재명 불가론을 넘는 도덕성과 통합의 리더십을 갖춘 자가 될 가능성이 높다.

'이재명 대세론' 앞에 놓인 다섯 가지 장애물

2025년 4월 4일. 윤석열 대통령의 파면으로 조기 대선 일정이 본격화된 이 시점에서, 이재명 대표가 처한 정치적·사법적 환경은 불과 몇 주 전과도 현저히 달라졌다. 과거, 조기 대선 실시 여부가 불투명했던 상황에서는 이재명 대표의 사법 리스크가 잠재된 불안 요소에 머물렀다면, 이제는 그 사법 리스크가 본격적인 대선 변수로 현실화되고 있다. 그의 앞에 놓인 과제들은 크게 여섯 갈래로 요약될 수 있다.

첫째, 공직선거법 위반 혐의에 대한 대법원 최종 판결이 남아 있다. 이미 항소심에서 무죄를 선고받았지만, 대법원이 이를 파기 환송하거나 파기 자판할 가능성은 여전히 열려 있다. 특히 대법원 전원 합의체로 사건이 회부될 경우, 정치적으로나 법리적으로 더욱 중대한 의미를 갖게 된다. 문제는 그 판단이 대선 이전에 내려질 것인지, 아니면 대선 이후로 미뤄질 것인지다. 만약 유죄 취지의 판결이 선고된다면 그것은 단순한 개인의 유무죄를 넘어 야권의 유력 후보가 대선 레이스 중 치명타를 입게 되는 사태로 이어질 수 있다.

둘째, 위증 교사 혐의에 대한 항소심 재판이 현재 진행 중이라는 점이다. 조기 대선이 6월 초로 확정된 상황에서 이 재판이 그 이전

238

이재명 대세론인가? 불가론인가?
– 조기 대선의 최후 승자는?

에 결론날 경우, 이 역시 이재명 대표의 대선 출마 정당성과 도덕성에 직접적인 영향을 미칠 수 있다. 하지만 현재로서는 6.3 대선일 이후로 미루어질 가능성이 높다. 특히 이 사건은 이 대표가 성남시장 시절부터 이어진 '대장동-백현동' 등 일련의 혐의들과 정서적으로 연결되어 있어 유죄 여부와 별개로 정치적 파급력이 상당하다.

셋째, 이재명 대표가 당면한 '5개 재판, 8개 사건, 12개 혐의'라는 사법적 부담은, 단지 후보 검증 차원을 넘어선 헌법적 논쟁으로 확장되고 있다. 대통령에 당선된다 하더라도 헌법 제84조의 '현직 대통령은 내란 또는 외환의 죄를 제외하고는 재직 중 형사소추되지 아니한다'는 조항이 그의 모든 재판과 수사를 면책할 수 있는지를 둘러싸고 논란이 분분하다. 해석에 따라선 '당선 이전의 범죄는 수사 및 재판이 계속된다'는 견해와, '취임과 동시에 형사 소추가 일단 중단된다'는 견해가 충돌하고 있는 것이다.

하지만 이재명 대표의 주장과 달리 '다수 견해'는 "대통령에 당선되도 취임 이전의 재판과 수사는 계속된다"는 견해로 보인다. 이는 이번 장미 대선에서도 가장 뜨거운 쟁점이자 대선 가도의 이재명이 대선에서 패배하면 그의 정치 생명은 치명타를 받게 되고, 만에 하나 승리하더라도 대통령 당선 이전의 수사와 재판의 지속 여부로 국론은 크게 분열될 것이다.

넷째, 지금 이 순간에도 확대되고 있는 '이재명 대세론'은 역설적으로 '이재명 불가론'의 가능성을 함께 품고 있다. 최근의 여론조사에서 확인되듯, 야권 지지층의 다수가 이재명을 차기 대통령으로 지지하고 있음에도 불구하고, 국민 전체로 시야를 넓히면 '이재명 대통령 시대'에 대한 심리적 거부감이 분명히 존재한다. 이른바 '이재명 포비아'다. 일부 중도층과 기성세대, 그리고 소위 '정치적 회의주의자'들 사이에서는 그가 대통령이 될 경우, 검찰과 언론, 사법부, 지방 권력에 대한 권위적 보복적 통제와 친위적 개편이 이뤄질 수 있다는 우려가 적지 않다. 이재명식 강성 포퓰리즘에 대한 막연한 두려움이 그 이름만으로도 증폭되고 있는 것이다.

마지막으로, 7공화국 개헌론이 대선 과정에서 중요한 정치적 카드로 떠오를 가능성이 높다. 정치권이 개헌을 매개로 세력 재편을 꾀할 경우, 기존 정당 구도를 뛰어넘는 새로운 연대가 형성될 수 있다. 이러한 흐름 속에서 조기 대선이 현실화될 경우, 결국 이재명을 이길 후보는 누구인가라는 질문이 차기 대선의 핵심 쟁점이 될 것이다.

이재명 대표에게 있어 지금 조기 대선은 최고의 기회이자 위기다. 대세론의 기세를 몰아 대권을 거머쥘 수 있는 호기이면서, 동시에 사법적 결정과 민심의 불확실성이 결합된 복합적 시험대다. 국민은 그에게 정권 교체의 기대를 걸고 있지만, 그 기대는 철저한 불안 위에 놓여 있다. 결국, 이재명이 스스로의 각종 혐의와 사법 리스크에 대해 어떤 태도로 임하고, 국민 앞에 어떻게 설명하며, 공포심을 넘어서 신뢰를 회복할 수 있을지 여부가, '장미 대선'의 최종 승자를 결정짓는 핵심 변수가 될 것이다.

빅데이터를 통해 본
조기 대선의 최종 승자

다음은 저자가 조기 대선 일정으로 확정된 6.3일 선거일로부터 2025년 3월 4주 차까지 진행된 리서치뷰 여론조사 결과(연령별·지역별·계층별·정치성향별 지지도에 대한 빅데이터 분석 포함)를 바탕으로 '이재명 대세론'과 '이재명 불가론'이 형성된 구조와 이를 극복하기 위한 현실적 조건들을 분석한 정리다.[44]

다만 이러한 여론조사를 통한 분석은 우선 응답률이 적게는 3~4%에서 많게는 10%대 이기 때문에 객관적 신뢰도가 실제 여론과 많이 차이가 날 수 있다는 점을 유념해야 한다.

2024년 12월 윤석열 대통령의 계엄령 선포와 2025년 초 대통령 탄핵 이후 조기 대선 국면이 본격화되면서 가장 먼저 여론에서 드러난 현상은 다름 아닌 이재명 대표의 독보적인 상승세였다. 리서치뷰의 정례 조사를 종합해보면, 이재명의 범진보 대선 주자 적합도는 2025년 1월 초 42.8%에서 시작하여, 3월 4주 차에는 51.1%까지 상승했다. 11차례에 걸친 평균 지지율은 46%로, 이는 정치적 소용돌이 속에서 오히려 이재명이 진영 내부의 단일화를 주도하며 '대세론'을 굳히고 있음을 시사한다.

반면, 범진보 진영의 2위 주자인 이낙연 전 총리는 1월 첫째 주 7.8%에서 출발해 3월 4주 차 7.5%로, 상당히 선전 하였다. 그래도 진보진영에는 본격적인 정치활동을 재개하지 않은 상황에서 2위를 고수하고 있어 매우 이례적인 현상이다. 김동연(평균 6.4%), 김부겸

241

결론을 대신하여: 차기 대선의 최후 승자는?

(4.8%), 김경수(2.7%) 등 나머지 인사들도 모두 낮은 수치에 머물면서 범진보 내부는 사실상 '이재명 초강세 - 무경쟁' 구도였다. 대중적 인지도나 정책 경쟁력에서 대안을 찾기 어려운 구도 속에서 이재명의 대세론은 견고해 보였다.

보수 진영의 경우, 2025년 1월 3주 차부터 여론조사 대상에 포함된 김문수 장관이 비상계엄 선포 및 탄핵 정국의 보수 결집 속에서 돌풍을 일으켰다. 3월 4주 차에도 21.1%의 지지율을 기록하며 범보수 적합도 1위를 유지했다. 유승민(14%), 홍준표(9.1%), 한동훈(7.4%), 오세훈(5.7%) 등의 후보들은 일정한 존재감을 보였지만, 김문수와는 7~14%포인트 가량의 차이를 보였다. 김문수는 본인이 직접 출마 선언을 하지 않았음에도 불구하고 강성 보수층의 대체 가능성으로 부상하며 여론의 반사 이익을 누렸다.

이러한 흐름은 대선 적합도와 다자 대결 여론조사에서도 그대로 드러난다. 3월 4주 차 여론조사에서 이재명은 48.3%로 단연 선두였으며, 2위 김문수는 10.4%에 그쳤다. 이어 홍준표(6.5%), 한동훈(5.7%), 오세훈(4.9%), 김동연(3.1%) 등은 모두 한 자릿수 지지율에 머물렀다. 결과적으로 이재명과 김문수의 격차는 5배에 달했고, 민주당 계열 후보 전체의 지지율 합계는 53.7%인 반면, 국민의힘 계열은 31.7%에 불과했다.

정당별 대선 후보 지지도에서도 이러한 격차는 더욱 확연했다. 3월 3주 차에서 민주당 후보 지지율은 51.5%, 4주 차에는 55%로 상승한 반면, 국민의힘 후보 지지율은 3주 차 40.7%에서 4주 차 37.5%로 하락세를 보였다. 정당 지지도 또한 민주당(45.8%)이 국민의힘(34.4%)보다 11.4%포인트 앞섰으며, 조국혁신당은 6.8%, 개혁신당은 3.0%로 나타났다.

2025년 4월, 6월의 장미 대선을 앞두고 특별한 여론조사상의 지표가 눈길을 끌고 있다.

첫째는 한덕수 국무총리 권한대행으로서 조기 대선 국면에서의 첫 여론조사에서는 2%에 그쳤으나 뒤이어 실시한 여론조사에서는 8.6%를 기록하고, 이재명을 상대로 한 양자 대결구도에서는 다른 여당 후보에 비해서 가장 경쟁력있는 여론조사 지표를 보여주었다. 아마도 여당내 경쟁력은 물론 '이재명 대세론'을 꺾을 수 있는 경쟁력있는 후보에 있어서는 단연 1위로 부상할 개연성이 높다.

다음으로는 4월에 들어서면서 이낙연 전 국무총리의 지지율이 예사롭지 않은 상승세를 타고 있다. 4월 6일 발표된 CBS-KSOI 여론조사에서 범야권 대선후보 적합도 10.9%를 기록한 데 이어, 7일 JTBC 조사에서는 11%를 넘겼고, 9일에는 파이낸스투데이·더퍼블릭 공동조사에서 11.1%, 그리고 10일 팬앤마이크 조사에서는 무려 12.6%까지 치솟았다.

주목할 점은, 이 전 총리가 아직 대선 출마를 공식 선언한 바도 없고, 별다른 공개 행보도 없는 상태라는 것이다. 그럼에도 불구하고 이재명 후보를 뒤쫓으며 각종 조사에서 2위로 올라선 이 상황은 정치권 안팎에 적잖은 충격을 던지고 있다.

이제 시작일 뿐이다. 그동안 윤석열 정부 출범이후부터 2년 넘게 지속된 '이재명 대세론'은 6월 3일 장미 대선의 시기가 다가오면 올수록 '반(反)이재명 연합'의 형태로 그것이 이낙연 총리가 제안한 "중도통합 대통령과 과도 연립 내각"의 형태든, 한덕수 대행의 "무소속 출마 후 국민의힘 경선승리 후보와의 단일화 설"이든 다양한 형태의 합종연횡이 시도될 것으로 보인다. 이 과정을 거쳐 비상 계엄과 대통령 탄핵 이후의 조기 대선의 시대 정신을 구현할 가장 합리적인 공통 분모를 찾게 될 것으로 보인다.

조기 대선의 향방을 좌우하는 주요 유권자층을 기준으로 보자면, 이재명 대세론은 더욱 뚜렷하다. 먼저, 승부를 결정짓는 중도층에서 이재명은 53.4%의 압도적 지지를 받았으며, 김문수(12.5%), 한동훈(5.0%) 등 소위 중도 확장력이 있다고 평가된 후보들은 의외로 저조한 지지율을 기록했다. 유승민, 안철수, 이낙연 역시 각각 2~3%대에 머물렀다. 이는 중도층의 표심이 일견 진보적이라기보다는 '이재명 외 대안 부재'에 가까운 현상이라는 점에서 주목할 필요가 있다.

2030 MZ 세대의 흐름 역시 흥미롭다. 이재명이 48.5%로 1위를 기록한 가운데, 김문수(15.9%), 홍준표(9.7%), 한동훈(4.2%), 이준석(3.7%) 등이 뒤를 이었다. 이준석은 청년 세대의 대표 주자라는 상징성에도 불구하고 한 자릿수 지지율에 그쳤다. 이는 젊은 세대 내에서도 이재명이 여전히 지배적 위치를 점하고 있음을 보여주는 동시에, 제3의 선택지가 확고히 형성되지 않았음을 시사한다.

호남권 지지율 역시 흥미로운 구조를 보여준다. 이재명은 58.6%의 지지율로 1위를 유지하고 있었지만, 이는 지난 대선 당시 80% 가까운 호남 득표율에 비하면 상당히 낮아진 수치였다. 김문수(9.3%), 김동연(7.4%), 홍준표(5.0%) 등이 뒤를 이었고, 유의미한 의미를 가질 수 있는 국민의힘 전체 후보 지지도 합계가 23.5%에 달한 점은 주목할 만하다.

대선 프레임 공감도 조사에서도 이재명 중심의 정권 교체 여론이 우세했다. 응답자의 58%는 '정권 교체/야당 당선'에 공감했고, '정권 연장/여당 당선'에 공감한 비율은 36.5%에 그쳤다. 이는 탄핵과 계엄 선포로 인한 정권 피로감, 윤석열 리스크 등이 반영된 결과로 볼 수 있다.

결론적으로, 이재명 대세론은 중도층과 청년층, 전통적 민주당 지지층까지 아우르는 폭넓은 지지 기반 위에 구축되어 있으며, 이를 단숨에 뒤집을 수 있는 경쟁 후보나 정치 프레임은 아직 가시화되지 않았다. 단순한 반이재명 연대나 양비론은 오히려 이재명의 대체 불가능성을 강화시킬 수 있으며, 대선 국면에서 이재명을 넘어설 수 있는 전략은 단순한 비판이나 구호가 아닌 정확한 대안과 탁월한 정치적 리더십을 입증하는 데 있다는 것이 조기 대선을 2개월 앞둔 시점 여론조사의 핵심적 함의다.

최근 윤석열 전 대통령의 탄핵 이후 실시된 갤럽 여론조사 결과 역시 조기 대선 국면에서 이재명 대표와 국민의힘의 유력 보수 후보 간의 정치 지형을 예측하는 데 있어서 중요한 두 가지 시사점을 보여준다.

첫째, 이재명 대표가 '적합도 1위(30%)'임에도 불구하고 '부적합도에서도 1위(37%)'를 기록한 현상은, 그의 대세론에 본질적인 균열이 존재함을 의미한다. 다시 말해, 이재명 대표가 유력 대선 후보로 거론되고 있음에도 불구하고 그에 대한 '반감' 또는 '거부감'이 더 큰 것이다. 이는 단순히 호감도·인지도의 문제가 아니라, 사법 리스크, 도덕성, 리더십 스타일 등에 대한 광범위한 국민적 우려가 깔려 있다는 뜻이며, 본선 직전까지 '비토 세력의 결집'이라는 정치적 역풍에 직면할 가능성을 암시한다. 이 같은 구조는 이재명 대표가 실제 본선에서 결코 쉬운 승리를 장담할 수 없음을 보여준다.

둘째, 보수 진영 내에서 김문수 전 고용노동부 장관이 '지지율 1위'를 기록한 점은 매우 이례적이고도 주목할 만한 현상이다. 김문수 장관은 그간 '강경 보수, 기독교 우파, 윤석열 지지 세력'으로 대표되며, 본선 경쟁력보다는 조직 결집형 후보로 평가되어 왔다. 그러나 여론조사에서 한동훈, 홍준표 등 경쟁 후보들을 제치고 1위를 기록한 것은, 국민의힘 지지층 내에서 윤석열 탄핵 이후 정서적 결집이 김문수 후보에게 몰리고 있다는 징후로 해석될 수 있다.

이러한 흐름은 본선에서 이재명 대 김문수라는 '극단 대결' 구도가 형성될 가능성마저 예고하고 있으며, 이는 중도층의 대거 이탈이나 제3지대 결집의 명분을 줄 수 있다.

결론적으로 이번 여론조사는 조기 대선 국면이 이재명 대세론의 위험성과 국민의힘 내 친윤석열계 후보의 약진, 이 두 가지 변수를 중심으로 급속히 재편되고 있음을 시사한다. 이는 향후 제3지대의 전략적 선택과 중도 유권자의 움직임이 승부의 핵심 키가 될 것임을 의미한다.

조기 대선의 최종 승자가 되기 위한 핵심 타깃층

장미 대선에서 최후의 승자가 되기 위해서는 무엇보다도 보수와 진보 양 진영의 결집된 지지층을 공고히 다지는 것이 기본적인 출발점이다. 그러나 그것만으로는 부족하다. 역대 모든 대통령 선거에서 결정적인 역할을 해온 스윙보터, 즉 중도층의 마음을 얻지 못한다면 승리는 요원하다. 특히 정치적 성향이 뚜렷하지 않으면서도 현실 정치에 대한 민감한 판단력을 가진 중도 유권자들은, 특정 정당이나 인물에 대한 무조건적 충성보다는 사안별 현실적 평가를 우선시하기에 이들의 선택은 대선 결과를 좌우하는 최대 변수로 작용한다.

양당 대결 속에 떠오르는 중도 무당층

2025년 조기 대선 국면에서 가장 주목할 대목은 바로 중도층과 무당파 유권자의 움직임이다. 2025년 1월에 발표된 한국갤럽 여론조사 결과[45]에 따르면 민주당 지지율은 40%, 국민의힘 지지율은 38%로 박빙 양상을 보였으나 그보다 더욱 눈길을 끈 대목은 무당층의 비중이 15%에 육박했다는 사실이다. 이는 지난 2022년 3·9 대선 직전의 수준과 유사하다. 양 진영의 결집이 심화되는 가운데, 중도 무당층의 투표 결정이 캐스팅보트 역할을 할 가능성이 높아진 것이다.

정권 교체를 지지하는 응답자는 50%로, 정권 유지를 원하는 40%보다 10%p 앞섰으며, 중도층에서는 무려 60%가 정권 교체를 지지하는 것으로 나타났다.

여론조사상 차기 정치 지도자 선호도에서는 이재명 대표가 31%로 여전히 1위를 지키고 있으나, 주목할 점은 국민의힘 내 주요 인사들의 지지율 총합이 23%에 불과하고, 그보다 더 높은 33%가 특정인을 꼽지 않았다는 점이다. 이는 이재명 대표가 여전히 고정 지지층 외에는 폭넓은 지지를 획득하지 못하고 있음을 시사하며, 선거 구도상 제3의 인물이 등장하거나 중도 무당층을 흡수할 대안 세력이 등장할 경우, 판세가 급변할 수 있음을 암시한다.

결국 2025년 조기 대선에서 '이재명을 누가 이길 수 있는가'라는 질문은, 단순히 여야 구도가 아니라 누가 중도와 무당층의 신뢰를 얻고 시대적 리더십을 보여줄 수 있는가의 문제로 귀결될 것이다.

2025년 1월 17일 발표된 한국갤럽 여론조사 결과는 정치권에 뼈아픈 경고를 던졌다. 정당 지지율에서는 국민의힘이 39%, 더불어민주당이 36%로 오차 범위 내 접전을 벌이는 가운데, 차기 대선 주자 선호도 조사에서는 이재명 민주당 대표가 31%로 1위를 유지했으나 뚜렷한 확장세를 보이지 못했다. 특히 주목할 점은, 중도층의 무려 44%가 "지지하는 대통령감이 없다"고 답하며 의견을 유보했다는 사실이다. 이는 중도층 유권자의 거의 절반이 현 정치 지형 속에서 매력적이고 신뢰할 만한 리더십을 발견하지 못하고 있음을 의미한다.

이재명 대표는 진보층에서는 70% 이상의 지지를 받고 있지만, 중도층에서의 지지율은 28%로 내려 앉았고, 그마저도 계속해서 하락세였다. 국민의힘 소속 대선 주자들의 중도층 지지율 역시 대부분 한 자릿수에 머물고 있는 실정이다. 결국 중도층 유권자들은 현재의 양강 체제 모두에 대해 신뢰하지 않고 있으며, 조기 대선 정국 속에서 '정권 교체는 필요하지만, 마땅한 대안은 없다'는 불신과 혼란이 교차하고 있다.

실제로 갤럽 조사에서 중도층의 62%는 정권 교체를 희망한다고 답했지만, 구체적으로 누구를 통해 이뤄질 수 있을지에 대해 확신을 갖지 못하고 있다. 이는 단순히 기존 정치인들에 대한 피로감이나 회의감을 넘어 '대통령다운 사람'을 찾지 못한 유권자들의 절박한 갈증이다.

이러한 중도층의 '정치적 공백'은 민주당에도 심각한 고민거리다. 이재명 대표가 여전히 유력한 야권 주자임에도 불구하고 젊은 층과 중도층에서는 그의 사법 리스크와 비호감도가 정권 교체 열망보다 크게 작용하고 있다. 호남 지역 조사에서도 이재명 후보를 대신할 대안을 찾는 응답이 31%에 달했다는 점은 더 이상 '이재명 대세론'에 안주할 수 없다는 경고다.

반면 국민의힘은 계엄 사태 이후 보수층 결집과 함께 지지율 반등을 이루긴 했지만, 여전히 정권 연장에 대한 국민적 지지는 38% 수준에 그치고 있다. 특히 2030 세대와 중도층에서는 '윤석열 정권'에 대한 회의와 불신이 압도적이다. 즉, 정권 유지와 교체 모두가 국민에게 신뢰받지 못하고 있는 상태인 것이다.

결국 이 혼란의 시기, 중도층의 신뢰를 얻기 위한 해답은 '정권 교체냐 유지냐'라는 이분법을 넘어선 진정성 있는 리더십의 출현에 있다. 민생을 중심에 둔 정책 비전, 사법 리스크나 권력에 대한 집착으로부터 자유로운 인물, 통합과 협치를 이끌 수 있는 능력 있는 정치인이야말로 중도층의 마음을 움직일 수 있다.

지금 중도층은 정당도, 인물도 선택하지 못하고 '유보'하고 있다. 하지만 이 유보는 무관심이 아니다. 오히려 그들은 정치의 향방을 결정짓는 결정적 순간에 가장 적극적으로 움직일 수 있는 유권자들이다. 이들의 마음을 얻는 자가 대선의 판을 흔들 것이며, 그 중심에는 '진짜 대통령감'이 서야 할 것이다.

대통령 탄핵 이후 캐스팅 보트 역할 가능한 2030 MZ 세대

이번 조기 대선은 또 하나의 중요한 정치 세력을 주목하게 만들었다. 바로 그동안 정치에 무관심하거나 관망적 태도를 보여왔던 2030 세대, 이른바 MZ 세대다. 이들은 윤석열 전 대통령의 비상계엄 선포와 대통령 탄핵이라는 헌정 사상 초유의 상황 속에서 놀라울 정도의 정치적 각성을 보이며, 탄핵 찬성 그룹과 반대 그룹으로 나뉘어 강한 정치적 입장을 표출했다. 이는 기존 세대와는 다른 감각과 가치관을 지닌 이들이 더 이상 침묵하지 않고, 정치 변화의 핵심 축으로 부상했음을 의미한다. 따라서 이들을 설득하고 흡수하기 위한 정책 메시지와 캠페인 전략은 향후 선거 판도를 결정지을 또 하나의 전략적 핵심 과제가 될 것이다.

이재명 외의 대안을 찾는 호남 유권자가 무려 31%

전통적으로 민주당의 핵심 지지 기반으로 여겨졌던 호남 지역과, 전국에 분산된 호남 출신 유권자들의 선택도 중대한 관전 포인트다. 이들이 '이재명의 민주당'에 대한 일관된 지지를 유지하며 이재명 대세론의 재확인에 힘을 실어줄 것인지, 혹은 '이재명 불가론'에 공감하며 '포스트 이재명 시대'를 여는 새로운 결단을 내릴 것인지는 향후 대선 구도를 판가름할 중요한 분기점이 될 것이다.

2025년 2월 17일, KBS 광주방송이 실시한 여론조사 결과는 민주당의 '대선 후보 이재명' 구도에 균열이 생기고 있음을 시사했다. 호남 지역 응답자의 63%는 "이재명 대표가 대선 후보로 나서는 것이 좋다"고 답했지만, 무려 31%는 "사법 리스크 등을 고려해 다른 후보가 나서는 것이 바람직하다"고 응답했다. 나머지 6%는 유보 의견을 밝혔다.

이 수치는 겉보기에 이재명 대표에 대한 지지로 보일 수 있지만, 지난 대선 당시 광주·전남에서 각각 84.8%, 86.1%의 압도적 지지를 얻었던 것을 고려하면 20%p 이상 하락한 수치로 평가할 수 있다. 단순한 수치 이상의 민심 이반이 감지되는 대목이다.

주목할 만한 점은 최근 정치 활동을 재개한 이낙연 전 총리가 8%로 2위를 기록하며 다시 호남 유권자들의 시야에 들어오기 시작했다는 사실이다. 이는 이 대표에 대한 압도적 대체자는 아직 부상하지 않았지만, '대안 정치인'에 대한 기대가 서서히 분출되고 있음을 암시한다.

호남 민심의 이탈은 특히 젊은 세대와 중도층에서 두드러진다. 29세 이하 응답자의 경우, 이재명 선호가 46%, 대안 후보 선호가 43%로 팽팽하게 맞섰고, 30대에서도 이 대표 58%, 대안 후보 35%로 나타났다. 중도층 역시 이재명 54%, 다른 후보 40%, 유보 6%로 결코 압도적인 지지라고 보기 어려운 흐름이다.

이는 정권 교체에 대한 기대가 여전함에도 불구하고 이재명 후보에게 정치적 신뢰를 보내는 데 주저하는 여론이 호남에서도 분명히 존재한다는 점을 의미한다. 0.73%p 차이로 패배했던 지난 대선을 감안할 때, 호남에서의 37% 이탈은 결코 가볍게 넘길 수 없는 수치다.

요컨대, 이번 조사는 다음과 같은 복합적 민심을 드러낸다.

첫째, 민주당 지지층의 방어적 결집은 여전히 유효하지만, 둘째, 이재명 후보 개인에 대한 확신은 약화되고 있으며, 셋째, 젊은 층과 중도층에서의 신뢰 부족이 차기 대선의 변수로 작용하고 있다는 점이다.

따라서 '어차피 이재명'이라는 공식에 갇힌 채 대선 전략을 고수할 경우, 호남 민심마저 이반될 수 있다는 우려가 제기된다. 반대로, '도덕성과 통합 리더십'을 상징하는 인물이 점차 주목을 받을 여지도 아직 남아 있다.

호남은 늘 민주당의 정치적 뿌리이자 심장부였다. 그렇기에 이 지역 유권자들의 미세한 변화는 단순한 지역 여론을 넘어 민심 전체의 전환점이 될 수 있다. 지금 필요한 건 무조건적인 진영 논리가 아니라, 시대정신에 부합하는 새로운 리더십에 대한 정직한 고민이다.

결국 조기 대선의 향방은 진영 결집을 넘어선 확장성과 설득력, 그리고 중도층과 MZ 세대, 전통적 지지층의 균형 잡힌 공략에 달려 있다고 해도 과언이 아니다. 이 세 그룹의 민심을 정확히 읽고, 그에 맞는 신뢰할 수 있는 메시지와 후보의 자질을 선보일 수 있는 정치 세력만이 이 격동의 조기 대선에서 최후의 승자가 될 수 있을 것이다.

조기 대선의
최후 승자는 누구인가

다가올 조기 대선의 최후 승자는? 누구일까? 결론부터 말하면, 이번 대선의 향방은 단순한 지지율의 고저가 아니라 이재명 대표의 사법 리스크와 대권 구도 형성, 그리고 국민적 여론의 정밀함 속에서 결정될 것이다.

이재명 대표는 여전히 높은 지지율을 보이며 '불사조'처럼 생환하고 있으나 조기 대선이라는 극한의 정치 현실 앞에서 사법 리스크는 피할 수 없는 핵심 변수다. 특히 공직선거법 위반 사건의 대법원 상고심 판결 결과는 국민들의 판단에 결정적인 영향을 미칠 것이다.

조기 대선의 예상 대결 구도와 그에 따른 최종 승부 전망

조기 대선이 사실상 현실로 다가온 지금, 대한민국의 유권자들은 단순한 여야의 승패를 넘어 차기 대통령이 누구냐에 따라 앞으로의 5년, 더 나아가 대한민국 100년의 향방이 결정된다는 역사적 기로에 서 있다.

현재까지의 여론 지형과 정치권의 흐름, 그리고 유력 주자들의 동향을 종합하면, 본선 구도는 4축의 대결 구도로 압축된다. 이 대결구도는 동시적으로 때론 단계론 전개될 수 있다.

첫째, 가장 유력한 구도는 이재명 더불어민주당 대표와 국민의힘 경선 승리 후보(김문수 가능성 유력), 그리고 무소속 한덕수 대통령 권한대행 간의 후보 단일화 여부를 둘러싼 삼각 구도다. 이 경우, 김문수 후보가 국민의힘 공천을 받아 본선에 진출하되, 중도와 확장성이 취약한 한계를 극복하기 위해 중도실용형 관료인 한덕수 권한대행과의 후보 단일화를 도모하는 시나리오가 유력하다. 만약 단일화에 성공할 경우, 보수-중도 연합의 폭이 크게 확장되며 이재명의 이른바 '대세론'을 위협할 수 있다. 특히 이 과정에서 윤석열 전 대통령의 지지 선언이 개입될 경우, 오히려 반작용으로 작용해 이재명에게 유리한 반사 이익이 될 수도 있음을 간과해선 안 된다.

둘째, 최근 유력하게 검토되는 국민의힘 경선 승리 후보와 무소속의 한덕수 후보간에 반이재명 빅텐트를 칠 경우 이낙연 전 총리가 제안한 "중도 통합형 대통령과 과도 내각 구성"제안에 대한 연대와 협치 가능성 역시 조기 대선의 최종 승자로 가는 마지막 길목이 될 수 있다.

이낙연 전 총리의 제7공화국 개헌 연대를 통한 과도내각 구성 방안운 현 정치권의 제왕적 대통령제의 구조적 한계를 뛰어넘는 제3지대 '7공화국 개헌연대'를 추진하려는 시도로, 기존의 당 중심 정치에서 국민 참여 중심 정치로의 전환을 꾀하려는 혁신적 실험이다. 이 경우 40대 신기수론에 입각한 차세대 리더쉽을 대표하는 이준석 의원이 이재명 후보와 '7공화국 개헌연대에 입각한 과도정부 구상'중에서 어떤 세력을 협치의 대상으로 삼을 것인지는 매우 중요한 지점이다.

이 시기에 판단의 중요한 준거점은 어떤 세력의 어떤 비젼이 현실성과 설득력을 갖고 있느냐 하는 것보다는 현실 정치인에게 있어서 어떤 후보와 어떤 연대세력이 당선가능성이 높은가에 달렸다고 볼 수 있다.

셋째, 만약 한덕수 권한대행이 전격 불출마 선언을 할 경우, 국힘 후보가 김문수가 아니라 홍준표, 오세훈, 나경원 등으로 대체되는 '대이변 시나리오'도 고려 대상이다. 이 경우 이낙연 전 총리가 무소속 또는 새로운민주당 후보로서 다시 부상할 가능성이 크며, 국힘-이낙연-이준석 간 '역사적 대타협'을 통해 이재명 일극체제에 맞서는 개헌형 통합 정부 구상이 본격화될 수도 있다. 특히 이낙연은 지난 총선의 충격 이후 '이재명 불가론'의 중심에 있었고, 정치적 대의를 실현하기 위해 개인적 희생을 감수해온 인물로, 제3지대의 '반(反)이재명 7공화국 개헌 연대' 후보로서 잠재력을 지닌다.

넷째 이재명 후보가 압도적으로 승리하는 가상의 대선 시나리오이다, 즉 한덕수 권한대행과 이낙연 전 총리가 불출마를 선언한 상황에 치뤄지는 이재명-국민의힘 후보-이준석 3자 구도에서 윤석열 전 대통령이 공개적으로 국민의힘 후보를 지지하는 상황은 현실 정치에서 실현 가능성이 가장 낮은 시나리오 중 하나지만, 그 정치적 파장과 후폭풍은 결코 가볍지 않다.

만약 이재명 후보가 이러한 혼전 속에 최종 대통령에 당선될 경우, 국정 전반은 또다시 '이재명 방탄체제'를 중심으로 돌아갈 우려가 크다. 이미 2023~2024년 국회에서 경험한 바와 같이, 민주당 주도의 입법권은 공공의 개혁과 미래를 위한 것이 아니라, 이재명 개인의 사법 리스크를 방어하기 위한 방탄 입법, 정치 보복성 탄핵, 보복성 예산 편성으로 일상화된 바 있다.

이런 흐름이 대통령 당선 이후에도 그대로 이어진다면, 이번에는 국회를 넘어 사법부, 즉 헌법재판소와 대법원, 그리고 이재명의 5개 재판과 8개 사건, 12개 혐의와 관련된 각급 법원, 검찰, 증인, 공무원 집단까지도 극심한 정치적 압박을 받게 될 위험성을 배제할 수 없다.

특히 '헌법 제84조'에 대한 이재명 후보의 자의적 해석을 통해 대통령 당선 이후의 형사재판을 정지시키려는 시도는 정치적 정당성과 민주주의 헌정 원칙을 뿌리부터 흔들 수 있는 위험한 선례가 될 수 있다. 이로 인해 한국 사회는 정치권과 언론, 학계, 시민사회를 넘어 국제사회에서도 '대통령이 되면 수사와 재판이 멈추는 나라'로 인식될 수 있으며, 이 과정에서 '법 위의 권력'이라는 부정적 이미지가 국내외에 각인될 수 있다.

따라서 모든 대선후보와 국민들은 레비츠키 교수가 《민주주의는 어떻게 무너지는가》에서 경고한 '지능형 독재(Intelligent Autocracy)' 또는 '하이브리드형 독재(Hybrid Authoritarianism)'이론이 주는 엄중한 경고를 명심해야 할 것이다. '지능형 독재'와 '하이브리드형 독재'는 겉으로 헌정질서를 존중하는 듯하지만 실제로는 권력의 정당성을 자신과 충성 세력에게 집중시키고, 민주적 제도와 절차를 이용해 반대파를 제거하거나 견제기구를 무력화시키는 방식이다. 이재명이 대통령에 오를 경우, 이른바 '이재명 포비아'가 사법부와 공직 사회 전반에 확산되면서 누구도 반대 목소리를 내기 어려운 상황이 초래될 수도 있다.

더 심각한 문제는, 이러한 정치적 환경이 이재명 후보 본인에게도 결국 독으로 작용할 수 있다는 점이다. 대통령에 당선된 이후에도 사법 리스크가 해소되지 않는 한, 국내 정치는 계속된 갈등과 분열 속에 놓이게 되고, 국제사회에서도 한국 민주주의의 신뢰도는 큰 타격을 입을 수밖에 없다.

이러한 점에서 이 시나리오는 '최종 승자가 아무도 없는 대선'이 될 가능성이 매우 크다. 누가 당선되든 국민은 또다시 분열과 불신의 늪에 빠지게 되고, 대한민국의 민주주의와 법치주의는 걷잡을 수 없는 위기를 맞게 된다. 이재명 후보에게 정치적 결단이 요구되는 이유가 바로 여기에 있다. 그러나 지금까지 보여준 그의 정치 행보와 진영 중심의 강성 지지 기반에 기대어 보면, 그러한 결단은 기대하기 어렵다는 것이 가장 큰 비극이자 오늘 대한민국이 처한 정치 현실의 심각한 문제라고 하지 않을 수 없다.

이와 같은 구조에서 이재명 후보는 반계엄 민주연합의 형태로 진보정당, 강성시민사회, 개딸 등 열성 지지층을 기반으로 한 진영의 압도적 결집을 통해 승부수를 띄울 것으로 예상된다. 그러나 문제는 '이재명 대세론'이 단지 지지율이 높다는 데서 그치는 것이 아니라, 그의 수많은 사법리스크를 정면 돌파하고자 하는 대선 전략, 즉 '헌법84조의 자의적 해석', '방탄입법 추진', '검찰 수사 검사 탄핵', '예산 보복' 등 국민적 우려를 자아내는 행태가 지속되고 있다는 데 있다. 이러한 흐름은 대중의 정치불신과 불안감을 자극하며, 결국 이재명 포비아(Lee-phobia)를 통한 '불가론'을 심화시키는 배경이 되고 있다.

결론적으로, 이번 조기 대선의 최종 승자는 단순히 지지율과 당세에만 의존하는 방식으로 결정되지 않을 것이다. 오직 국민이 최후의 승자가 되어야 한다는 진정한 시대정신을 실현할 수 있는 인물, 개인의 권력욕이 아니라 협치와 개헌을 통해 대통령 권한을 내려놓을 수 있는 준비된 후보, 그리고 감옥이나 탄핵으로 이어지는 대통령의 불행을 끊을 수 있는 도덕성과 개혁성을 겸비한 지도자만이 대한민국의 미래를 열어갈 수 있을 것이다.

만약 공직선거법에 있어 대법원 최종심에서 1심에서와 같은 징역형이 유지된다면 이는 '정치적 사형 선고'와 다름 없으며, 그가 대선에 출마할 자격을 상실하게 된다. 꼭 공직선거법 3심 결과가 아니더라도 5개의 재판과 8개 사건에 12개의 혐의를 받고 있어 '머지않아 감옥에 갈 수도 있는 후보'를 국민이 다시 선택할지는 불확실하다.

반대로 비상계엄 선포와 대통령 탄핵에 대한 국민적 공감대가 크게 작용하여 '이재명 대세론의 최종적 승리'로 이어질 가능성도 배제할 수 없다.

따라서 조기 대선의 최종 승자를 선택하는 D-day가 6월 3일이지만, 대통령 탄핵이 결정된 이후의 60일은 결코 짧은 시간이 아니다. 현재의 시점에서 가장 중요한 흐름은 특정 정당을 떠나서 '이재명 대통령 시대'에 대한 매우 광범위한 '이재명 포비아(공포심)'가 존재한다는 점이다. 그 결과 '김문수 돌풍'이 불었고, '한덕수 차출설'이 크게 회자되고, '이낙연 대안론' 역시 잠재적 회오리가 되어가고 있다.

결국은 '이재명 대세론'에 안주해서 자신의 '사법 리스크' 방어에 최고의 관심을 두고 있는 후보와 국민의힘 최종 경선 승리 후보와 한덕수 대행 그리고 이낙연 전 총리를 중심으로 한 '광범위한 반(反) 이재명 연대'와 '7공화국 개헌 시대를 여는 과도 연립 정부의 구상'에 동의하는 연합 후보 중에서 국민들이 누구를 선택할 것인지는 자명해 보인다. 물론 연합후보의 대표적 간판은 후보단일화에 승리한 한 사람이 될 것이다.

2025년 4월 16일 여론조사 전문기관 조원씨앤아이가 4월 13~14일 실시한 여론조사에 따르면, 한덕수 권한대행이 '범보수 차기 적합도'에서 무려 29.6%의 지지율로 1위를 기록했고, 2위는 김문수 장관(21.5%)이었다. 또 국민의힘 지지층을 대상으로 한 조사에서는 한 권한대행이 31.9%로 1위를 지켰으며, 김 전 장관은 22.8%, 한동훈 전 대표는 15%, 홍준표 전 시장은 11.9%, 나경원 의원은 7.41%로 나타났다. 이 여론조사가 갖는 의미는 여전히 '한덕수 차출론'이 갖는 조기 대선에서의 혁명적 파급성을 보여준다.

거듭 강조하지만, 이번 조기 대선의 최종 승자는 "국민이 최종 승자가 되도록 만드는 후보와 그 세력이 될 것"이다.

이재명 대세론을 넘어
국민이 만드는 대통령

대한민국은 지금 거대한 전환의 문턱 앞에 서 있다. 계엄령 논란과 대통령 탄핵이라는 헌정 사상 유례 없는 격랑을 지나 우리는 다시금 "누가 다음 대통령이 되어야 하는가?"라는 거대한 질문 앞에 서 있다. 이 책은 바로 그 질문에 응답하기 위한 치열한 사색과 집단지성의 기록이다.

이재명이라는 정치인은 분명 시대의 산물이었다. 기득권 정치에 대한 분노와 좌절, 강력한 추진력에 대한 갈망, 그리고 '말 잘하는 지도자'에 대한 기대는 그를 중심으로 한 '대세론'을 만들어냈다. 하지만 시간이 흐를수록 그 대세론은 '불가론'이라는 또 하나의 거대한 흐름과 충돌하게 되었다.

그 불가론은 단지 검찰 수사나 재판 때문만이 아니다. 이재명의 사법 리스크, 포퓰리즘 정책, 정치적 언어의 극단성, 입법 독재적 행태, 그리고 '포비아'로까지 번지는 대중의 심리적 거부감이 그 근간을 이루고 있다.

나는 이 책을 통해 단순히 한 정치인을 옹호하거나 공격하는 데 관심을 두려고 하지 않았다. 다만, 대통령이란 자리가 어떤 인물에 게 맡겨져야 하는가에 대한 국민적 판단을 돕고자 했다.

대통령은 나라의 '리더'이기 전에 국민의 '대표'여야 하며, 위기 속에서 국가의 방향을 잡아내는 조타수여야 한다. 말이 아니라 시 스템으로, 공약이 아니라 실행으로, 팬덤이 아니라 국민 전체로부 터 지지를 받을 수 있는 인물. 그런 리더를 찾기 위한 '정치학자 출 신의 정치인이자 행정가로서 그 해법'을 찾고자 이 책이 쓰였다고 감히 말하고 싶다.

우리는 이제 선택의 기로에 서 있다. 이재명이냐 아니냐의 문제 가 아니다. 이재명을 넘어서야 하느냐, 아니면 이재명에게 대한민 국을 맡겨도 되는가에 대한 질문이다. 이제는 어떤 특정 후보가 아 닌, 어떤 시대정신과 어떤 시스템을 가진 사람이 대통령이 되어야 하는가를 중심으로 선택해야 한다.

만약 이재명이 이긴다면 국민은 그를 철저히 감시하고 견제해야 한다. 그가 과거처럼 권력을 사유화하거나 입법 독재라는 비판을 받지 않도록 민주주의의 방파제를 구축해야 한다. 하버드 대학 레비츠키 교수의 경고처럼 '지능형 신독재'나 '하이브리드형 신독재'의 유혹에 빠지지 않도록 철저히 감시감독을 하여야 한다. 하지만 그가 패배한다면 대한민국은 단지 한 정치인의 몰락을 넘어 새로운 정치 질서를 만들어낼 기회를 가지게 될 것이다.

그렇다면, 최종 승자는 누구인가?

그 질문의 답은 정치인이 아니라, 바로 국민 자신에게 달려 있다. 빅데이터와 여론조사, 재판 결과와 정당의 역학이 아무리 복잡하더라도 마지막 순간에 투표지를 들고 있는 손은 결국 한 명의 유권자, 바로 당신이다.

이 책의 마지막 페이지를 덮는 지금, 나는 독자 여러분에게 이렇게 말하고 싶다.

"당신이 이 나라의 최종 결정권자입니다.
당신이 선택하는 사람이 바로 대한민국의 미래입니다.
국민를 최종 승자로 만들 수 있는 후보를 선택해주십시오."

더 이상 정치에 실망만 하고 외면할 수는 없다. 우리가 외면할수록 또 다른 '포비아'는 생겨나고, 또 다른 '독주'는 시작된다. 그렇기에 이번 조기 대선은 단순한 선거가 아니다.

이재명 대세론과 불가론을 넘어 대한민국이 새롭게 다시 시작할 수 있는 마지막 기회일지도 모른다. 이제 새로운 시대를 여는 결단은 우리 모두의 몫이다.

1. 서울신문, 2025. 1. 27. 본 장은 윤태곤 공공 전략 컨설턴트가 동 신문에 게제한 기고문을 중심으로 서술하였다. 윤태곤의 '대통령 탄핵과 조기 대선에 대한 입장'을 소상히 살펴보면서 저자의 입장을 개진하였다.

2. 대전일보, 2024. 12.1~31 본 장에서 활용하는 여론조사는 동 보도를 참고하여 선택적으로 재정리한 것이며, 필요한 경우 저자의 독창적 해석을 추가하였다.

3. 폴리뉴스, 2025. 1. 2. 본 장에서 2025년 신년의 여론조사는 동 언론사의 정리 자료를 전적으로 참조했으며, 추가적인 해석은 저자가 시도하였다.

4. 다음의 자료 참조. 대법원 2020. 7. 16. 선고, 2019도14303 판결문과 검찰 수사 기록 및 공소장(대장동 특혜 의혹 관련), 국회 법제사법위원회 회의록(사법 거래 의혹 관련), 중앙일보, "권순일 전 대법관, 화천대유 고문 활동 논란", 2021. 9. 17. 조선일보, "김만배-권순일 접촉, 대법 판결 개입 의혹", 2022. 10. 5. 한겨레신문, "이재명 공직선거법 위반 사건 대법원 판결의 법리적 쟁점", 2020. 7. 17.

5. 뉴스1, 2025. 1. 27.과 조선일보 2025. 1. 9. 언론 보도를 참조해서 재정리한 것이다.

6. 매일신문, 2025. 1. 8. 본 장에서 인용한 홍형식 한길리서치 소장의 인터뷰 기사를 비롯한 각 전문가들의 분석 역시 동 언론 보도를 참고하였다.

7. 아시아 경제, 2025.1.10.

8. 뉴시스, 2024.2. 25.

9. 매일신문, 2025. 1. 19.

10. 문화일보, 2025. 1. 7.

11. 대전일보, 2025. 1. 11.

12. 서울경제, 2025. 1. 3. 언론사의 투자증권부장이라는 직책을 맡고 있는 이상훈 기자의 칼럼이어서 그런지 경제적 관점에서 '이재명 포비아(공포심)'을 아주 예리하게 분석한 글이다.

13. 시인이자 칼럼니스트로 활동하는 정성태 님이 SNS에 쓴 글을 정리한 것이다. 최근에 새롭게 추가된 사실이나 해당 사건의 의미를 제한적인 면에서 저자가 수정, 보완하였다.

14. 파이낸셜 뉴스, 2024. 11. 18

15. mbc, 2025. 26.

16. 경향신문, 2025. 2. 12.

17. 조선일보, 2-24. 6. 12

18. 《월간조선》 2024년 7월호 박희석 기자의 "대권 쥐더라도 이재명 사법 리스크는 계속된다"는 심층취재 기사는 '헌법 제84조' 해석 논란과 관련하여, 헌법학계의 권위자 및 법제처 등 전·현직 최고 전문가의 의견을 바탕으로 법 조문에 근거한 매우 공정한 정리를 담고 있어, 저자의 논지를 전개하는 데 참고자료로 폭넓게 인용하였음을 밝힌다.

19. 문화일보, 2025. 3. 11.

20. 더퍼블릭, 2024. 3. 1. 본 장에서 정리한 내용은 앞의 언론 보도를 참고하여 보완 정리한 것이다.

21. 민주당만이 아니라 국민의 힘 역시 '공천 학살'에 있어서는 원조 정당이라고 할 만큼 불공

정하고 아픈 역사를 가지고 있다. 국민의힘은 ▶ 2008년(18대 총선) '친박 공천 학살' ▶ 2012년(19대 총선) '친이 공천 학살' ▶ 2016년(20대 총선) '비박 공천 학살' ▶ 2020년(21대 총선) '사천 및 공천 번복 논란' 등 총선 때마다 심각한 공천 파동을 겪었다.

22. 저자가 이재명 대표의 공천 학살 및 다양한 형태의 1인 지배 체제에 대한 비판을 함에 있어 '이재명식 1인 수령 체제'라 규정함은 북한의 수령 체제와 똑같다는 것이 아니라 당 내 민주주의와 정치적 다원성을 최대한 표방해야 하는 민주 정당임에도 불구하고 이재명 대표의 1인의 사법 리스크 방어에 모든 당력을 집중하는 것을 비판하기 위하여 "북한의 수령 체제를 닮아가는 이재명식 1인 수령 체제"라 일관되게 비판해왔다.

23. 조선일보, 2024. 11. 28.

24. 팩트파인더, 2024. 12. 1. 위 내용은 진보 유튜브 <정치신세계>에서 활동하는 김남훈 기자가 팩트파인더에 쓴 기사를 전체적으로 활용한 것이다.

25. 중앙일보, 2025. 1. 2.

26. 《민주주의는 어떻게 무너지는가》, 스티븐 레비츠키 & 대니얼 지블랫 지음, 서민정 옮김, 어크로스, 2018.

27. <리서치뷰>, 2025. 1. 2. 여론조사 전문 기관인 리서치뷰는 다른 조사 기관에서 단 한번도 실시하지 않은 "대통령 후보에 대한 검증 강화의 필요성"에 대한 심층 여론조사를 실시하였다, 매우 의미 있는 조사가 아닐 수 없다.

28. 뉴데일리, 2021. 9. 27.

29. 정기 감사 결과 역시 여러 가지 지적이 나왔다. 이곳에서 공개하는 경기도 감사결과 역시 당시 경기도의 보도자료와 조선일보의 보도자료(2024.1.17.)의 내용 중 일부이다.

30. 연합뉴스, 9. 24.

31. 박수영 국회의원이 자신의 블로그에 게제한 글(2021. 1. 6.) 중 일부이다.

32. 부록에 현재의 최종 만장일치 인용문(요약본)을 게제하였다.

33. 헌법재판소의 만장일치 탄핵 인용 전문(요약본)은 이 책의 부록 참조

34. 시사저널, 2025. 4. 8.

35. 2022년 대선 때는 11명의 후보를 1·2차 예비 경선을 통해 8명, 4명으로 압축했다. 이 과정에서 원희룡, 유승민, 윤석열, 홍준표 등 4명의 후보 선출돼 본경선을 치렀다. 당시 1차 예비 경선은 '일반 국민 여론조사 80%와 당원 투표 20%', 2차 예비 경선은 '일반 국민 여론조사 70%와 당원 투표 30%' 방식으로 치러졌다. 본경선 룰은 '당원 투표 50%, 일반 국민 여론조사 50%'였다.

36. 경향신문, 2025. 4. 6.

37. 연합뉴스, 2025. 4. 9.

38. 경기일보 2025. 2. 11

39. 조선일보, 2025. 1. 16. 양상훈 기자는 동 언론에서 [양상훈 칼럼]을 통해 "尹, 李 둘 다 없어졌으면"이라는 제하의 글을 기고하였다. 이는 제3지대 정당과 후보의 '돌풍' 가능성을 전망하는 데 매우 의미 있는 접근이라 할 수 있다.

40. 중앙일보, 2025. 1. 27.

41. 리서치뷰, 2025. 1. 2.

42. 리서치뷰. 2023. 12. 22. 이밖에도 제20대 대선 심층 분석 관련 내용은 《한 방에 끝내는 당선지침서_제1장 데이터 중심 제20대 대선 리뷰(p18~53)》를 참조

43. 갤럽, 2022. 3. 10.

44. 기존 초고의 통계와 표현을 최대한 살리면서도 책 원고에 어울리는 흐름으로 재구성하였다.

45. 동아일보, 2025. 1. 25. 이번 대선의 최대 타깃 그룹이 될 본 장의 중도층에 대한 심층적인 여론조사는 동 보도에 기초하여 정리하였다.

이재명 대세론인가? 불가론인가?
조기 대선의 최종 승자는?

| 보 론 |

조기 대선의 최종 승자를 위한
정책 제언 및 시크릿 노트

스마트 국가 –
스마트 시티를 위한
100대 혁신 공약

1. 왜 스마트 위기관리 시스템 혁명이 중요한가?

대한민국이 직면한 정치, 경제, 사회, 안보의 다중 복합 위기는 단발적인 정치 이벤트나 일회성 정책으로는 결코 해결될 수 없다. 위기의 시대에는 위기 자체보다도, 그것을 다루는 방식이 더 중요하다. 바로 이 지점에서 '스마트 위기관리 시스템 혁명'은 선택이 아닌 필수로 다가온다.

윤석열 전 대통령의 국정운영은 겉으로는 'AI 시대'와 '디지털 대전환'을 강조했으나, 실제로는 4차 산업혁명의 성과와 기술을 국정운영에 실질적으로 접목하지 못한 채, 충성도 중심의 인사와 봉건적 권력운영 구조를 유지했다. 국가 위기 대응 시스템의 핵심이라 할 수 있는 선제적 경고, 통합적 정보 분석, 골든타임 내 판단 등의 기능은 사실상 마비되었고, 결국 비상계엄 검토, 대통령 탄핵이라는 초유의 사태까지 초래하고 말았다.

그러나 국정의 책임이 여권에만 있는 것은 아니다. 거대 야당인 민주당 역시 수권정당으로서의 품격과 시스템 역량을 보여주기보다는, 당 대표 1인을 위한 방탄 정치에 골몰하는 모습을 반복하고 있다. 이재명 대표의 사법리스크를 둘러싼 방탄입법, 보복성 탄핵 추진, 정권 심판을 명분으로 한 보복성 예산 삭감 등은 AI 기반의 정밀한 정책 판단이나 시스템적 사고라기보다는, 정파적 감정과 권력 다툼의 전형적 구태를 보여주는 사례다.

이처럼 여야 모두가 정치의 첨단화와 데이터 기반 시스템 정비에는 실패한 채, 구시대적 권력구조와 자기 진영을 위한 특권적 카르텔에 갇혀 있는 상황에서, 새로운 대안은 단순한 '정권 교체'가 아니라 '국가 시스템 자체의 혁신'이어야 한다.

그 대안이 바로 저자의 한양대 두 번째 행정학 박사학위 논문 주제인 스마트 위기관리 시스템 혁명이다. 이는 4차 산업혁명의 핵심인 AI, 빅데이터, 초연결 네트워크 기술을 기반으로 한 국가 운영 시스템의 근본적 전환을 의미한다. 돌발변수를 예측하고, 위기의 골든타임을 포착하며, 통합적으로 대응하는 시스템이 필요하다. 과거의 수직적 명령체계가 아니라, 현장의 전문가와 데이터 중심의 대응, 그리고 실시간 피드백을 통한 유기적 업그레이드 체계가 요구된다.

스마트 위기관리 시스템은 단순한 기술 도입이 아닌, 국가 리더십과 정부 조직, 입법 및 예산 구조, 민관 협력 체계 전반을 재설계하는 혁신 작업이다. 위기를 반복하는 나라가 아니라, 위기에서 기회를 만드는 국가로 나아가기 위해 반드시 실현되어야 할 대한민국의 미래 설계도이자 생존 전략이다.

결국, 조기 대선이 다가오는 지금, 대한민국이 선택해야 할 것은 특정 정당이나 구시대적 인물이 아니라, 국가를 위기에서 구출할 수 있는 스마트 시스템 그 자체다. 시스템 없는 정치는 부패가 되고, 데이터 없는 정무는 추측이 된다. 지금 이 순간, 한국 사회가 직면한 복합 위기의 해답은 분명하다. 스마트 위기관리 시스템 혁명, 이것이야말로 위기의 시대에 진정한 리더십의 조건이며, 대한민국의 미래를 결정지을 혁신의 방향이다.

스마트 위기관리시스템 혁명에 대한 충분한 인식과 철학을 갖춘 스마트 리더만이 조기 대선의 최종 승자가 된 직후, 혼란과 위기의 시간을 기회로 전환시킬 수 있다. 그런 리더는 당선과 동시에 스마트 국가 및 스마트 시티 구현을 위한 100대 혁신공약을 국민 앞에 제시하고, 이를 구체적으로 실천해나가며 새로운 대한민국의 미래를 실질적으로 이끌게 될 것이다.

2. 스마트 위기관리시스템혁명 10대 수칙이란?

'대통령 탄핵'이라는 사태에 이르기까지, 윤석열 정부의 위기 대응은 구조적으로 허약했고, 국정 운영 시스템은 총체적 실패에 가까웠다. 이 책은 바로 그 실패를 분석하고, 미래 대한민국의 위기관리를 어떻게 새롭게 구축할 것인가에 대한 대안을 모색하는 데 초점을 두고 있다. 특히 4차 산업혁명과 AI 기술의 발전 속에서, 저자는 새로운 국가 운영 체계의 필수요소로 '스마트 위기관리 시스템'의 정착이 가장 중요하다고 생각한다.

이른바《스마트 위기관리 시스템 10대 수칙》은 필자가 청와대와 국회, 지방정부(시장)에서 쌓은 실전 경험과 함께, 한양대 박사학위 논문을 통해 체계화한 위기관리 철학의 핵심 정수라 할 수 있다. 이는 단순한 재난 대응이 아니라, 정치적·사회적·국가적으로 복합 위기 전반에 걸쳐 적용 가능한 통합 시스템의 원칙이자 전략적 기준으로 작동한다.

다음은 그 10가지 수칙의 핵심 내용이다.
저자의 스마트 위기관리시스템 혁명 10대 수칙'은 대한민국이 미래의 복합 위기를 효과적으로 예측하고 대응하기 위해 구축해야 할 핵심 전략을 간결하고 명확하게 제시한 실천 원칙이다. 이는 기존의 수동적·분절적 위기 대응에서 탈피하여, 빅데이터 기반의 능동적·통합적 시스템으로의 전환을 요구한다.

첫째, "골든 타임을 놓치지 마라"는 원칙은 위기 발생 시 초기 대응의 신속성과 정확성이 생사를 가르는 핵심이라는 인식에서 출발한다. 비상계엄과 대통령 탄핵 그리고 인수위도 없이 취임하게 된 조기 대선의 차기 대통령에게 가장 필요한 것이다. 이를 위해 평소 골든타임 내에 활용할 수 있는 빅데이터 기반의 사전 대응 매뉴얼과 시뮬레이션 체계가 정비되어 있어야 한다.

둘째, "빅데이터를 적극적으로 활용하라"는 수칙은 위기의 징후를 조기에 감지하고 상황을 정량적으로 판단할 수 있는 기반이 바로 데이터라는 점을 강조한다. 이를 위해 국가 차원에서 통합된 빅데이터 플랫폼과 인공지능 분석 도구가 활용되어야 하며, 현장 판단도 이 데이터를 바탕으로 이루어져야 한다. 구체적인 국민여론조사의 종합적 데이터로 매우 중요한 빅데이터이다.

셋째, "통합적 위기관리가 필수다"는 선언은 부처 간 칸막이를 넘어 중앙정부, 지방정부, 민간까지 포괄하는 통합 컨트롤타워의 운영 필요성을 역설한다. 스마트 국가위기관리 통합지휘센터가 실시간 정보를 수집·분석하고 정책 결정을 지원하는 플랫폼으로 작동해야 한다.

넷째, "돌발 위기에 대비하라"는 원칙은 예상하지 못한 복합적 돌발 위기에 대응하기 위한 리스크 시뮬레이션 체계의 구축과 이를 활용한 정기적인 훈련 및 시나리오 대응체계의 내재화를 의미한다.

다섯째, "현장 전문가가 중요하다"는 수칙은 위기 상황에서 최전선에 있는 인력의 전문성이 실질적 대응력의 핵심임을 강조한다. 인공지능 시스템도 중요하지만, 그것을 작동시키는 사람의 경험과 판단이 중요하며, 훈련된 현장 전문가가 배치되어야 한다.

여섯째, "SNS를 적극적으로 활용하라"는 원칙은 공공의 참여와 소통, 그리고 정보의 확산 속도가 위기 대응의 또 다른 축이라는 점을 부각한다. 특히 재난·위기 상황에서 정확한 정보의 빠른 전달을 위한 SNS 및 디지털 플랫폼의 전략적 활용은 시민 불안을 줄이고 협력을 이끌어내는 핵심 수단이 된다.

일곱째, "원칙을 지키되 유연하게 대응하라"는 수칙은 법·규정·원칙 중심의 대응이 기본이지만, 상황에 따라 창의적이고 유연한 적용이 필요하다는 현실적 시각을 담고 있다. 위기 대응은 표준화된 프로토콜과 상황 판단의 균형 속에서 작동해야 한다.

여덟째, "분권화된 의사결정을 하라"는 지침은 위기 시 일선 조직과 지역, 민간 전문가의 자율성과 책임성을 확대해, 보다 빠르고 정확한 판단과 대응이 가능하도록 해야 한다는 철학을 담고 있다.

아홉째, "위기관리의 피드백이 중요하다"는 원칙은 위기가 지나간 후에도 철저한 분석과 평가, 그리고 이를 토대로 한 제도·교육·조직의 개선이 반드시 병행되어야 한다는 것이다. 사후 분석 없이 반복되는 실패는 국가의 총체적 리스크가 될 수 있다.

열 번째로, "스마트 시스템을 업그레이드하라"는 수칙은 AI, 빅데이터, 사물인터넷 등 4차 산업혁명 기술을 지속적으로 위기관리 시스템에 통합하고, 이를 끊임없이 개선하며 고도화하는 것이 국가 차원의 필수 과제임을 제시한다.

이 10대 수칙은 단순한 행정지침이 아니라, 위기 시대의 국가운영 전략이자 차기 대통령이 반드시 체득하고 실천해야 할 '미래형 리더십 매뉴얼'이다. 국가 위기관리의 수준이 곧 그 나라의 생존력이며, 이 수칙은 바로 그러한 국가 생존전략의 실질적 나침반이라 할 수 있다.

이러한 10가지 수칙은 메르스 사태, 세월호 참사, 코로나19 팬데믹 등 각종 국가 위기상황에 대한 분석과 평가를 통해 검증된 모델이며, 국제적으로도 충분히 공유 가능한 전략적 자산이라 할 수 있다. 특히 필자는 이러한 이론적 기반 위에 하얀대에서 《스마트 위기관리 시스템의 작동 메카니즘》을 주제로 행정항 박사학위를 수여받았고, 《위기관리 시스템 혁명》과 《K-방역의 진짜 힘》이라는 저작을 통해 실제적 적용 가능성을 검토하였고, 그 결과물은 코로나19 위기관리 글로벌 평가단의 공모대회에서도 핵심 원칙으로 채택되었다.

앞으로 대한민국이 진정한 '제7공화국'으로 나아가기 위해서는, 권력구조의 개편과 더불어 스마트 위기관리 시스템의 제도화와 일상화가 동시에 이뤄져야 한다. 그것이야말로 국가적 위기를 극복하고, 국민의 생명과 미래를 지켜낼 수 있는 궁극적 대안이기 때문이다.

3. 최종 승자가 되기 위한 스마트 시스템 리더의 자격

최성의 《스마트 위기관리 시스템 혁명》에서 제시한 스마트 리더의 핵심 조건으로 해석할 수 있다. 이 10가지 리더십은 조기 대선 이후 국가의 위기를 타개하고 대한민국을 재도약시킬 다음 대통령이 반드시 갖추고 실현해야 할 자질이다.

**조기 대선의 최종 승자가 실현해야 할
'스마트 시스템 리더'의 10가지 리더십 과제**

1. 골든타임을 놓치지 않는 결단의 리더십

신임 대통령은 취임 직후 '골든타임'을 인식하고 즉시 위기 대응 컨트롤타워를 가동해야 한다. 위헌적 계엄과 탄핵이라는 국정붕괴 상황을 수습하고, 국민통합·제도개혁·경제회복 등 핵심 국정과제를 100일 내 집중 추진할 결단력이 필요하다.

2. 첨단화된 정보를 중시하는 빅데이터 리더십

국정운영은 이제 직관이 아니라 데이터 기반 전략에서 출발해야 한다. 국민의 삶, 시장의 반응, 정책의 효과 등을 실시간으로 파악하고 분석할 수 있는 데이터 기반 국정시스템을 적극 도입하고 활용해야 한다.

3. 복합위기를 효과적으로 관리하는 통합적 위기관리 리더십

보건, 경제, 외교, 안보 등 다중위기를 개별 부처가 아닌 통합 플랫폼을 통해 대응해야 한다. 범정부 위기관리위원회를 중심으로 기관 간 협업을 이끌며 유연하고도 신속한 위기대응 체계를 구축하는 것이 핵심이다.

4. 문제해결을 위한 창조적 리더십

차기 대통령은 과거의 관행이나 고정관념에 매몰되지 않고, 문제의 본질을 정확히 진단한 후 창의적이고 유연한 해법을 제시할 수 있어야 한다. 특히 청년실업, 저출산 고령화, AI 전환과 같은 구조적 난제는 기존 정책의 단순 반복이 아닌 '정책실험'과 '사회적 상상력'을 통해 접근할 필요가 있다.

5. 현장 전문가를 중시하는 전문가 리더십

정치적 이해관계에 따라 인사를 단행하거나 캠프 출신을 중용하는 낙하산식 인사에서 탈피해, 현장을 이해하고 전문성으로 입증된 인재를 중심으로 국정을 운영해야 한다. 특히 재난안전, 의료, 에너지, 외교 등 고도의 전문성을 요하는 분야에서는 국민적 신뢰를 받는 실무형 전문가의 등용이 필수다.

6. 시민적 참여를 중시하는 소통의 리더십

진정한 민주주의는 국민과의 쌍방향 소통에서 출발한다. 온라인 국민청원, 숙의형 공론조사, 지역순회 경청회 등의 제도를 적극 도입해 국정운영 전반에 시민이 참여하도록 해야 하며, 국정 브리핑도 일방적 발표가 아니라 피드백을 수용하는 플랫폼으로 재편되어야 한다.

7. 확고한 원칙에 기초한 유연한 리더십

기본적인 헌법 가치, 법치주의, 인권 존중 등의 원칙은 철저히 지키되, 상황의 변화나 예기치 않은 위기에는 유연하게 대응할 줄 아는 리더십이 필요하다. 예를 들어 팬데믹 상황에서 방역과 생계의 균형을 잡는 정책이 그러한 원칙과 유연성의 조화를 보여주는 예다.

8. 각계각층의 전문성에 기초한 분권화된 리더십

수직적 통제보다 수평적 협업이 강조되는 시대다. 중앙정부의 독점적 권한을 지방정부, 민간, 전문가 집단과 나누고, 권한 이양과 예산 분권을 통해 지역과 부문의 자율성과 창의를 보장해야 한다. 이러한 분권은 책임과 실험의 기회를 확대하고 위기대응의 다양성을 보장한다.

9. 국제화와 지방화를 포괄하는 글로컬 거버넌스 리더십

21세기 대한민국은 더 이상 내수 중심의 내향적 국가가 아니다. 기후위기, 공급망 붕괴, 신흥 안보 위협에 효과적으로 대응하기 위해 국제사회와의 연대가 필요하며 동시에 지역단위의 대응력도 강화해야 한다. 글로벌 표준에 맞는 정책과 더불어 K-모델의 수출도 외교 전략으로 병행할 수 있다.

10. 위기관리 시스템을 중시하는 시스템 리더십

대통령 개인의 철학과 카리스마만으로는 국정을 안정적으로 이끌 수 없다. 인공지능, 빅데이터, 시뮬레이션 기반의 예측 시스템과 위기 매뉴얼, 가상 대응 훈련 등 체계적 시스템을 통해 지속가능한 국정운영이 가능해야 한다. 시스템 없는 리더십은 결국 사상누각에 불과하다.

이 10가지 리더십은 위기관리 시대의 스마트 대통령상을 상징하는 동시에, 다음 대통령이 왜 단순한 대세론이나 정파적 연합만으로 선출되어서는 안 되는지를 말해준다. 이 기준에 부합하는 인물만이 진정으로 대한민국의 미래를 책임질 자격이 있다.

4. 최성의 '스마트 위기관리시스템 혁명'에 입각한 조기 대선의 최종 승자가 되기 위한 100대 스마트 공약 제안

조기 대선 국면에서 최종 승자가 되려는 정치세력이나 후보는 단순한 선거 승리를 넘어, 곧바로 복합위기를 돌파할 국정운영 능력을 입증해야 하는 중대한 과제와 마주하게 된다. 특히 이번 조기 대선의 당선자는 통상적인 인수위원회 운영 기간조차 없이 즉시 국정을 이끌어야 하며, 정권 이양의 준비 기간 없이 국가적 위기 상황에 투입될 수밖에 없는 전례 없는 구조 속에 있다. 이러한 현실은 차기 정부가 출범과 동시에 무엇보다도 선제적·통합적 국정 전략을 갖추어야 한다는 점을 명확히 보여준다.

이제는 '누가 대통령이 되느냐'보다 더 중요한 것이 '어떻게 국정을 운영할 것인가'에 대한 대답이다. 그래서 스마트 위기관리 시스템 혁명을 국가 운영의 핵심 기조로 삼고, 이를 바탕으로 한 전면적 스마트 국가 전략이 절실하다. 그 핵심은 곧 스마트 시티와 디지털 정부, 첨단 과학기술, 기후위기 대응, 사회안전망 혁신, 교육·노동·복지 개편 등 전 영역을 아우르는 국가 수준의 총체적 혁신 공약으로 집약되어야 한다.

따라서 차기 정부는 임기 초반의 혼란을 최소화하고 골든타임을 확보하기 위해, 사전에 설계된 '100대 혁신 공약'을 기반으로 전방위적 국정 어젠다를 구성해야 한다. 이 공약은 단순한 공약 나열이 아니라, AI·빅데이터 기반 스마트 위기관리 시스템을 중심에 둔, 미래형 대한민국의 청사진이 되어야 한다.

이러한 100대 혁신 공약은 ① 스마트 경제(4차 산업혁명 기반 산업 육성 및 디지털 통상 전략), ② 스마트 복지(지능형 복지서비스와 맞춤형 사회안전망), ③ 스마트 국방(사이버 안보 및 자율무기체계), ④ 스마트 환경(탄소중립, 그린에너지 대전환), ⑤ 스마트 교육·노동(평생학습 및 AI기반 일자리 매칭), ⑥ 스마트 외교안보(글로벌 공급망·기술동맹 강화), ⑦

스마트 거버넌스(정부 조직의 디지털 전환과 국민참여 플랫폼 구축) 등 국정 전 분야를 연결하고 작동시키는 시스템 전략이 되어야 한다.

결국 조기 대선의 승자가 실질적인 국정의 승자가 되기 위해서는, 측근의 정치도, 과거의 이념 대립도 아닌, 데이터에 기반한 전략과 시스템에 기초한 국정 리더십으로 무장해야 한다. 그 핵심 해답이 바로 100대 스마트 국가 혁신 공약이며, 이 공약이야말로 차기 정부가 국민에게 신뢰를 줄 수 있는 유일한 정책적 비전이자, 위기 시대의 통치 로드맵이라 할 수 있다.

따라서 스마트 국가-스마트 시티를 위한 100대 혁신공약은 다음과 같은 10가지 핵심 분야의 10대 혁신공약을 중심으로 시스템적으로 운영하고자 한다.

1. 세계 최고의 스마트 위기관리 국가로 도약하기 위한 공약
2. 글로컬 시대, 스마트 시티로 발전하기 위한 비전과 전략
3. 제왕적 대통령제 폐단 극복을 위한 7공화국 개헌 관련 공약
4. 비상계엄 방지법 등 헌법질서 수호 및 법치주의 실현 공약
5. 차기 대통령의 최우선 분야별 10대 혁신정책
6. 10대 혁신 경제정책 공약
7. 2030 MZ세대를 위한 혁신 공약
8. 정치개혁을 위한 혁신적 공천시스템 공약
9. 글로벌 스마트 K 신한류 프로젝트
10. 글로벌 시스템에 의한 외교-통상-안보-통일정책 공약

공약 1. 세계 최고의 스마트 위기관리 국가로 도약하기 위한 공약

'스마트 위기관리시스템 혁명'이라는 비전 아래, 대한민국이 세계 최고의 스마트 위기관리 국가로 도약하기 위해서는 단순한 IT 활용을 넘어, 정치, 경제, 사회, 외교안보 등 모든 국가 시스템을 데이터 기반의 예측형·실시간 대응형 구조로 전환해야 한다.

이는 단순한 디지털화가 아닌, 국가 전체의 위기 대응 체계를 혁신하는 근본적 전환을 의미하며, 다음과 같은 10대 분야별 핵심 정책이 요구된다.

1. 정치 혁신 분야

- AI 기반 '스마트 국정운영 플랫폼' 도입

정책 수립 및 행정 집행 전 과정을 AI 기반의 데이터 플랫폼에서 투명하게 관리하고, 국민 참여형 의사 결정 시스템으로 확장하여 정책 신뢰성과 정치 투명성을 동시에 확보해야 한다. 국정의 예측과 조정이 가능한 실시간 통합 운영 체계를 구축함으로써, 위기 상황에서의 판단 오류와 정치적 왜곡을 최소화하는 것이 핵심이다.

2. 경제 분야

- 국가 단위 '스마트 리스크 인덱스' 개발

금융·산업·에너지 등 핵심 부문별 리스크를 실시간으로 수치화하고 조기 경보를 발령할 수 있는 지능형 리스크 시스템을 도입해야 한다. 이를 통해 공급망 붕괴, 고금리·고물가 충격, 실업 급증 등

공약 1. 세계 최고의 스마트 위기관리 국가로 도약하기 위한 공약

경제 재난에 대한 국가 차원의 사전 대응 체계를 가동할 수 있어야
한다.

3. 보건·복지 분야

– 개인 맞춤형 위기 대응 '헬스 레이더' 시스템 구축

감염병, 정신질환, 노인 질환 등 사회적 건강 위기를 예측하고 개
별 대응할 수 있도록, 국민 전수 건강데이터를 바탕으로 AI 기반 '헬
스 위기 레이더'를 도입해야 한다. 이를 통해 K-방역을 넘는 K-헬스
위기관리 모델로 확장할 수 있다.

4. 교육 분야

– 위기 대응형 'AI 학습 공공망' 구축

지역·계층 간 교육 격차와 미래 기술 전환 위기에 대응하기 위해,
전국 단위의 AI 기반 공공교육 플랫폼을 구축하고, 위기 시 원격·
맞춤형 학습을 지원하는 스마트 공공교육체제를 도입해야 한다.

5. 환경·기후 분야

– 기후 위기 대응 'AI 탄소 중립 관제망' 운영

기후 재난, 미세먼지, 수질오염, 산불, 침수 등을 실시간 센서와 위
성 데이터를 통해 탐지하고, 지자체와 연계한 자동 대응 시스템을
구축해야 한다. 탄소배출·에너지소비량에 따라 기업·가정별 '위기
알림 등급제'를 적용하는 정책적 스마트 인센티브 구조도 필요하다..

6. 노동·산업 안전 분야

- 중대 재해 예측 '산업 안전 스마트 센터' 설립

건설현장, 물류, 제조업 등 고위험 산업현장을 중심으로 사고 위험 지수 예측 시스템과 무인 감지 센서, 자동 통보 체계를 구축하고, 이를 전국 산업안전 종합플랫폼으로 통합해야 한다. 중대재해를 예방하는 '위기 전환형 스마트 노동정책'으로 전환할 필요가 있다.

7. 사회 통합 분야

- '위험군 통합 돌봄 시스템' 실행

고령층, 장애인, 1인가구, 아동 등 복합 위기 계층을 AI와 빅데이터 기반으로 분류하고, 이들을 위한 복지·치안·의료·정신건강 서비스를 통합 연계하는 시스템을 도입해야 한다. 특히 고립사, 아동학대, 노인학대 등의 사각지대를 위기지도 기반으로 조기 탐지할 수 있어야 한다.

8. 외교·안보 분야

- 사이버 · 하이브리드 전쟁 대비 '스마트 국방 체계' 전환

북한 도발, 테러, 디지털 침투 등에 대비하여 AI 기반 사이버 안보 대응센터, 심리전 감지 시스템, GPS 교란 탐지 레이더 등을 통합한 스마트 통합안보 플랫폼을 구축해야 한다. 한미동맹 및 유엔·NATO 협력망도 디지털 위기 공유 체계로 연계해야 한다.

공약 1. 세계 최고의 스마트 위기관리 국가로 도약하기 위한 공약

9. 재난·안전 분야

- 국가 재난 '원클릭 대응 시스템' 개발

지진, 폭우, 화재, 붕괴 등 복합재난 발생 시 중앙·지자체·군·민간이 하나의 통합 플랫폼에서 즉시 연동되는 '원클릭 초동 대응 시스템'을 구축해야 한다. 이를 위해 드론, 로봇, 위성, 빅데이터가 연동되는 위기 시뮬레이션 체계도 마련되어야 한다.

10. 법치·윤리 분야

- 디지털 시대 '사회 갈등 조정 AI 플랫폼' 도입

양극화, 혐오, 정치 이념 대립, 젠더·세대 갈등 등 사회 내재적 위험 요소에 대응하기 위해, AI 기반 여론 흐름 분석 및 갈등 예측 시스템을 국가기관과 언론, 시민사회가 공동으로 운영해야 한다. 이와 함께 위기상황 시 '사이버 국민배심제'와 같은 디지털 참여 시스템을 통해 사회적 신뢰를 회복해야 한다.

이러한 정책과 공약은 단순한 디지털 정책이 아니라, 대한민국의 생존과 지속가능성을 위한 미래형 국가 안전 전략이다. 결국 "스마트 위기관리 시스템 혁명"은 '국가의 사고를 방지하는 두뇌 시스템을 만드는 것'이며, 이 시스템이 잘 작동하는 나라가 21세기의 진짜 선진국이 된다.

공약 2. 글로컬 시대, 스마트 시티로 발전하기 위한 비전과 전략

대한민국이 세계 최고 수준의 스마트 위기관리 국가로 도약하기 위해서는, 중앙정부 차원의 시스템 개혁과 더불어 광역 및 기초 지방정부 단위에서의 '스마트 시티' 전면 구축이 핵심 기반이 되어야 한다. 이는 단순한 디지털 기술 도입을 넘어, 도시의 운영 방식 전체를 재설계하는 전략적 전환이며, 위기 대응·행정 효율성·주민 삶의 질 향상을 동시에 구현하는 실질적 실험장이 될 수 있다. 저자는 이런 문제의식에서 고양시장 재직시절, 〈세계스마트시티 협회〉로부터 글로벌 스마트 시티 대상의 영예를 안기도 하였다.

다음은 세계 최고 수준의 스마트 시티로 발전하기 위한 지자체 분야별 10대 전략 공약이다.

11. 도시 계획 분야

– '디지털 트윈 기반 도시 설계 플랫폼' 구축

도시 전체를 3D 디지털로 복제하여 실시간으로 인구, 교통, 에너지, 안전 등의 흐름을 시뮬레이션하고 예측하는 '디지털 트윈 시티 플랫폼'을 지자체 주도로 구축해야 한다. 이는 도시계획부터 재난대응까지 모든 정책의 '사전 시뮬레이션과 최적 의사결정'을 가능하게 한다.

12. 재난 안전 분야

– '생활 위험 예측 AI 통합관제센터' 설치

폭우, 화재, 붕괴, 산불, 실종사건, 범죄 등 모든 재난과 안전 위협

공약 2. 글로컬 시대, 스마트 시티로 발전하기 위한 비전과 전략

을 CCTV·IoT·AI·드론 데이터로 실시간 분석하고, 위기 지점을 사전에 경고하는 스마트 재난통합관제 시스템을 운영해야 한다. 특히 위험 예측지수에 따라 자동 출동·차단·경보가 가능한 자동화 플랫폼을 구현해야 한다.

13. 교통 분야

- '제로 정체, 제로 사고 스마트 교통 체계' 도입

지능형 신호체계, 자율주행 셔틀, 교통량 실시간 분석, AI 대중교통 운영 등을 통해 출퇴근 정체 제로화, 보행자·자전거 우선 도로 시스템, 고령자 교통안전 특별지역 설정 등 지역 맞춤형 교통 혁신을 구현해야 한다.

14. 복지·보건 분야

- '돌봄 사각지대 AI 자동감지시스템' 설치

독거노인, 발달장애인, 치매노인, 위기아동 등에 대해 행동패턴 이탈, 생활 변화 감지 센서를 통해 이상 징후를 실시간 감지하고, 긴급구조와 돌봄 인력을 연계하는 지자체 중심의 스마트 복지 돌봄 네트워크를 운영해야 한다.

15. 환경·기후 분야

- '에코-스마트 시티 에너지 그리드' 운영

태양광·지열·수소 등 분산형 신재생에너지 생산 인프라를 지자

283

스마트 국가 - 스마트 시티를 위한 100대 혁신 공약

체 단위로 확대하고, 에너지 소비를 건물 단위까지 실시간 모니터링하여 절감 인센티브를 제공하는 AI 에너지 통합관리 체계를 도입해야 한다.

16. 산업·일자리 분야

- '스마트 특화 산업 클러스터' 육성

지역별 특성에 맞춘 AI+의료, AI+농업, AI+관광 등 첨단 융합산업을 전략적으로 유치·집적하고, 스마트 팜·메타버스 공방·XR 체험형 창업지원센터 등 청년창업 기반을 강화해 디지털 전환형 일자리 생태계를 지자체 주도로 창출해야 한다.

17. 교육·청년 분야

- 'AI 지역 학습 공유 플랫폼' 구축

학생, 청년, 재직자, 고령층 누구나 지역 내 도서관·학교·시청 등에서 AI 맞춤형 교육, 직업훈련, 창업 교육에 무료로 접근할 수 있도록 통합 교육허브를 구축해야 한다. 'AI 튜터+지역 멘토+온·오프 통합' 모델로 스마트 평생학습 도시로 진화시켜야 한다.

18. 주민 자치 분야

- '시민 참여형 디지털 시정 운영 시스템' 도입

주민이 정책을 제안하고 평가할 수 있는 온라인 주민의회, 실시간 여론조사와 설문을 활용한 디지털 국민참여 플랫폼, 시정정보 자동공개 시스템 등을 통해 주민 중심의 스마트 행정 체계를 실현해야 한다.

공약 2. 글로컬 시대, 스마트 시티로 발전하기 위한 비전과 전략

19. 문화·관광 분야

- 'AI 기반 스마트 문화 관광 플랫폼' 개발

관광지 혼잡도 예측, 맞춤형 여행 경로 추천, AR/VR 기반 문화유산 해설 등 데이터 기반의 문화관광 서비스를 강화하고, 전통시장·야시장·야경 명소와 연계한 야간경제 활성화 프로젝트로 글로벌 관광객을 유치해야 한다.

20. 행정 혁신 분야

- '모든 민원 원스톱 스마트 창구화' 추진

주민등록, 복지 신청, 공공시설 예약, 생활불편 접수, 상담 민원 등 모든 민원 행위를 AI 챗봇+실시간 화상상담+모바일 인증+무인 민원부스로 해결하는 '24시간 무정지 스마트 민원체계'를 구축해야 한다. 이는 고령자, 장애인 등 정보취약계층까지 포함하는 포용적 설계가 전제되어야 한다.

이와 같은 정책들은 단순한 스마트 기술의 집합이 아니라, 도시 전체를 '위험 예측형-시민 중심형-지속 가능형 구조'로 전환하는 전략적 실험이자, 대한민국이 글로벌 스마트 위기관리 국가로 도약하기 위한 실증 현장이 되어야 한다. 각 지자체는 지역의 고유한 특성과 자산을 반영한 '스마트 특화형 모델'을 정립하고, 중앙정부는 이를 제도화·재정화·국제화하는 스마트 분권 체계로 지원할 필요가 있다. 이때 비로소, 한국의 지방도시 하나하나가 "세계에서 가장 똑똑하고 안전한 도시"라는 평판을 얻게 될 것이다.

공약 3. 제왕적 대통령제 폐단 극복을 위한 7공화국 개헌 관련 공약

다음은 제왕적 대통령제의 폐단을 극복하고 초당적 협치를 실현할 '7공화국 개헌체제의 10대 공약'을 중심으로 정리한 것이다. 이 공약은 조기 대선 이후 대한민국의 미래 100년을 좌우할 새로운 헌정질서의 대전환을 추구하는 실천적 로드맵이다.

21. 제왕적 대통령제의 종식과 4년 중임 분권형 대통령제 도입

대통령의 권한을 축소하고 책임총리제를 병행하여 권력의 수직적 집중을 해소한다. 대통령은 국가의 비전과 외교·안보·통일 등 거시 정책을 책임지고, 총리는 국회 신임에 따라 내치 전반을 총괄하는 실질적 국정 운영의 중심으로 자리매김한다.

22. 국회 중심의 책임총리제 헌법 명시화

총리는 국회의 추천 또는 동의를 통해 임명하며, 총리의 내각 구성권과 정책 집행권을 대폭 강화한다. 총리가 내각과 함께 국정 전반을 통할하며 실질적 책임정부를 구현한다. 다만 의원 내각제가 아닌 4년 중임 분권형 대통령제하에서의 책임 총리이기 때문에 대통령과 책임총리간의 위상과 역할을 명료히 한다.

23. 지방분권 강화 및 미국식 연방제 수준의 자치권 확대

중앙정부와 지방정부 간 기능과 재정 권한을 미국식 연방제 수준

공약 3. 제왕적 대통령제 폐단 극복을 위한 7공화국 개헌 관련 공약

으로 획기적으로 분권화하여, 각 시도지사 및 기초자치단체가 실질적으로 지역의 발전과 복지를 주도하도록 한다.

24. 국회 양원제 도입과 중대선거구제 확대

복잡한 갈등 구조를 해소하고 지역대표성과 다양성을 강화하기 위해 중대선거구제를 도입하고, 상원-하원으로 나뉘는 양원제를 통해 장기적 국정 안정성과 지역균형 발전을 함께 추구한다.

25. 국회의원의 특권 축소 및 1인 독점 체제 해소

여야 당대표의 공천권 독점, 체포동의안 강제 가결·부결 조율, 방탄입법 주도 등 국회의 권력남용을 차단하고, 당내 숙의민주주의와 국민참여형 공천을 제도화한다.

26. 공정한 검사 임명제도 및 검찰 독립성 보장

검찰의 정치적 중립성과 독립성을 헌법상 명문화하고, 정치적 수사 남용을 방지하며 동시에 감사·사법·경찰 기능 간의 균형을 통해 권한 남용을 차단할 수 있는 시스템을 마련한다.

27. 공직자윤리법과 이해충돌방지법의 실효성 강화

고위공직자와 국회의원, 대통령 친인척에 대한 자산 공개, 이해관계 회피, 가족기업 수주 제한 등을 철저히 제도화하여 '김건희 게이트'와 같은 사적 국정농단을 원천 차단한다.

28. 정당 민주주의 실현과 오픈 프라이머리(완전 국민경선제) 도입

'무늬만 경선'을 넘어 국민이 직접 참여해 후보를 검증하고 선출할 수 있는 완전 개방형 국민경선 제도를 법제화하여 국민정당의 토대를 확립한다.

29. 정치자금 투명성 제고와 불법 정치자금 차단 장치 강화

불법 정치자금 수수 사건에 대한 공소시효를 연장하고, 수사·재판 과정에서 여야를 막론한 실질적 처벌과 연좌제를 방지할 수 있는 선진적 제도를 도입한다.

30. 시민참여형 개헌 플랫폼 구축과 국민발안제 도입

7공화국 헌법 개정 과정이 특정 정치세력이 독점하지 않도록 '개헌국민회의'와 같은 시민참여 플랫폼을 제도화하고, 일정 수 이상의 국민 서명을 통해 법률·개헌을 제안할 수 있는 국민발안제를 도입한다.

이상의 10대 공약은 지금까지의 헌정질서가 안고 있던 비효율과 불공정을 청산하고, 국민주권 실현과 민주주의 회복, 지역 균형발전과 정치개혁을 완성하는 시대정신의 구체적 실천방안이라 할 수 있다. 그리고 바로 이러한 개헌형 협치 대선 구도가 조기 대선의 유일한 출구이자 대한민국의 미래를 여는 열쇠가 될 것이다.

공약 4. 비상계엄 방지법 등 헌법질서 수호 및 법치주의 실현 공약

조기 대선의 시대정신이 "시대착오적 위헌 계엄의 종식"과 "정치 권력의 방탄입법 및 사법기관 사유화 방지"에 있다는 문제의식은 오늘의 대한민국이 마주한 헌정 위기의 핵심을 짚는다. 이에 따라 조기 대선의 최종 승자는 헌법질서를 수호하고 법치주의를 공고히 하며, 헌재와 대법원 등 사법기관의 정치화 및 정략적 이용을 차단 하는 방향으로 다음과 같은 10대 공약을 제시 한다.

31. 위헌적 비상계엄 선포 방지법 제정

비상계엄 요건과 발동 절차를 엄격히 법률로 명시하고, 국회에 대한 실시간 보고와 자동 해제 조항을 포함하여 군사력에 의한 민정 장악 시도를 원천 차단한다.

32. 방탄입법 금지 및 이해충돌 방지 3법 제정

현직 정치인과 정당이 자신에게 유리한 형사법·선거법 개정을 추진할 수 없도록 이해충돌 방지법을 강화하고, 특정인을 위한 법률 개정 시 국회 윤리특별심사 절차를 의무화한다.

33. 헌법재판관 및 대법관 인사개혁 3원칙 확립

현재와 같은 대통령의 일방적 추천을 제한하고, 국회·법조계·시 민사회의 삼각 추천 시스템으로 대체하여 인사의 균형성과 독립성 을 확보한다.

34. 정치인의 사법 리스크 공개 의무화법

선출직 고위공직자, 특히 대선후보는 형사 재판 및 수사 관련 사실을 투명하게 공개하도록 하여 유권자의 검증권을 보장한다.

35. 공직자 방탄행위 제재법 제정

기소 이후 공직자 지위를 유지하거나 이를 이용해 검찰·법원에 영향력을 행사하는 시도에 대해 처벌할 수 있도록 특별 규정을 신설한다.

36. 헌법재판소 정치적 중립성 보장 시스템 확립

헌재의 주요 결정에 대한 법리와 소수의견 공개 범위를 확대하고, 주요 사건에 대한 헌재의 결정에 사전 공청회를 의무화해 여론 왜곡을 방지한다.

37. 사법기관의 정치적 이용 금지법 제정

검찰·경찰·감사원·국정원 등 수사기관의 정치 개입을 방지하기 위한 직무 법령 재정비 및 외부 감독기구 신설을 추진한다.

38. 대통령의 법적 불소추 특권 재해석법 제정

헌법 제84조의 "형사소추 금지" 조항을 구체화하여 대통령 당선 전 기소된 사건의 재판은 중단되지 않음을 명문화하고, 실질적 예외 조항을 두지 않도록 한다.

공약 5. 차기 대통령의 최우선 10대 혁신정책

39. 국회의원 체포동의안 실명표결법 제정

국회의원이 체포동의안에 실명투표를 하도록 법률 개정을 추진해 '방탄 국회'를 실질적으로 종식시키며 유권자 감시 기능을 강화한다.

40. 정당공천의 공정성과 탈사유화 보장 제도화

정당 내 공천에서 특정 계파나 1인 권력자가 공천권을 독점하지 못하도록 완전자유경선제나 오픈프라이머리 제도를 법제화한다.

이러한 공약은 단순히 조기 대선의 승리를 위한 전략적 구호가 아니라, 국민의 신뢰를 회복하고 헌정질서를 재정립하기 위한 '시대정신'의 실천이자 헌법적 사명이라 할 수 있다. 지금 필요한 것은 정권교체가 아닌 헌정질서의 회복이며, 다음 대통령은 바로 이 임무의 최전선에 서야 한다.

공약 5. 차기 대통령의 최우선 10대 혁신정책

41. 사법 리스크가 있는 후보의 대선 자격 박탈이 필요

대통령 후보가 기소된 상태이거나 중범죄 혐의로 수사 중일 경우 대선 출마를 제한해야 한다. 또한, 임기 중 발생한 범죄뿐만 아니라 임기 이전의 기소 혐의도 재임 중 탄핵 소추가 가능하도록 해야 한다. 이를 통해 사법 리스크를 가진 정치인의 권력 남용을 방지하고,

정치의 신뢰성을 높일 수 있다.

42. 사면권 제한 및 사면자의 공직 제한이 요구

대통령의 사면권을 헌법적 요건으로 제한하여 남용을 방지하고, 사면된 중범죄자가 다시 공직에 진출하거나 선출직에 출마하지 못하도록 해야 한다. 이는 권력형 범죄의 재발을 방지하고 공직 사회의 신뢰를 회복하는 데 기여할 것이다.

43. 정치 자금의 100% 투명성 보장이 중요하다.

모든 정치 자금은 국가가 운영하는 디지털 플랫폼을 통해 투명하게 관리하고, 기부자 실명제를 도입하여 실시간 공개하도록 해야 한다. 이를 통해 정치 자금 유용 및 부패를 차단하고, 정치권에 대한 국민의 신뢰를 향상시킬 수 있다.

44. 국민소환제 및 대통령직 평가제 도입이 필요하다.

국회의원 및 고위 공직자에 대한 국민소환제를 도입하고, 대통령 임기 중 국민이 정책 성과를 평가하는 대통령 직무평가제를 시행해야 한다. 이를 통해 국민의 직접 감시를 강화하고, 책임 정치를 실현할 수 있다.

45. 기본 소득을 넘어선 사회적 약자를 위한 맞춤형 회복 지원정책이 필요하다.

모든 국민에게 일괄적으로 지급하는 보편적 기본 소득 대신, 장애인, 한부모 가정, 노인, 청년 실업층, 이주 노동자 등 사회적 약자 계층에게 생활 안정과 자립을 위한 맞춤형 지원을 강화해야 한다. 이를 위해 주거, 의료, 교육, 돌봄에 집중된 통합형 사회 보장 패키지를 제공하고, 재원은 초부유층 대상 부유세와 대기업의 사회책임기여금, 디지털 초과 이익세 등 형평성 있는 재정 개혁을 통해 마련해야 한다. 이는 진정한 포용 국가로 나아가는 지속 가능한 대안이 될 수 있다.

46. 국회의원 특권 폐지가 요구된다.

국회의원의 불체포 특권과 면책 특권을 제한하고, 연금 특권을 폐지하며, 국회의원 보수를 국민 수준에 맞춰 조정해야 한다. 이를 통해 특권 없는 정치를 실현하고 국민과의 신뢰를 회복할 수 있다.

47. 양원제 도입과 지방 분권 강화가 필요하다.

지방 대표원을 신설하여 지방의 이해와 이익을 대변하고, 지방 정부에 독자적인 재정권과 입법권을 부여해야 한다. 이를 통해 수도권 집중을 완화하고 지역 간 균형 발전을 도모할 수 있다.

48. 공공 부문 혁신을 위한 공무원 연금 개혁이 중요하다.

공무원 연금을 국민연금 수준으로 개편하고, 기존 수혜자는 단계적으로 조정하여 연금 제도의 공정성을 확보해야 한다. 이를 통해 재정 건전성을 강화하고, 국민 간 연금 형평성을 높일 수 있다.

49. 미래형 첨단 국방과 병역 제도의 혁신적 통합이 필요하다.

AI, 드론, 사이버전 등 미래전 양상에 대비해, 일정 수준 이상의 디지털·기술 역량을 보유한 청년들에게는 '디지털 안보 병역제'를 신설하여 사이버 안보, 무인기 운용, 국방 AI 개발, 정보 보안 분야 등에서 복무할 수 있도록 해야 한다. 이 제도를 통해 청년들의 전문성을 살리고, 국방의 미래 경쟁력을 강화하며, 병역 제도에 대한 국민적 수용성과 자긍심도 높일 수 있다.

50. 대통령 직속 시민 입법 기구 설립이 요구된다.

국민이 직접 법안을 제안하고 검토할 수 있는 시민 입법 기구를 설립하며, 일정 수 이상의 동의를 받은 법안은 자동으로 국회에 상정되도록 해야 한다. 이를 통해 국민의 정책 참여를 확대하고 실질적인 민주주의를 강화할 수 있다.

이러한 정책들은 대한민국의 기존 정치 구조와 사회 체계를 근본적으로 혁신하며, 국민이 체감할 수 있는 변화를 목표로 한다. 공정성, 투명성, 참여 민주주의를 핵심 가치로 내세워 국민의 신뢰를 회복하고, 정치와 사회 전반에 걸친 변화를 이끌어낼 수 있다.

공약 6. 10대 혁신 경제정책 공약

51. 첫째, 경제 안정과 민생 회복을 최우선 과제로 삼아야 한다.

고물가와 고금리로 인해 국민들의 경제적 부담이 가중되고 있으

공약 6. 10대 혁신 경제정책 공약

며, 생활비 상승과 소비 위축으로 경기 둔화가 심화되고 있다. 이를 해결하기 위해 생활 물가 안정 대책을 마련하고, 유가·식료품·주거비 지원을 강화해야 한다. 또한, 금리 완화 정책을 검토하며, 중소기업과 소상공인에게 긴급 지원책을 신속히 시행해야 한다.

52. 부동산 시장을 안정화해야 한다.

주택 가격의 급등과 급락이 반복되며, 전월세 시장 불안이 지속되고 있다. 이에 따라 신규 주택 공급 확대를 위한 규제 완화를 추진하고, 전월세 시장 안정을 위한 단기적 지원책(예: 전월세 대출 이자 지원)을 마련해야 한다. 장기적으로는 공급 확대와 임대 시장 투명성을 높이는 정책을 병행해야 한다.

53. 일자리 창출과 고용 안정을 도모해야 한다.

고용 시장의 불안정성이 커지고 있으며, 특히 청년층과 노년층의 일자리 문제 해결이 시급하다. 이를 위해 중소기업과 스타트업을 지원하여 새로운 일자리를 창출하고, 청년 취업 장려금과 노년층 맞춤형 재취업 프로그램을 확대해야 한다. 노동 시장 유연성과 안정성을 동시에 확보하는 정책을 시행할 필요가 있다.

54. 경제 회복을 위한 확장적 재정 정책을 추진해야 한다.

경기 침체를 막고 경제 회복을 촉진하기 위해 확장적 재정 정책이 필요하다. 공공 투자 프로젝트를 확대하여 경제에 활력을 불어넣고, 인프라 및 디지털 전환을 위한 전략적 투자를 단행해야 한다. 민간 투자 활성화를 위한 세제 혜택과 규제 완화도 검토해야 한다.

55. 중소기업과 소상공인 지원을 강화해야 한다.

코로나19와 고물가로 인해 중소기업과 소상공인들이 극심한 어려움을 겪고 있다. 이에 따라 긴급 경영안정자금을 확대하고, 대출 상환 유예 조치를 시행하며, 세금 감면 및 부담 완화를 위한 특별 조치를 도입해야 한다. 소상공인 보호는 경제 회복의 핵심 요소이므로 최우선 과제로 고려해야 한다.

56. 대외 경제 리스크를 철저히 관리해야 한다.

미중 무역 갈등, 글로벌 경기 둔화, 원자재 가격 상승 등 대외 리스크가 한국 경제에 미치는 영향을 최소화해야 한다. 주요 무역국과의 경제 협력을 강화하고, 원자재 확보를 위한 자원 외교를 적극 추진해야 한다. 환율 안정 대책도 필요하며, 수출 중심 산업이 글로벌 경제 변화에 적응할 수 있도록 지원책을 마련해야 한다.

57. 디지털 경제와 미래 산업을 육성해야 한다.

4차 산업혁명 시대를 대비하여 인공지능(AI), 빅데이터, 친환경 기술 등 미래 산업에 대한 전략적 투자를 확대해야 한다. 디지털 인프라 구축을 지원하고, 디지털 경제 활성화를 위한 창업 및 기업 지원책을 마련해야 한다. 특히, 청년층이 미래 산업에 적응할 수 있도록 교육 및 훈련 프로그램을 강화해야 한다.

58. 에너지 정책을 개혁하고 기후 변화 대응을 강화해야 한다.

에너지 가격 상승과 기후 변화 문제가 동시에 대두되고 있다. 이

공약 6. 10대 혁신 경제정책 공약

에 따라 재생 에너지 확대와 에너지 효율화 정책을 강화하고, 에너지 가격 안정을 위한 긴급 대책(예: 유류세 조정, 에너지 바우처 제공)을 시행해야 한다. 탈탄소 경제로의 전환을 위한 장기적 로드맵도 수립해야 한다.

59. 부채 관리 및 금융 안정을 확보해야 한다.

국가 부채 증가와 가계·기업 부채 문제가 심각한 수준에 도달했다. 가계 부채를 단계적으로 구조 조정하고, 채무 조정 프로그램을 확대하여 부채 리스크를 줄여야 한다. 또한, 금융 시장의 안정을 유지하기 위한 정책 금융 지원을 확대하고, 부실 금융 기관에 대한 감독을 강화해야 한다.

60. 양극화 해소와 사회적 안전망을 강화해야 한다.

경제적 양극화가 심화되고 있으며, 서민층과 저소득층의 경제적 불안이 커지고 있다. 이를 해소하기 위해 저소득층 지원을 강화하고, 긴급 생계비 지원을 확대해야 한다. 또한, 교육과 의료 등 공공 서비스 접근성을 높이고, 사회 안전망을 더욱 촘촘하게 구축해야 한다.

공약 7. 2030 MZ 세대를 위한 10대 혁신 정책

61. 공정과 투명성을 강화하는 디지털 정치 시스템

국가 예산과 정책 집행 과정을 블록체인 기반으로 공개하는 디지털 거버넌스 플랫폼을 구축하고, 국민 투표와 의견 수렴을 위한 국민 참여 플랫폼을 도입해야 한다. 이를 통해 정책 결정 과정에서 MZ 세대의 참여를 보장하고, 정치에 대한 불신을 해소할 수 있다.

62. 주거 안정을 위한 청년 맞춤형 주거 정책

청년층을 위한 공공 주택 50만 호를 공급하고, 전세 및 월세 부담을 완화하기 위해 임대료 지원금을 확대해야 한다. 또한, 지역 정착을 유도하기 위해 지방 정착 시 대출 이자 0% 혜택을 제공해야 한다. 이를 통해 MZ 세대의 주거 불안을 해소하고 경제적 자립을 지원할 수 있다.

63. 디지털 교육 혁신을 위해 코딩부터 AI까지 추진

초·중·고 및 대학생에게 무료 디지털 역량 강화 프로그램을 제공하고, AI, 블록체인, 데이터 분석 등 4차 산업 기술 교육을 청년층에게 무료로 지원해야 한다. 이를 통해 MZ 세대의 고용 경쟁력을 강화하고 미래 산업을 선도할 수 있도록 해야 한다.

64. 디지털 자산 정책

디지털 자산 투자 보호법을 제정하고, 블록체인 산업을 활성화해

공약 7. 2030 MZ 세대를 위한 10대 혁신 정책

야 한다. 또한, 디지털 자산 거래세 수익의 일부를 청년 기본 소득으로 환원하여 청년층의 경제적 기반을 강화해야 한다. 이를 통해 MZ 세대의 디지털 자산 투자 안정성을 확보할 수 있다.

65. 청년 창업 지원 플랫폼 강화

청년 창업 펀드 10조 원을 조성하고, 스타트업을 위한 규제 완화 및 사업 운영 자문 서비스를 제공해야 한다. 또한, 창업 실패 후에도 재창업을 지원하는 프로그램을 운영하여 도전 기회를 확대해야 한다. 이를 통해 MZ 세대의 창업을 활성화하고 혁신 경제를 촉진할 수 있다.

66. 탄소 중립 청년 주도 프로젝트를 도입

MZ 세대가 직접 참여할 수 있는 탄소 배출권 거래 프로젝트를 운영하고, 전국 대학과 연계하여 재생 에너지를 활용한 '그린 캠퍼스 프로젝트'를 추진해야 한다. 이를 통해 환경 보호와 지속 가능성에 관심이 높은 MZ 세대의 자부심을 고취할 수 있다.

67. 워라밸을 보장하는 노동 정책이 필요

주 4.5일 근무제를 시범 운영하고, 재택근무 및 유연 근무제를 법제화해야 한다. 또한, 근로 시간 단축과 생산성 향상을 연계한 기업에 세제 혜택을 제공해야 한다. 이를 통해 MZ 세대의 워라밸(Work-life Balance) 중시 성향과 일치하는 근무 환경을 조성할 수 있다.

68. 문화·여가 지원 확대를 추진

K-문화 체험 패스를 도입하여 공연, 전시, 스포츠 경기 할인 및 무

료 관람 혜택을 제공하고, 청년 예술가들을 위한 K-창작 펀드를 신설해야 한다. 이를 통해 MZ 세대의 문화 소비 욕구를 충족시키고 청년 예술인을 적극 지원할 수 있다.

69. 청년 건강과 정신 건강 지원 강화

청년층을 위한 심리 상담 서비스를 무료로 제공하고, 정신 건강 진료비를 지원해야 한다. 또한, 운동·건강 관리 앱 사용 시 정부 지원금을 제공하는 '헬스케어 바우처' 제도를 도입해야 한다. 이를 통해 정신적 스트레스와 건강 관리에 민감한 MZ 세대의 요구를 충족할 수 있다.

70. 공정 채용과 경력 인정 제도를 강화

블라인드 채용 제도를 전면 확대하고, 인턴 경험과 학력 외에도 다양한 경험을 인정하는 채용 체계를 도입해야 한다. 또한, 경력 단절 청년을 위한 재취업 프로그램을 운영하여 공정성을 중시하는 MZ 세대의 신뢰를 확보해야 한다.

이 10가지 공약은 MZ 세대가 가장 중요하게 생각하는 공정성, 지속 가능성, 자기 계발, 워라밸을 중심으로 설계되었다. 정책의 실효성을 높이기 위해 실시간 국민 소통 플랫폼을 병행하여 MZ 세대의 요구를 지속적으로 반영해야 한다.

공약 B. 정치 개혁을 위한 혁신적 공천 시스템 혁파

71. 국민 참여 공천제 도입

공천 후보자 선정 과정에 국민이 직접 참여하는 국민 참여형 공천제를 운영하고, 국민 여론조사(50%)와 당원 투표(50%)를 반영하여 최종 후보를 결정해야 한다. 이를 통해 특정 세력의 공천 독점을 방지하고, 국민의 신뢰를 확보할 수 있다.

72. 블라인드 공천 심사를 도입

공천 후보자의 경력, 학력, 소속 파벌 등의 정보를 비공개로 심사하여 능력과 비전 중심의 평가가 이루어지도록 해야 한다. 또한, 외부 전문가와 독립적인 심사위원단이 심사를 진행하여 학연·지연·파벌에 의한 공천을 배제할 필요가 있다.

73. 디지털 공천 시스템을 구축

공천 과정 전반을 블록체인 기반의 디지털 시스템으로 투명하게 관리하고, 공천 신청, 심사, 투표, 결과 공개까지 실시간 확인이 가능하도록 해야 한다. 이를 통해 공천 과정의 투명성과 공정성을 극대화할 수 있다.

74. 공천 검증 시스템을 강화

공천 신청자에 대한 철저한 자격 검증과 범죄 이력 조회를 실시하고, 사법 리스크가 있는 인물을 공천에서 배제해야 한다. 또한, 검증

결과를 국민에게 투명하게 공개하여 부적격 후보자의 공천을 방지하고 국민의 신뢰를 제고해야 한다.

75. 청년·여성 할당제를 확대

공천 시 30% 이상을 청년(39세 이하)과 여성에게 배정하고, 청년·여성 후보를 위한 멘토링 및 정치 교육 프로그램을 운영해야 한다. 이를 통해 정치의 세대 교체를 촉진하고, 정치적 다양성을 확대할 수 있다.

76. 지역 추천 공천제를 도입

지역 주민이 직접 추천한 후보자를 공천 심사에 우선 반영하고, 지역별 공청회를 통해 주민의 의견을 수렴하여 공천 과정에 반영해야 한다. 이를 통해 지역 주민의 목소리를 대변하는 후보를 발굴하고, 공천 과정의 민주성을 강화할 수 있다.

77. 공천 공정성 위원회를 설치

공천 과정의 공정성을 감시하는 독립적인 공천 공정성 위원회를 설치하고, 위원회는 학계, 법조계, 시민 단체 전문가로 구성해야 한다. 이를 통해 공천 과정의 불공정성을 방지하고, 국민의 신뢰를 확보할 수 있다.

78. 정책 중심 공천을 추진

공천 심사 기준에 정책 역량 평가(50%)를 의무화하고, 후보자가

공약 8. 정치 개혁을 위한 혁신적 공천 시스템 혁파

제안한 공약과 정책을 당의 정책 플랫폼에서 국민에게 공개해야 한다. 이를 통해 후보자의 정책 비전과 능력 중심의 공천 문화를 확립할 수 있다.

79. 대중 검증 플랫폼을 운영

공천 후보자의 정보, 정책, 이력을 국민에게 실시간으로 공개하는 대중 검증 플랫폼을 운영하고, 국민이 후보자에 대해 직접 질문하고 검증할 수 있는 소통 공간을 제공해야 한다. 이를 통해 국민 참여를 활성화하고, 공천 과정의 신뢰와 투명성을 높일 수 있다.

80. 성과 기반 재공천 제도를 시행

현역 의원의 공천 시 정량적 성과 평가(법안 발의, 지역 활동)를 의무화하고, 평가 결과에 따라 현역 의원의 재공천 여부를 결정해야 한다. 이를 통해 무능력한 현역 의원의 재공천을 배제하고, 책임 정치를 구현할 수 있다.

이 10가지 공천 혁명 원칙은 공천 과정의 투명성과 공정성을 보장하며, 정치권의 구조적 문제를 해결하고 국민과 소통하는 민주적 정치 문화를 정착시키는 데 기여할 것이다. 정당 내 혁신적인 공천 시스템 구축은 한국 정치 발전을 위한 필수 과제이며, 이를 통해 국민의 신뢰를 회복하고 공정한 정치 환경을 조성할 수 있다.

공약 9. 글로벌 스마트 K 신한류 프로젝트

조기 대선 국면에서 제시될 새로운 대한민국 100년 전략으로서, 미래형 스마트국가 건설과 한류의 세계화를 아우르는 '글로벌 스마트 K-신한류 프로젝트' 10대 공약이다. 이 공약은 단순한 산업정책을 넘어 국가시스템 전환을 통해 선진 디지털 대전환 시대를 주도할 청사진이라 할 수 있다.

81. 디지털 기반의 미래형 K-교육 국가 실현

스마트 K-교육혁명은 디지털과 인공지능이 융합된 미래형 교육국가를 지향한다. 전 국민을 대상으로 AI 기초교육을 보장하고, 초중고 단계에는 'K-인재양성 플랫폼'을 도입하여 창의형 인재를 육성한다. 또한 글로벌 표준을 반영한 K-한글+K-역사+K-문화 기반의 메타버스 교과서를 개발하고, 이를 통해 새로운 교육 생태계를 조성한다.

82. K-문화와 첨단산업의 융합을 통한 스마트 K-경제 도약

스마트 K-경제는 K-뷰티, K-푸드, K-패션 등 문화산업과 첨단산업을 연계하여 'K-한류 유통허브'를 설립하고, 국가 간 K-스타트업 엑스포와 스마트 무역 플랫폼을 추진한다. 특히 디지털 수출 전용 공공 마켓플레이스를 통해 중소기업과 청년 창업기업의 세계 진출을 촉진한다.

83. AI 헬스케어와 복지 혁신을 위한 K-의료·복지 체계 구축

스마트 K-의료는 AI 헬스케어 기술과 국민 주치의제를 도입하여

공약 9. 글로벌 스마트 K 신한류 프로젝트

예방중심의 건강관리체계를 정착시키고, 노인과 장애인을 위한 스마트 복지 시스템을 로봇과 IoT 기술로 구현한다. K-의료의 글로벌 진출도 병행하여, 세계적 수준의 바이오 강국으로 도약한다.

84. 기후외교 중심국가로 나아가는 스마트 K-환경 전략

'K-탄소제로도시' 10곳을 조성하고, 스마트 환경센서와 AI 기반 감시망을 구축하여 기후위기 대응능력을 세계 최고 수준으로 끌어올린다. 나아가 국제기구와의 협약을 통해 기후외교를 선도하는 국가전략을 실현한다.

85. 디지털 민주주의의 시대를 여는 스마트 K-정치 개혁

스마트 K-정치는 MZ세대와 디아스포라가 참여하는 블록체인 기반 국민투표제를 도입하고, AI 기반 정책 모의실험 시스템을 통해 국민참여형 거버넌스를 구현한다. 이는 단순한 정치 개혁을 넘어 디지털 민주주의 시대의 세계적 모델이 될 것이다.

86. AI·드론·사이버방위의 통합 안보전략 K-안보·국방

스마트 K-국방은 드론·AI·위성 기반 방위체계를 갖춘 'K-사이버방어대'를 창설하고, 물리적·디지털 안보를 통합적으로 관리한다. K-방산의 글로벌 진출과 자주국방 전략을 동시 실현하는 안보모델을 제시한다.

87. 스마트 모빌리티와 재난대응이 결합된 K-도시·교통

스마트 K-도시는 자율주행 전기차 중심의 모빌리티 기반 도시시

305

스마트 국가 – 스마트 시티를 위한 100대 혁신 공약

범지를 조성하고, K-지하 고속도로 및 수소 기반 대중교통망을 전국 적으로 확대한다. 지능형 재난안전 시스템을 구축하여 도시의 회복 탄력성을 높인다.

88. AI 메타버스 관광으로 전환하는 K-문화·관광 혁신

스마트 K-관광은 AI 버추얼 가이드를 통해 외국인의 접근성을 높이고, BTS·한복·김치 체험 등을 연계한 'K-한류 메타버스 박람회'를 개최한다. 지역마다 AI 기반 한류 랜드마크를 조성해 스마트 관광과 지역균형발전을 동시에 실현한다.

89. 청년농업 중심의 스마트 K-농업과 글로벌 식량안보 전략

스마트 K-농업은 청년이 돌아오는 농업생태계를 만들기 위해 스마트팜과 창업 플랫폼을 연계하고, K-푸드 세계화 지원센터를 설립한다. 글로벌 식량위기 대응을 위한 스마트 국제농업협력 체계도 구축한다.

90. AI와 메타버스를 활용한 K-통일·외교 전략

스마트 K-통일은 AI 기반 한반도 통일 시뮬레이션 연구소를 설립하고, DMZ 메타버스 박람회와 K-평화스쿨을 통해 북한과 국제사회의 협력을 강화한다. AI를 통한 평화외교의 새로운 영역을 개척한다.

이상 10대 공약은 '스마트 위기관리시스템 혁명'의 철학을 바탕으로 한 것으로, 단순한 산업육성을 넘어 국가시스템의 스마트화,

공약 10. 글로벌 시스템에 의한 외교-통상-안보-통일정책 공약

한류가치의 세계화, 미래세대와의 신뢰 회복을 목표로 하는 선진국형 스마트 국가 전략의 정수라 할 수 있다.

공약 10. 글로벌 시스템에 의한 외교-통상-안보-통일정책 공약

91. 북핵 문제 해결을 위한 AI 기반의 다자 협상 전략

차기 대통령은 북핵 문제 해결을 위한 AI 기반의 다자 협상 전략을 통해, 기존의 '선 비핵화 후 보상' 방식이 아닌 '김대중 전 대통령의 '북핵 문제의 포괄적 일괄타결' 방식으로 전환하여 법적 평화체제를 구축해 나가야 한다. 이 과정에서 인공지능을 활용한 시나리오 분석과 국제 검증 시스템이 핵심 도구로 작동해야 한다.

92. 신 6자회담 체제 구축 및 트럼프-김정은 외교 복원

트럼프-김정은 시기의 외교 자산을 디지털로 복원하고, AI 외교 시뮬레이션 시스템을 통해 신(新) 6자회담 체제를 재구성함으로써 북핵 문제의 실질적 해결과 한반도 평화 외교를 다시 추진해야 한다.

93. 포괄적 한미동맹으로의 전환

기존의 군사 중심 한미동맹에서 벗어나, 경제·과학기술·기후·에너지 등 다양한 분야로 협력의 지평을 넓힌 '포괄적 스마트 한미동맹' 체제로 전환해야 한다. 이를 통해 자주적 균형 외교를 실현하고, 미·중 전략 경쟁 속에서도 안정적인 외교적 기반을 확보해야 한다.

94. AI 기반 안보-외교-통일 전략통합시스템 구축

외교·안보·통일 정책을 하나로 통합한 국가 전략통합시스템을 AI 기반으로 구축하여, 부처 간 정보 단절을 해소하고, 실시간 데이터 분석을 통해 국가 전략을 능동적으로 수립·조정할 수 있는 기반을 마련해야 한다.

95. 글로벌 스마트 위기관리 시스템 설치

전시·재난·통일 전환기 등 국가적 위기를 총괄 관리할 수 있는 '글로벌 스마트 위기관리 본부'를 대통령 직속으로 설치하고, 이를 통해 국가 위기 대응의 골든타임을 확보할 수 있는 매뉴얼 체계를 마련해야 한다.

96. 범 세계적 민간외교 역량 강화

전 세계 750만 재외동포와 한인 네트워크를 디지털 민간외교 플랫폼으로 연결하여, K-브랜드 확산과 함께 경제·문화 외교의 외연을 넓히고, 민관 협력 기반의 범세계적 스마트 공공외교를 추진해야 한다.

97. AI 기반 실용 다자외교 전략

중국·일본·러시아 등 주요 주변국과의 외교에서 갈등은 조정하고 협력은 확대할 수 있도록, AI 기반 분석과 예측을 통한 실용주의 외교전략을 수립하여 보다 정교하고 선제적인 외교적 대응이 가능

공약 10. 글로벌 시스템에 의한 외교-통상-안보-통일정책 공약

하도록 해야 한다.

98. 글로벌 어젠다 리더쉽 확보

기후위기, 디지털 전환, 감염병 대응 등 글로벌 어젠다에서 국제사회의 리더십을 확보하기 위해, UN·EU·ASEAN 등과의 전략적 협력 관계를 스마트 외교 시스템으로 강화해야 한다. 특히 대한민국을 중견국이 아닌 주도국으로 격상시키는 글로벌 협치 전략이 필요하다.

99. 글로벌-국가별-도시별 통합 AI 경제 네트워크 구축

전 세계 180여 개국에 거주하는 재외동포 경제인을 실시간으로 연결하는 '스마트 글로벌 경제 플랫폼'을 정복 주도로 구축하고, 국가별·도시별·업종별로 AI 기반의 데이터 분석을 통해 맞춤형 통상 전략과 수출입 정보를 제공한다.

100. 스마트 통일 청사진 수립과 공유

통일 이후를 준비하는 '스마트 통일 전략'을 수립하고, 단계별 시나리오와 국민참여형 청사진을 공유해야 한다. 특히 통일 이후 발생할 수 있는 위기 요인을 AI 기반으로 예측·분석하고, 이를 관리할 수 있는 스마트 통합관리 시스템을 구축함으로써 실질적 통일 준비를 완료해야 한다.

이상 10가지 전략은 단순한 공약이 아니라, AI 기반 스마트 시스

템을 실질적으로 도입하고 국정 전반에 통합하겠다는 실행 중심의
구체적 약속이다. 차기 대통령은 외교·통상·안보·통일 분야에서 스
마트한 국가 전략 리더십을 실현함으로써, 대한민국의 평화와 번영,
그리고 미래 세대를 위한 통일 기반을 책임져야 한다.

공약 10. 글로벌 시스템에 의한 외교-통상-안보-통일정책 공약

이재명 대세론인가? 불가론인가?
조기 대선의 최종 승자는?

| 부 록 | 헌재 윤석열 대통령 탄핵 만장일치 인용 선고 요지

"대통령 윤석열을 파면한다"
2025. 4. 4.

아래는 이날 문형배 헌재소장 권한 대행이 이날 대심판정에서 읽은 선고 요지다. 청구인은 국회, 피청구인은 윤 전 대통령이다.

지금부터 2024헌나8 대통령 윤석열 탄핵 사건에 대한 선고를 시작하겠습니다.

먼저, 적법 요건에 관하여 살펴보겠습니다.

① 이 사건 계엄 선포가 사법심사의 대상이 되는지에 관하여 보겠습니다.

고위 공직자의 헌법 및 법률 위반으로부터 헌법 질서를 수호하고자 하는 탄핵 심판의 취지 등을 고려하면, 이 사건 계엄 선포가 고도의 정치적 결단을 요하는 행위라 하더라도 그 헌법 및 법률 위반 여부를 심사할 수 있습니다.

② 국회 법사위의 조사 없이 이 사건 탄핵 소추안을 의결한 점에 대하여 보겠습니다.

헌법은 국회의 소추 절차를 입법에 맡기고 있고, 국회법은 법사위 조사 여부를 국회의 재량으로 규정하고 있습니다. 따라서 법사위의 조사가 없었다고 하여 탄핵 소추 의결이 부적법하다고 볼 수 없습니다.

③ 이 사건 탄핵 소추안의 의결이 일사부재의 원칙에 위반되는지 여부에 대하여 보겠습니다.

국회법은 부결된 안건을 같은 회기 중에 다시 발의할 수 없도록 규정하고 있습니다. 피청구인에 대한 1차 탄핵 소추안이 제418회 정기회 회기에 투표 불성립되었지만, 이 사건 탄핵 소추안은 제419회 임시회 회기 중에 발의되었으므로, 일사부재의 원칙에 위반되지 않습니다. 한편 이에 대해서는 다른 회기에도 탄핵 소추안의 발의 횟수를 제한하는 입법이 필요하다는 재판관 정형식의 보충 의견이 있습니다.

④ 이 사건 계엄이 단시간 안에 해제되었고, 이로 인한 피해가 발생하지 않았으므로 보호 이익이 흠결되었는지 여부에 대하여 보겠습니다.

이 사건 계엄이 해제되었다고 하더라도 이 사건 계엄으로 인하여 이 사건 탄핵 사유는 이미 발생하였으므로 심판의 이익이 부정된다고 볼 수 없습니다.

⑤ 소추의결서에서 내란죄 등 형법 위반 행위로 구성하였던 것을 탄핵 심판 청구 이후에 헌법 위반 행위로 포섭하여 주장한 점에 대

하여 보겠습니다.

기본적 사실관계는 동일하게 유지하면서 적용 법조문을 철회·변경하는 것은 소추 사유의 철회·변경에 해당하지 않으므로, 특별한 절차를 거치지 않더라도 허용됩니다. 피청구인은 소추 사유에 내란죄 관련 부분이 없었다면 의결 정족수를 충족하지 못하였을 것이라고도 주장하지만, 이는 가정적 주장에 불과하며 객관적으로 뒷받침할 근거도 없습니다.

⑥ 대통령의 지위를 탈취하기 위하여 탄핵 소추권을 남용하였다는 주장에 대하여 보겠습니다.

이 사건 탄핵 소추안의 의결 과정이 적법하고, 피소추자의 헌법 또는 법률 위반이 일정 수준 이상 소명되었으므로, 탄핵 소추권이 남용되었다고 볼 수 없습니다. 그렇다면 이 사건 탄핵 심판 청구는 적법합니다.

한편 증거 법칙과 관련하여, 탄핵 심판 절차에서 형사소송법상 전문 법칙을 완화하여 적용할 수 있다는 재판관 이미선, 김형두의 보충 의견과, 탄핵 심판 절차에서 앞으로는 전문 법칙을 보다 엄격하게 적용할 필요가 있다는 재판관 김복형, 조한창의 보충 의견이 있습니다.

다음으로 피청구인이 직무 집행에 있어 헌법이나 법률을 위반하였는지, 피청구인의 법위반 행위가 피청구인을 파면할 만큼 중대한 것인지에 관하여 살펴보겠습니다.

우선 소추 사유별로 살펴보겠습니다.

① 이 사건 계엄 선포에 관하여 보겠습니다.

헌법 및 계엄법에 따르면, 비상계엄 선포의 실체적 요건 중 하나는 '전시·사변 또는 이에 준하는 국가비상사태로 적과 교전 상태에 있거나 사회 질서가 극도로 교란되어 행정 및 사법 기능의 수행이 현저히 곤란한 상황이 현실적으로 발생하여야 한다'는 것입니다. 피청구인은 야당이 다수 의석을 차지한 국회의 이례적인 탄핵 소추 추진, 일방적인 입법권 행사 및 예산 삭감 시도 등의 전횡으로 인하여 위와 같은 중대한 위기 상황이 발생하였다고 주장합니다.

피청구인의 취임 후 이 사건 계엄 선포 전까지 국회는 행안부장관, 검사, 방통위 위원장, 감사원장 등에 대하여 총 22건의 탄핵소추안을 발의하였습니다. 이는 국회가 탄핵소추 사유의 위헌·위법성에 대해 숙고하지 않은 채 법 위반의 의혹에만 근거하여 탄핵심판 제도를 정부에 대한 정치적 압박 수단으로 이용하였다는 우려를 낳았습니다. 그러나 이 사건 계엄 선포 당시에는 검사 1인 및 방통위 위원장에 대한 탄핵심판 절차만이 진행 중이었습니다.

피청구인이 야당이 일방적으로 통과시켜 문제가 있다고 주장하는 법률안들은 피청구인이 재의를 요구하거나 공포를 보류하여 그 효력이 발생되지 않은 상태였습니다. 2025년도 예산안은 2024년 예산을 집행하고 있었던 이 사건 계엄 선포 당시 상황에 어떠한 영향을 미칠 수 없고, 위 예산안에 대하여 국회 예결특위의 의결이 있었을 뿐 본회의의 의결이 있었던 것도 아닙니다.

따라서 국회의 탄핵소추, 입법, 예산안 심의 등의 권한 행사가 이 사건 계엄 선포 당시 중대한 위기 상황을 현실적으로 발생시켰다고 볼 수 없습니다. 국회의 권한 행사가 위법·부당하더라도, 헌법재판소의 탄핵심판, 피청구인의 법률안 재의 요구 등 평상시 권력 행사 방법으로 대처할 수 있으므로, 국가 긴급권의 행사를 정당화할 수 없습니다. 피청구인은 부정선거 의혹을 해소하기 위하여 이 사건 계엄을 선포하였다고도 주장합니다. 그러나 어떠한 의혹이 있다는 것만으로 중대한 위기 상황이 현실적으로 발생하였다고 볼 수는 없습니다.

또한 중앙선관위는 제22대 국회의원 선거 전에 보안 취약점에 대하여 대부분 조치하였다고 발표하였으며, 사전·우편 투표함 보관 장소 CCTV 영상을 24시간 공개하고 개표 과정에 수검표 제도를 도입하는 등의 대책을 마련하였다는 점에서도 피청구인의 주장은 타당하다고 볼 수 없습니다. 결국 피청구인이 주장하는 사정을 모두 고려하더라도, 피청구인의 판단을 객관적으로 정당화할 수 있을 정도의 위기 상황이 이 사건 계엄 선포 당시 존재하였다고 볼 수 없습니다.

헌법과 계엄법은 비상 계엄 선포의 실체적 요건으로, '병력으로써 군사상의 필요에 응하거나 공공의 안녕 질서를 유지할 필요와 목적이 있을 것'을 요구하고 있습니다. 그런데 피청구인이 주장하는 국회의 권한 행사로 인한 국정 마비 상태나 부정선거 의혹은 정치적·제도적·사법적 수단을 통하여 해결하여야 할 문제이지 병력을 동원하여 해결할 수 있는 것이 아닙니다.

피청구인은 이 사건 계엄이 야당의 전횡과 국정 위기 상황을 국민에게 알리기 위한 '경고성 계엄' 또는 '호소형 계엄'이라고 주장하지만, 이는 계엄법이 정한 계엄 선포의 목적이 아닙니다. 또한 피청구인은 계엄 선포에 그치지 아니하고 군경을 동원하여 국회의 권한 행사를 방해하는 등의 헌법 및 법률 위반 행위로 나아갔으므로, 경고성 또는 호소형 계엄이라는 피청구인의 주장을 받아들일 수 없습니다. 그렇다면 이 사건 계엄 선포는 비상 계엄 선포의 실체적 요건을 위반한 것입니다.

다음으로, 이 사건 계엄 선포가 절차적 요건을 준수하였는지에 관하여 보겠습니다. 계엄의 선포 및 계엄사령관의 임명은 국무회의의 심의를 거쳐야 합니다. 피청구인이 이 사건 계엄을 선포하기 직전에 국무총리 및 9명의 국무위원에게 계엄 선포의 취지를 간략히 설명한 사실은 인정됩니다. 그러나 피청구인은 계엄사령관 등 이 사건 계엄의 구체적인 내용을 설명하지 않았고 다른 구성원들에게 의견을 진술할 기회를 부여하지 않은 점 등을 고려하면 이 사건 계엄 선포에 관한 심의가 이루어졌다고 보기도 어렵습니다.

그 외에도, 피청구인은 국무총리와 관계 국무위원이 비상계엄 선포문에 부서하지 않았음에도 이 사건 계엄을 선포하였고, 그 시행 일시,

시행 지역 및 계엄 사령관을 공고하지 않았으며, 지체 없이 국회에 통고하지도 않았으므로, 헌법 및 계엄법이 정한 비상계엄 선포의 절차적 요건을 위반하였습니다.

② 국회에 대한 군경 투입에 관하여 보겠습니다.

피청구인은 국방부 장관에게 국회에 군대를 투입할 것을 지시하였습니다. 이에 군인들은 헬기 등을 이용하여 국회 경내로 진입하였고, 일부는 유리창을 깨고 본관 내부로 들어가기도 하였습니다. 피청구인은 육군 특수전 사령관 등에게 '의결정족수가 채워지지 않은 것 같으니, 문을 부수고 들어가서 안에 있는 인원들을 끄집어내라'는 등의 지시를 하였습니다.

또한 피청구인은 경찰청장에게 계엄사령관을 통하여 이 사건 포고령의 내용을 알려주고, 직접 6차례 전화를 하기도 하였습니다. 이에 경찰청장은 국회 출입을 전면 차단하도록 하였습니다. 이로 인하여 국회로 모이고 있던 국회의원들 중 일부는 담장을 넘어가야 했거나 아예 들어가지 못하였습니다.

한편, 국방부 장관은 필요시 체포할 목적으로 국군방첩사령관에게 국회의장, 각 정당 대표 등 14명의 위치를 확인하라고 지시하였습니다. 피청구인은 국가정보원 1차장에게 전화하여 국군방첩사령부를 지원하라고 하였고, 국군방첩사령관은 국가정보원 1차장에게 위 사람들에 대한 위치 확인을 요청하였습니다. 이와 같이 피청구인은 군경을 투입하여 국회의원의 국회 출입을 통제하는 한편 이들을 끌어내라고 지시함으로써 국회의 권한 행사를 방해하였으므로, 국회에 계엄해제요구권을 부여한 헌법 조항을 위반하였고, 국회의원의 심의·표결권, 불체포특권을 침해하였습니다.

또한 각 정당의 대표 등에 대한 위치 확인 시도에 관여함으로써 정당 활동의 자유를 침해하였습니다. 피청구인은 국회의 권한 행사를 막는 등 정치적 목적으로 병력을 투입함으로써, 국가 안전 보장과 국토방위를 사명으로 하여 나라를 위해 봉사하여 온 군인들이 일반 시민들과 대치하도록 만들었습니다. 이에 피청구인은 국군의 정치적 중립성을 침해하고 헌법에 따른 국군 통수 의무를 위반하였습니다.

③ 이 사건 포고령 발령에 관하여 보겠습니다.

피청구인은 이 사건 포고령을 통하여 국회, 지방의회, 정당의 활동을 금지함으로써 국회에 계엄 해제 요구권을 부여한 헌법 조항, 정당 제도를 규정한 헌법 조항과 대의 민주주의, 권력 분립 원칙 등을 위반하였습니다. 비상계엄하에서 기본권을 제한하기 위한 요건을 정한 헌법 및 계엄법 조항, 영장주의를 위반하여 국민의 정치적 기본권, 단체행동권, 직업의 자유 등을 침해하였습니다.

④ 중앙선관위에 대한 압수수색에 관하여 보겠습니다.

피청구인은 국방부장관에게 병력을 동원하여 선관위의 전산 시스템을 점검하라고 지시하였습니다. 이에 따라 중앙선관위 청사에 투입된 병력은 출입 통제를 하면서 당직자들의 휴대전화를 압수하고 전산 시스템을 촬영하였습니다. 이는 선관위에 대하여 영장 없이 압수·수색을 하도록 하여 영장주의를 위반한 것이자 선관위의 독립성을 침해한 것입니다.

⑤ 법조인에 대한 위치 확인 시도에 관하여 보겠습니다.

앞서 말씀드린 바와 같이, 피청구인은 필요시 체포할 목적으로 행해진 위치 확인 시도에 관여하였는데, 그 대상에는 퇴임한 지 얼마 되지 않은 전 대법원장 및 전 대법관도 포함되어 있었습니다. 이는 현직 법관들로 하여금 언제든지 행정부에 의한 체포 대상이 될 수 있다는 압력을 받게 하므로, 사법권의 독립을 침해한 것입니다.

지금까지 살펴본 피청구인의 법 위반 행위가 피청구인을 파면할 만큼 중대한 것인지에 관하여 보겠습니다.

피청구인은 국회와의 대립 상황을 타개할 목적으로 이 사건 계엄을 선포한 후 군경을 투입시켜 국회의 헌법상 권한 행사를 방해함으로써 국민주권주의 및 민주주의를 부정하고, 병력을 투입시켜 중앙선관위를 압수·수색하도록 하는 등 헌법이 정한 통치 구조를 무시하였으며, 이 사건 포고령을 발령함으로써 국민의 기본권을 광범위하게 침해하였습니다. 이러한 행위는 법치 국가 원리와 민주 국가 원리의 기본 원칙들을 위반한 것으로서 그 자체로 헌법 질서를 침해하고 민주 공화정의 안정성에 심각한 위해를 끼쳤습니다.

한편 국회가 신속하게 비상 계엄 해제 요구 결의를 할 수 있었던 것은 시민들의 저항과 군경의 소극적인 임무 수행 덕분이었으므로, 이는 피청구인의 법 위반에 대한 중대성 판단에 영향을 미치지 않습니다.

대통령의 권한은 어디까지나 헌법에 의하여 부여받은 것입니다. 피청구인은 가장 신중히 행사되어야 할 권한인 국가 긴급권을 헌법에서 정한 한계를 벗어나 행사하여 대통령으로서의 권한 행사에 대한 불신을 초래하였습니다. 피청구인이 취임한 이래 야당이 주도하고 이례적으로 많은 탄핵 소추로 인하여 여러 고위 공직자의 권한 행사가 탄핵 심판 중 정지되었습니다.

2025년도 예산안에 관하여 헌정 사상 최초로 국회 예산결산특별위원회에서 증액 없이 감액에 대해서만 야당 단독으로 의결하였습니다. 피청구인이 수립한 주요 정책들은 야당의 반대로 시행될 수 없었고, 야당은 정부가 반대하는 법률안들을 일방적으로 통과시켜 피청구인의 재의 요구와 국회의 법률안 의결이 반복되기도 하였습니다. 그 과정에서 피청구인은 야당의 전횡으로 국정이 마비되고 국익이 현저히 저해되어 가고 있다고 인식하여 이를 어떻게든 타개하여야만 한다는 막중한 책임감을 느끼게 되었을 것으로 보입니다.

피청구인이 국회의 권한 행사가 권력 남용이라거나 국정 마비를 초래하는 행위라고 판단한 것은 정치적으로 존중되어야 합니다. 그러나 피청구인과 국회 사이에 발생한 대립은 일방의 책임에 속한다고 보기 어렵고, 이는 민주주의 원리에 따라 해소되어야 할 정치의 문제입니다. 이에 관한 정치적 견해의 표명이나 공적 의사결정은 헌법상 보장되는 민주주의와 조화될 수 있는 범위에서 이루어져야 합니다. 국회는 소수 의견을 존중하고 정부와의 관계에서 관용과 자제를 전제로 대화와 타협을 통하여 결론을 도출하도록 노력하였어야 합니다. 피청구인 역시 국민의 대표인 국회를 협치의 대상으로 존중하였어야 합니다.

그럼에도 불구하고 피청구인은 국회를 배제의 대상으로 삼았는데 이는 민주 정치의 전제를 허무는 것으로 민주주의와 조화된다고 보기 어렵습니다. 피청구인은 국회의 권한 행사가 다수의 횡포라고 판단했더라도 헌법이 예정한 자구책을 통해 견제와 균형이 실현될 수 있도록 하였어야 합니다. 피청구인은 취임한 때로부터 약 2년 후에 치러진 국회의원 선거에서 피청구인이 국정을 주도하도록 국민을 설득할 기회가 있었습니다. 그 결과가 피청구인의 의도에 부합하지 않더라도 야당을 지지한 국민의 의사를 배제하려는 시도를 하여서는 안 되었습니다.

그럼에도 불구하고 피청구인은 헌법과 법률을 위반하여 이 사건 계엄을 선포함으로써 국가 긴급권 남용의 역사를 재현하여 국민을 충격에 빠트리고, 사회·경제·정치·외교 전 분야에 혼란을 야기하였습니다.

국민 모두의 대통령으로서 자신을 지지하는 국민을 초월하여 사회공동체를 통합시켜야 할 책무를 위반하였습니다. 군경을 동원하여 국회 등 헌법 기관의 권한을 훼손하고 국민의 기본적 인권을 침해함으로써 헌법 수호의 책무를 저버리고 민주공화국의 주권자인 대한국민의 신임을 중대하게 배반하였습니다.

결국 피청구인의 위헌·위법 행위는 국민의 신임을 배반한 것으로 헌법 수호의 관점에서 용납될 수 없는 중대한 법 위반 행위에 해당합니다.

피청구인의 법 위반 행위가 헌법 질서에 미친 부정적 영향과 파급효과가 중대하므로, 피청구인을 파면함으로써 얻는 헌법 수호의 이익이 대통령 파면에 따르는 국가적 손실을 압도할 정도로 크다고 인정됩니다.

이에 재판관 전원의 일치된 의견으로 주문을 선고합니다. 탄핵 사건이므로 선고 시각을 확인하겠습니다. 지금 시각은 오전 11시 22분입니다.

주문 피청구인 대통령 윤석열을 파면한다.

이것으로 선고를 마칩니다.

⚖️ 참고문헌

비상계엄 및 대통령 탄핵 관련 저서 및 원문

· 김민호,《대통령 탄핵의 법리와 절차》, 박영사, 2024
· 대한민국 국회,《대통령(윤석열) 탄핵소추안》, 2024
· 한상범,《비상계엄과 헌정질서》, 법문사, 2024
· 헌법재판소,《윤석열 대통령 탄핵 결정문》, 2025

김대중 대통령-이희호 여사 관련 저서

· 고명섭,《이희호 평전-고난의 길, 신념의 길》, 한겨레출판, 2016
· 김재원,《이희호의 메이 아이 헬프 유?》, 태일출판사, 1999
· 김택근,《새벽-김대중 평전》, 사계절, 2012
· 장신기,《성공한 대통령 김대중과 현대사》, 시대의창, 2021
· 정진백 엮음,《김대중 대화록 1973-2008》, 행동하는 양심, 2018
· 최성 엮음,《김대중 잠언집: 배움》, 다산책방, 2007
· 피천득 외,《내가 만난 이희호》, 명림당, 1997

최성 저서

· 최성,《K-방역의 진짜 힘》, K-크리에이터, 2020
· 최성,《김대중 잠언집: 배움》, K-크리에이터, 2023
· 최성,《나는 왜 대권에 도전하는가》, 다산 4.0, 2017
· 최성,《대통령은 어떻게 탄생하는가》, 다산북스, 2012
· 최성,《도전에서 소명으로》, 다산지식하우스, 2018
· 최성,《분노하라 그리고 선택하라》, K-크리에이터, 2021
· 최성,《시크릿노트: 절망에서 성공하는 비결》, K-크리에이터, 2023
· 최성,《울보시장》, 다산북스, 2013
· 최성,《위기관리 시스템 혁명》, 다산초당, 2019
· 최성,《특별한 1%의 행복한 부자 노트》, K-크리에이터, 2023

- 최성, 고려대학교 박사학위논문,《북한의 수령체계 형성과정 및 구조적 작동 메카니즘에 관한 연구》, 1996
- 최성, 한양대학교 박사학위논문,《스마트 국가위기관리시스템에 관한 연구》, 2012

이재명 대표 저서

- 김태형, 박사랑.《이재명의 스피치》, 시대의창, 2022
- 박시백,《이재명의 길》, 비아북, 2025
- 서해성,《이재명의 굽은 팔》, 김영사, 2017
- 이재명,《그 꿈이 있어 여기까지 왔다》, 아시아, 2022
- 이재명,《오직 민주주의, 꼬리를 잡아 몸통을 흔들다》, 리북, 2017
- 이재명,《고난을 통해 희망을 만들다》, 청동거울, 2010
- 이재명,《이재명, 대한민국 혁명하라》, 메디치미디어, 2017
- 이재명,《이재명의 굽은 팔》, 김영사, 2017
- 이재명,《이재명의 나의 소년공 다이어리》, 팬덤북스, 2021
- 이재명,《함께 가는 길은 외롭지 않습니다》, 위즈덤하우스, 2022
- 임종성,《이재명, 흔들리지 않는 원칙》, 모아북스, 2025

여야 대선후보의 저서

- 김동연,《경제와 미래》, 민음사, 2023
- 김두관,《지방분권과 국가 미래》, 한길사, 2023
- 김문수,《나의 정치 이야기》, 자음과모음, 2023
- 김부겸,《통합의 리더십》, 나남, 2023
- 오세훈,《서울, 미래를 걷다》, 창비, 2023
- 유승민,《보수의 길》, 북하우스, 2023
- 이낙연,《약속과 책임》, 미디어창비, 2023
- 이준석,《공정한 사회를 위하여》, 알에이치코리아, 2023
- 한동훈,《법과 정의》, 문학동네, 2024
- 홍준표,《정치를 말하다》, 해냄, 2023

기타

· 《조선일보》, "이재명 공포론 커지는 이유", 2023. 11. 4.

· American Psychiatric Association, DSM-5: Diagnostic and Statistical Manual of Mental Disorders, 5th ed., 2013.

· Gerald Post, Leaders and Their Followers in a Dangerous World, Cornell Univ. Press, 2004.

· Machiavelli, Niccolò. 《군주론》, 이시연 역, 까치출판사, 2021

· 김진현, 「이재명 리더십 연구: 당내 통제와 대중 동원 방식에 대한 분석」, 《현대정치연구》 제42호, 2024

· 서울중앙지방법원, 수원지방법원 각 재판 기록 및 공소장 인용, 2023~2025

· 스티븐 레비츠키·대니얼 지블랫, 《어떻게 민주주의는 무너지는가》, 2018; Steven Levitsky & Lucan A. Way, "Elections Without Democracy: The Rise of Competitive Authoritarianism", Journal of Democracy 13(2), 2002

· 조선일보, "이재명, 헌재 선고 앞두고 '기각시 유혈 사태' 언급 논란", 2025. 4. 3.

· 한국갤럽, "차기 대선 후보 선호 및 사법리스크 관련 인식조사", 2025. 3.

저자소개

92년 대선에서 패하고 정계은퇴를 선언한 김대중 대통령이 영국유학 중 직접 발탁한 30대의 최성 박사. 그후 〈김대중 후보 안보보좌역 및 TV토론 총괄팀장〉으로 해방 이후 최초의 여야 정권교체의 주역이 되었다. 김대중 정부에서는 청와대 정무기획실과 외교안보실 행정관으로 근무하고 노무현 정부 출범까지 두차례나 대통령직 인수위원회에 참여하였다.

최성은 17대 국회의원, 재선 고양시장, 전국 대도시시장 협의회장으로 재직했으며, 19대 대통령선거에는 민주당 경선에 참여하여 문재인–이재명 후보와 경쟁하며, 9차례에 걸친 대선 TV토론 당시 9연속 포털사이트 실시간 검색순위 1위를 기록하였다.

현재 김대중정부 탄생의 싱크탱크였던 (사)한반도 평화경제연구원과 (사)글로벌 한인경제인네트워크의 이사장이자 1인 유튜브 〈최성TV〉 대표를 맡고 있다. 최성은 광주광역시 출신으로 고려대 정치학 박사와 한양대 행정학 박사를 거쳐 미국 존스 홉킨스대학의 Visiting Scholar와 한양대 공공정책 대학원 특임교수를 역임하였다. 세계 3대 인명사전 중 2곳에 이름을 올린 글로벌 리더이기도 하다.

대표적인 저서로는 베스트셀러 《대통령은 어떻게 탄생 하는가》를 비롯해 《김대중 잠언집: 배움》, 《위기관리시스템 혁명》, 《분노하라, 선택하라!》, 《삶의 질 최고도시는 어떻게 만들어지는가》 등이 있다.

★ 저자 최성과의 소통 및 관련 문의는 choisung21@hanmail.net과 1인 유튜브 〈최성TV〉를 통해서 가능.

★ 연락처 : 최성(010–8963–8201)

이재명 대세론인가? 불가론인가?
– 조기 대선의 최종 승자는?